깊은 마음의 정책학

정책학의 성찰

The introspection of policy science

권기헌

정책학과 성찰성의 근원을 찾아서

박영사

정책학의 성찰

The introspection of policy science

권기헌

프롤로그 **본서의 집필 동기**

본서의 집필 동기를 먼저 간략하게 밝히면 다음과 같다.

눈에 보이지 않는 것과 행정이념

세상에는 눈에 보이는 것과 보이지 않는 것이 있다. 인간의 눈으로 지각할 수 있는 보통의 광선 또는 빛을 가시광선이라고 한다. 태양 광선은 파장이 긴 적외선에서부터 파장이 짧은 자외선까지 모두 포함되지만, 우리는 그 중간의 일부만 볼 수 있을 뿐이다. 그 가시광선의 범위는 약 380nmnanometer~780nm이며, 그보다 긴 적외선이나 전파 혹은 그보다 짧은 자외선, X선, 감마선 등은 우리 시선에 잡히지 않는다. 하지만 엄연히 존재한다.

그림 a 가시광선의 범위: 눈에 보이는 것과 보이지 않는 것들

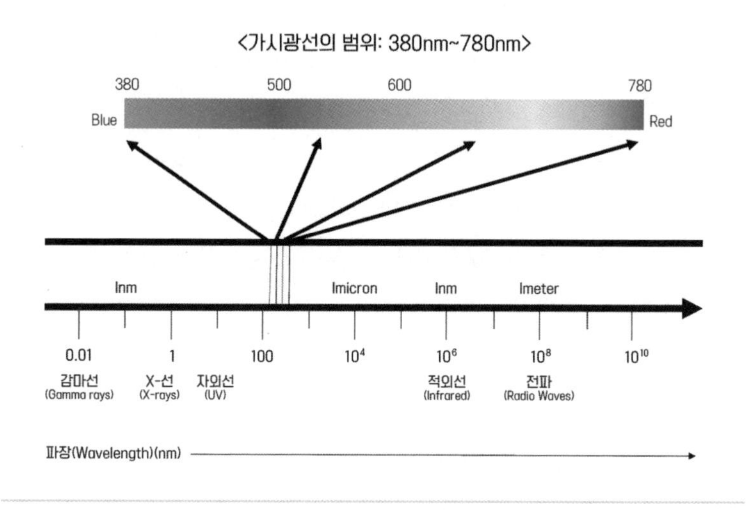

사회과학에서도 마찬가지이다. 행정학은 그동안 효율성과 민주성 중심의 패러다임이었다. 물론 효율성과 민주성이 눈에 보이는 것은 아니지만 물질과 제도에 관련된 것들이다. 즉, 물질 중심의 경영학과 경제학의 효율성, 정치학의 민주성 이념이 변증법적으로 전개되면서, 행정이론의 역사, 말하자면, 정치행정 이원론, 일원론, 새 이원론, 새 일원론, 신행정학, 신공공관리, 뉴거버넌스 등의 논리들이 전개되어 왔다.

눈에 보이는 물질의 효율성, 제도로서의 민주성을 넘어 보이지 않는 마음과 성찰성이라는 가치를 논의한다면 어떻게 될까? 이러한 이념을 행정학과 정책학 이론에 본격적으로 도입할 수는 없을까?

현대는 불확실성으로 가득 차 있으며, 기존의 정상적인 시스템

들이 하루아침에 붕괴되는 일들이 빈번하게 발생하고 있다. 최근 우한武漢 폐렴이라고 불리는 신종 코로나 바이러스는 공공장소의 폐쇄 등 우리의 정상적인 삶을 무너뜨리고 있다. 그뿐인가? 최근에는 지진, 허리케인, 쓰나미, 홍수, 가뭄, 화산 폭발 등 대규모 재난이 하루가 멀다 하고 빈번하게 발생하고 있다. 4차 산업혁명과 인공지능 로봇은 우리 삶의 불확실성과 불안을 더욱 고조시키고 있는바, 이들은 기존의 효율성과 민주성이라는 선형적인 패러다임으로는 대응하기 어려운 '사악하고wicked' 복잡한complex 문제들을 급격하게 분출시키고 있다.

이에, 본서는 눈에 보이지 않는 것과 보이는 것을 연결해 보려는 염원의 일환으로 성찰성이라는 이념적 가치를 도입하고자 한다. 이를 본격적으로 도입하여, 이념, 철학, 가치, 기준, 모형 등으로 정립하고자 했다.

욕구 8단계 이론: 효율성, 민주성, 성찰성의 단계적 구조

매슬로우A. Maslow가 제시한 욕구 5단계 이론은 그 후 제자들에 의해 상위 차원 3단계가 더 추가되어 욕구 8단계 이론으로 보완되었다Huitt, 1988: 1-4. 인간은 생리적, 안전적 욕구와 같은 육체적 욕구에서 출발하여, 사회적 욕구, 자기존중의 단계를 거쳐 인지적, 심미적, 자아실현, 초월의 욕구라고 하는 존재론적 욕구정신적 완성를 추구해 나가는 존재로 본 것이다. 즉, 인간은 육체, 물질입자에서 출발하지만, 그 완성적 지향점은 정신, 에너지파동를 향해 나아가는 것이다. 육체라는 보이는 가치로부터 정신이라는 보이지 않는

가치를 향해 나아가는 것이다.

그림 b 욕구 8단계 이론: 육체에서 정신으로, 물질에서 존재로

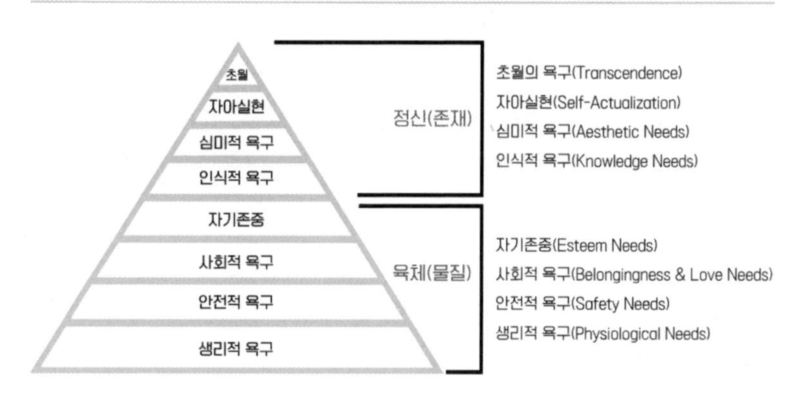

그림 c 욕구 8단계 이론: 효율성, 민주성, 성찰성의 단계적 구조

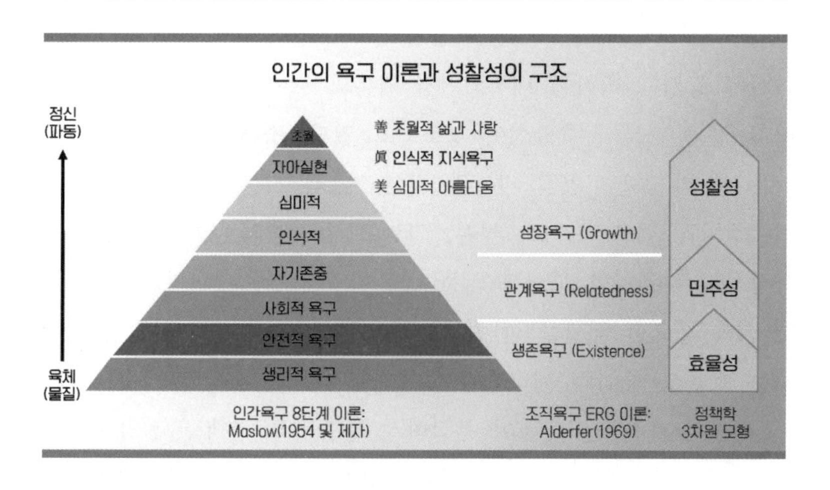

사회공동체와 정책 현상에도 유사한 논리를 발견할 수 있다. 우리가 물질적으로 빈곤했던 시절에는 발전행정과 같은 효율성 중심의 패러다임이 우세했지만, 민주화의 시기를 거쳐 사회적 공동체의 성숙을 추구하는 복잡한 현대에는 성찰성이라는 가치가 중요해지고 있다. 좀 더 투명한 책임성을 확보하고, 신뢰받고 성숙한 공동체를 만들어 가려는 노력이 중요해지는 것이다. 본질적으로 인간의 존엄을 확보해 나가면서 심미적으로 아름다운 스마트 도시 공간을 만들어 가는 노력이 중요해지고 있다. 말하자면, 효율성, 민주성을 거쳐 성찰성으로 공동체 역시 완성을 지향해 간다. 이에 본서는 효율성과 민주성에 이어 제3의 철학과 이념적 가치로서 성찰성을 제시하고자 한다.

긍정 심리학의 대두: 보이지 않는 자본의 강조

한편 긍정 심리학이 대두되면서 기본의 보이는 자본에 이어 보이지 않는 자본의 중요성이 강조되고 있다. 경제적, 물적 자본과 같은 제1의 자본, 인적 자본과 같은 제2의 자본 못지않게 신뢰, 민주주의와 같은 사회적 자본, 그리고 긍정심리, 창조성과 같은 긍정심리 자본처럼 보이지 않는 자본이 지식창조시대의 국가발전에 더욱 중요한 역할을 한다는 것이다. 이러한 논의는 산업사회에서는 효율성 중심의 패러다임이 우세했지만, 민주화의 시기를 거쳐 국민의 계층 간 이념이 복잡하게 분화되고 정책 행위자들 간의 갈등이 심화되는 시기에는 성찰성이라는 이념이 더욱 중요해진다는 필자의 주장과 맥락을 같이하고 있다.

그림 d 긍정심리학의 대두: 보이지 않는 자본의 강조

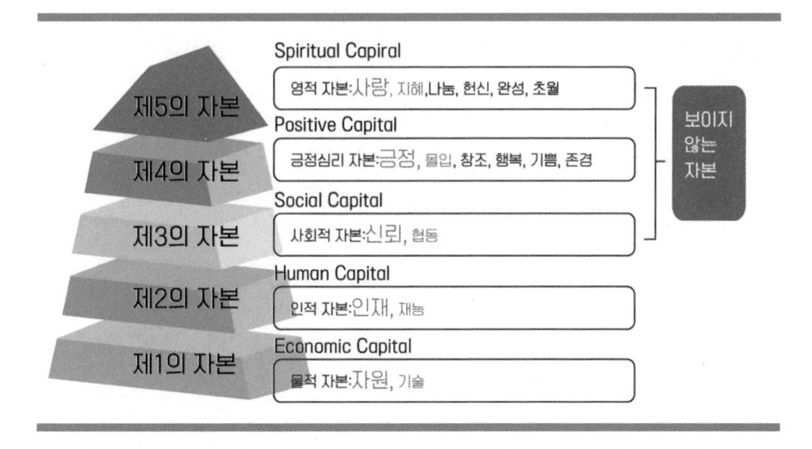

* 자료: 손욱 원장,"공공부문리더의 체계적 양성"에서 제5의 자본 추가 수정
* 긍정심리학 창시자: 마틴 셀리그먼(U Pen), 칙센트 미하이(Chicago)교수

본서의 논리적 흐름: 편제와 구조

따라서 본서는 이러한 배경을 전제로 정책학에 있어서 성찰성의 근원을 탐색하며 그 개념의 유용성을 고찰해 보고자 한다. 전자정부의 성찰을 토대로 성찰성의 근원을 찾아보며, 정책학의 성찰을 토대로 성찰성의 위상을 탐구한다. 한편, 행정학의 성찰을 토대로 제4세대 정부모형과 성찰성의 관계를 탐색하며, 정책학의 정신, 정책학의 미래를 통해 성찰적 정책학을 고찰하고자 한다.

정책학은 '인간의 존엄성'을 증진시키고자 하는 학문적 이상을 실현시키기 위해 1951년 라스웰H. Lasswell에 의해서 세워진 독창적 학문체계이다.

정책학이 '인간의 존엄성'을 향한 학문이라고 선언했을 때, 그 '인간'이란 무엇인가? 인간의 '성품'이란 무엇이며, 인간의 '의식'이란 어디로부터 오는 것인가? 더 나아가 우리가 '인간의 존엄'이라고 할 때 그 '존엄'의 본질적 원천은 무엇인가?

'존엄'의 본질적 원천은 신성이다. 신성神性은 전체와 연결된 의식이고 생명이다. 또한 본질적인 근원이고 존재이다. 한편 인간은 "가슴에 신을 품고 있는 신성한 존재"[1]이다. "부분적이고 상대적인 자아가 아니고, 절대적이고 전체적인 존재"[2]이며, 분절되고 파편화된 자아가 아니고 통합된 전체로서의 존재이다. 따라서 우리는 인간의 존엄성을 깨달아 "육신의 굴레를 벗고 순수한 존재"[3]가 되어야 하는데, 정책학의 '인간의 존엄성'이라는 단어에는 이처럼 심오한 의미가 새겨져 있는 것이다.

인간 내면에는 빛이 있다. 빛은 밝음이고 밝음은 순수함이다. 밝음과 순수함이 모이면 우주의 근원과 통하게 되어 있다. 에너지장이 연결되어 있기 때문이다. 우리 내면의 밝음과 우주의 근원은 순수 의식이다.[4] 빛은 살아있는 생명이며 사랑이며 온 우주에 편재해 있다. 그것은 물질이 아니다. 그것은 육신과 같은 하위 자아가 아닌 것이다. 육신은 소중한 도구이긴 하지만 인간의 본질은 어디까지나 정신이다. 우리의 본질은 사랑, 평화, 기쁨, 평온함과 같은 상위 차원의 정신인 것이다.

인간은 이처럼 진동과 주파수의 존재이다. "영혼의 주파수 최상단에는 당신의 가장 순수한 의식이 존재한다.”[5] 그러므로 인간은 빛과 의식, 사랑 그리고 생명의 존재이다. 따라서 우리가 인간의 존엄성을 논할 때 이러한 본질적 신성을 빼놓을 수 없다. 정책학이 인간의 존엄성을 지향한다고 할 때, 그 인간이란 신성을 담은 존엄한 존재를 의미한다. 인간은 고귀하고 존엄한 존재이기에 자유가 보장되어야 하고 존중받아야 하는 것이다. 이러한 본질적 관점에서 정책학을 살펴볼 필요가 있다. 이처럼 정책학에는 이미 높은 차원의 정신이 담겨 있고 성찰이 담겨 있는 것이다.

정책학은 정책과학과 정책철학의 합성어이다. 정책현상에 대한 과학적 규명을 목적으로 하면서도 그 철학적 지향점은 보다 높은 곳, 말하자면 인간의 존엄성과 같은 보다 높은 차원에 있는 것이다. 이처럼 정책학의 인문학적 사유의 기반이 넓어지고 깊어질수록 정책학은 그 본래의 목적체계에 더 가깝게 다가갈 수 있을 것이다.

이러한 생각과 논리의 흐름을 배경으로 본서는 집필되었다. 이 책의 논리적 흐름은 다음과 같다.

PART 1에서는 정책학의 정신을 살펴본다. 전자정부의 성찰을 토대로 성찰성의 근원을 찾아보며, 정책학의 성찰을 토대로 성찰성의 위상을 탐구한다. 행정학의 성찰을 토대로 제4세대 정부모형과 성찰성의 관계를 탐색하며, 정책학의 정신, 정책학의 미래를 통해 성찰적 정책학을 고찰한다.

PART 2에서는 정책학의 성찰을 살펴본다. 성찰에 대한 사전적 정의를 토대로 현대행정학과 성찰성, 현대정책학과 성찰성을 고찰하며, 왜 지금 성찰성이 필요한지, 그 분석방법은 무엇인지에 대해 논의한다.

PART 3에서는 정책학의 과학을 살펴본다. 과학과 모형에 대한 사전적 정의를 토대로 정책모형이 라스웰 이후에 어떻게 입체적으로 진화되어 왔는지에 대해서 살펴본다. 킹돈, 사바티어, 앨리슨, 오스트롬의 모형에 대해 논의하는 한편, 이들 간의 융합적 진화에 대해서 살펴본다.

PART 4에서는 정책학의 철학을 살펴본다. 철학에 대한 사전적 정의를 토대로 정책학과 철학, 정책학의 탄생 동기, 정책학의 인식론적 토대에 대해서 살펴본다. 윤리적 기초, 행태적 기초, 철학적 기초에 대해서 논의한다.

PART 5에서는 정책학의 융합을 살펴본다. 융합에 대한 사전적 정의를 토대로 정책학과 행동경제학, 정책학과 긍정심리학, 정책학과 창조심리학의 융합적 과제에 대해서 논의한다.

PART 6에서는 정책학과 인문학을 살펴본다. 정책학과 자유, 정책학과 실존, 정책학과 자아, 정책학과 향상심, 정책학과 전체주의의 기원, 정책학과 미래학, 정책학과 휴머니즘 등에 대해서 살펴본다. 에리히 프롬, 하이데거, 니체, 프로이드, 괴테, 한나 아렌트 등의 사유에 대해 고찰하며, 휴머니즘과 미래, 그리고 인간의 존엄성에 대해 깊은 성찰을 고민해 보고자 한다.

PART 7에서는 정책학과 리더십을 살펴본다. 세상을 바꾸는 리더십, 정책학의 시대정신과 리더십, 4차 산업혁명 시대의 리더십에 대해서 고찰한다.

PART 8에서는 한국 정책학 연구에 대해서 살펴본다. 정책학의 한국화 담론에 대해서 고찰하며, 한국 정책학 연구의 비판적 성찰을 토대로 한국 정책학 연구의 발전 방안에 대해서 살펴본다.

PART 9에서는 정책학의 새로운 패러다임을 살펴본다. 대한민국의 위기 현상을 진단하며, 정책학의 새로운 패러다임에 대한 요구 및 지향점에 대해서 고찰한다.

마지막으로, 결론 및 함의에서는 먼저 기본적으로 정책학의 성찰성 구현을 위한 사유와 방향성을 짚어본 후, 그 구체적 전략과 제언에 대해서 정리하기로 한다.

• 차 례 •

Part 02 정책학의 성찰

Part 03 정책학의 철학

Part 04 정책학의 과학

Part 05 정책학의 융합

Part 06 정책학과 인문학

Part 07 정책학과 리더십

Part 08 한국 정책학 연구

Part 09 정책학의 새로운 패러다임

PART I

정책학의 정신

공공영역의 회복과 성찰: 성찰성의 근원을 찾아서

본서는 정책학의 탐구와 성찰을 담고 있다. 성찰성의 근원을 찾아서 그 이념과 연원을 탐구하는 책이다. 필자는 성찰성의 근원을 하버마스의 문제의식에서 찾았다.

하버마스J. Habermas는 18세기 계몽주의 사상가들에 의해서 견지되어 온 '사회적 이상과 꿈Social Vision & Dream'에 대한 유토피아적 사고야말로 역사적 진보와 완성된 미래를 추구하는 현대의 추진력이 되어야 한다고 보았다. "유토피아의 오아시스가 말라 버리면, 진부함과 무력함의 황폐한 사막이 펼쳐진다. 우리가 직면하고 있는 세기말적 전환기에 드리워진 '새로운 불투명성'에 대응하기 위해서라도 유토피아적 에너지가 필요하다. '이성의 부정'으로 대변되는 니체, 하이데거, 데리다, 푸코의 포스트모더니즘과는 반대로,

그는 끝난 것은 특정한 형태의 유토피아이며, 비판되어야 하는 것은 특정한 형태의 합리성이라고 주장하면서, 서양 합리주의의 전통인 유토피아적 사유와 합리성을 결합할 수 있는 새로운 이론이 필요하다고 역설했다."

하버마스의 주된 관심은 어떻게 하면 사회의 분화로 축적된 인간의 능력을 폐쇄적, 단선적 형태로부터 해방시켜 인간세계를 개방과 조화로 연결시킬 수 있을까 하는 것이다. 그리고 이러한 '미완의 기획Unfinished Project'을 위해서는 과감한 성찰이 필요하며, 이를 토대로 ICT 및 전자정부를 활용한 공공영역의 회복과 건강한 담론의 활성화가 필요하다고 보았다.

한편 울리히 벡Ulrich Beck이나 기든스Anthony Giddens와 같은 문명비판가들이 과학문명의 성찰을 외쳤다. 울리히 벡Ulrich Beck, 1986은 산업사회에 내재되어 있던 위험요소들이 현재 인류를 위협하고 있음에 주목하고 산업사회적 모순과 위험사회로 인한 인류 자멸의 가능성을 회피하기 위해 '또 다른 근대성'이 필요하다고 주장하면서 이를 '성찰적 근대화Reflexive Modernisierung'라고 불렀다. 기든스Anthony Giddens, 1994 역시 오늘날 우리가 살고 있는 세계를 주인으로서의 인간에게 속한 세계가 아니라, 불확실성으로 가득 찬 '질주하는 세계'로 파악하면서 '사회적 성찰성social reflexivity'의 확장에 기초한 '대화적 민주주의dialogic democracy'를 제안하고 있다.

이처럼 성찰성의 개념은 과학문명의 무분별한 질주에 제동을 걸어야 한다는 개념으로부터 출발했지만, 점점 더 사회과학의 주요한 이념으로 자리 잡고 있다. 특히 최근 하버드 케네디스쿨은 미래사회연구소를 세우고 NBICNano, Bio, Information, Cognitive Science와 윤리성의 기치 하에 창조적 정책대안을 찾아 나서고 있는데, 이처럼 나노, 바이오, 정보, 인지과학의 4차 산업혁명 속에서 행정학과 정책학의 성찰성이라는 이념과 가치는 점점 더 중요해지고 있는 것이다.

정책학은 인간의 존엄성이 실현되는 성찰사회를 지향하고 있다.[1] 경제적 측면으로 보면 효율적인 상태, 그리고 정치적으로는 자유와 민주주의를 넘어선 개념이다. 이것은 진정한 신뢰를 토대로 성숙한 공동체를 이루는 것이며, 이를 토대로 사회 구성원들 개인의 자아실현이 가능한 사회를 만들어가는 것이다.

법과 제도를 지키는 것도 어려운데, 앞으로 인간의 의식이 깨어나고 더 성숙해지는 그리하여 신뢰와 존엄이 지켜지는 성찰사회가 구현될 수 있을까?

학문은 현실을 반영하지만 때론 현실을 뛰어넘는 이상을 제시해야 한다. 도덕성이 높은 성찰사회를 구현하기 위해서 정책학이 해야 할 일은 무엇일까? 신뢰와 사회 자본을 축적해 가면서 진정한 긍정심리를 확산시켜 나갈 수 있을까? 법과 제도를 넘어 도덕과 양심이 구현되는 사회, 그리고 의식이 깨어나고 정신이 빛나는 그런 사회를 구현할 수 있을 것인가?

최근 사회상황을 보면, 대외적으로 점점 심각해지는 일본의 대한對韓 무역규제, 미중美中 무역전쟁과 함께, 국내적으로도 구조적인 경제침체, 민생불안, 이념대립 등의 사회적 갈등은 점점 더 그 정도가 심해지고 있다. 어둠이 짙으면 새벽이 밝아 오는가?

과연 지금의 어둠은 새로운 문명을 향한 동트기 전의 긍정적 어둠인가, 아니면 방향성을 잃은 혼돈의 무질서인가?

동서양의 고전들은 후천시대가 도래하면 인간 의식이 개화되고 빛과 사랑을 나눌 수 있는 문명이 펼쳐질 것으로 보았다. 거짓이 득세할 수 없고 진실에 기초한 투명透明사회가 오며, 서로 사랑과 정을 나눌 수 있는 대동大同사회가 온다고 했다. “큰 도大道가 행해지면 천하가 공평해져서 어진 사람과 능력 있는 사람이 등용되며, 자기 가족에만 국한하지 않고 노인은 생을 편히 마치고, 젊은이는 일할 수 있으며, 노약자와 병자들이 부양을 받으며, 길에 재물이 떨어져도 줍지 않고, 내가 살기 위해 남을 죽이는 일이 일어나지 않는 세상”이 오게 된다는 것이다≪예기禮記≫.

한편 상춘常春시대가 되면 비뚤어졌던 인간의 마음도 밝게 바로 잡히고 모두가 협력하고 사랑할 수 있는 사회가 온다고 했다. 신명神明시대가 도래하면서 인류의 정신이 밝아져서 거짓이 판칠 수 없는 신뢰사회가 되고, 자기만을 생각하는 이기주의는 대가를 치루고 주변에 도움을 주고 남과 함께 성장하는 사람이 빛나고 존경받는 시대가 된다는 것이다.

과연 그러한 시대가 언제 도래할 수 있을까?

국정의 과제와 인간의 존엄을 연구하는 정책학은 정책학의 창시자 라스웰이 강조했던 근본 문제fundamental problem에 대한 탐구를 게을리 하지 말아야 할 것이다. 전쟁, 혁명, 문명사적 갈등에 대한 연구와 함께 국가정체성, 체제수호, 경제 활력 등의 문제들을 찾아 정책학 패러다임으로 접근해야 한다. 또한 4차 산업혁명 역시도 기존의 산업혁명과는 달리 인간의 존재에 대한 질문을 던지고 있다는 점에서 새로운 패러다임으로 접근해야 한다.

역사학자 아놀드 토인비A. Toynbee는 문명의 흥망성쇠와 그 기록인 역사는 "도전과 응전challenge & response"의 변주곡이라고 했다. 후천 선경後天 仙境시대는 우리가 넋 놓고 기다린다고 오지 않을 터이다.

정책학의 성찰: 성찰성의 위상

다음으로 필자는 성찰성의 위상을 탐구했다. 그리고 그것은 효율성, 민주성 위에 위치하고 있는 것으로 보았다. 그 이론적 근거는 다음과 같다.

매슬로A Maslow, 1954는 인간욕구의 5단계 이론을 제시하면서 인간은 태어나 태아에서 성인에 이르면서 생리적 욕구, 안전적 욕구, 사회적 욕구, 자기존중, 자아완성의 단계에 이르는 것으로 보았다. 매슬로의 제자들은 그 뒤에 인식적 욕구, 심미적 욕구, 초월적 욕구 등 인간의 정신에 관한 욕구를 추가 보완함으로써 인간 의식체계를 진선미로 완성시켰다Huitt, 1988: 1-4.

앞에서 제시한 〈그림 c〉를 다시 한번 가져와 보기로 하자. 즉,

아래 〈그림 1-1〉은 인간의 욕구이론과 성찰성의 구조를 보여주고 있다. 인간 의식체계의 욕구이론을 효율성, 민주성, 성찰성의 정책이념과 대칭시키기에 앞서 조직이론을 하나 더 인용해 보기로 하자. 개인의 의식체계를 국가의 정책체계와 대칭시키기에 앞서 중간 단계의 조직이론을 한번 더 살펴보기 위해서이다. 조직의 동기부여에 관한 연구가, 엘더퍼Alderfer, 1969의 이론을 살펴 볼 것인데, 엘더퍼Alderfer, 1969는 인간의 욕구이론을 빌려와 조직 역시 생존, 관계, 성장이라는 단계를 거쳐 진화한다고 주장했다. 즉, 조직의 발전 단계를 ERG, 생존Existence, 관계Relatedness, 성장Growth으로 제시함으로써 조직공동체 역시 개인과 유사하게 생존의 단계, 관계의 단계를 거쳐 성장의 단계에 이른다고 본 것이다.

그림 1-1 인간의 욕구이론과 효율성, 민주성, 성찰성의 구조[2]

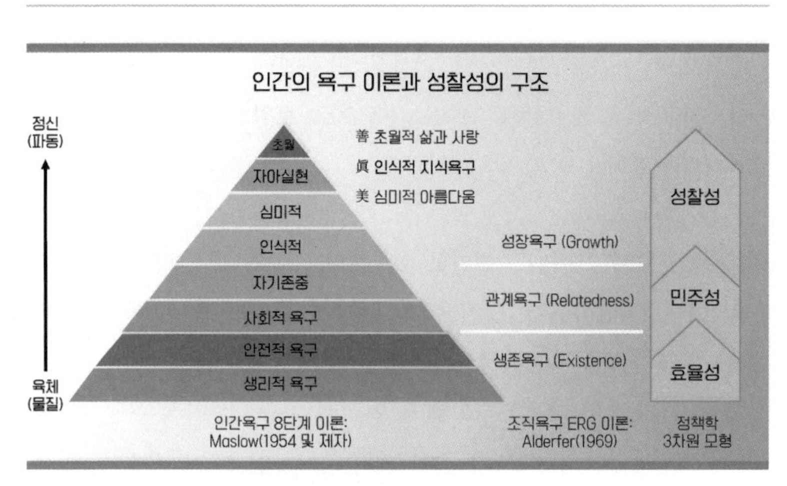

개인의 의식 및 욕구를 조직이라는 공동체로 확대 적용할 수

있다면, 더 나아가 사회 전체의 공동체에도 적용할 수 있을까? 그렇다고 보았다. 필자의 사유는 이런 방식으로 전개되었다.

개인이 모여 조직이 되고, 또 그들이 모여 사회 공동체를 이룬다. 한 개인이나 조직이 탄생하여 생존의 단계, 관계의 단계를 거쳐 성장의 단계로 진화하는 것이라면, 한 국가라는 공동체 역시 생존의 수준, 관계의 수준, 성장의 수준이라는 단계를 보여줄 것이다.[3] 즉, 국가 역시 국가안보와 국가라는 공동체의 인프라를 강력하게 구성하는 생존의 단계를 거쳐 타국과의 우호선린, 호혜협력 관계를 유지하는 관계의 단계를 지나 예의와 덕치를 완성해 가는 성장의 단계로 진화해 나가는 것이다.

이는 또 다른 관점에서 생각한다면 국가 역시 경제적 효율성을 통해 국가 인프라 및 안보를 튼튼히 하고, 정치적 민주성을 통해 대내적 민주주의 및 대외적 민주주의를 강화하고, 더 나아가 사회적 성찰성을 통해 인류 보편의 인간 존엄성을 향상시키고 인간의 열린 의식에 기초한 성숙한 공동체를 완성해 나가는 것으로 볼 수 있다. 성균관대 박재완 교수는 그의 정년퇴임강연성균관대 행정학과, 2019. 12. 20에서 국정 거버넌스의 범례를 법치法治, 예치禮治, 덕치德治로 구분한 바 있는데, 효율성, 민주성, 성찰성으로 비유한다면 민주성은 법치, 성찰성은 예치와 덕치를 아우르는 개념으로 대비시킬 수 있겠다.

효율과 민주가 경제와 정치의 양대 이념 축이라고 볼 수 있지만 사회가 완성되려면 효율과 민주만으로는 뭔가가 부족한 느낌이다. 그게 뭘까를 고민하다가 필자는 '성찰'로 명명命名했다. 즉, 한 사회 혹은 국가 공동체가 완성으로 나아가려면 경제와 정치를 넘어서는 성찰이 필요하다고 보았다. 성찰이라는 단어가 주는 다중적多重的 어의語意가 다소 걸리기는 하나, 취지는 이러하다. 경제적 풍요와 정치적 자유를 넘어서는 그 무엇. 비유컨대, 내가 지금 정치적 자유와 경제적 풍요만 가진다면 행복이 완성되는 것일까? 나와 너, 지금 세대와 다음 세대, 즉 시간과 공간적 사유를 성찰하는 제3의 이성이 필요하다고 보았고, 그리하여 개인적으로 인간의 존엄을 구현하고, 집단적으로는 진정한 열린 공동체의 성장을 구현하는 성찰성이 필요한 것이라고 본 것이다.

한편 효율이 1인칭적인 생산성 강화, 민주가 나와 너의 관계적 의미를 지닌다면, 성찰은 3인칭으로 거듭나는 자유와 공동체를 성숙시키는 의미를 지니고 있는 것이다. 이처럼 성찰성은 다소 추상성이 높은 포괄적 개념Umbrella concept이다. 효율성, 민주성을 위로 끌어올리면서 나선형으로 상승하되, 이들과는 뚜렷이 구별되는 제3의 개념理念이다. 만약 '성찰성'이라는 용어가 정확하지 않다면 뒤에 누군가가 수정 제안해도 무방하겠다. 다만 전하고자 하는 의미가 정확하게 전달되기만을 바랄 뿐이다.

행정학의 성찰: 제4세대 정부모형과 성찰성

행정학적으로는 어떠할까? 다음으로 필자는 행정이념에 있어서의 성찰성을 탐구했다.

행정이론의 발전은 정치와 행정의 관계에 따라 변증법적으로 진화해 왔는데, 그 변증법의 한 축은 효율성이고 또 다른 한 축은 민주성이었다. 행정이론의 효율성이 보다 더 강조되었을 때에는 행정의 경영적효율성 측면이, 민주성이 보다 더 강조되었을 때에는 행정의 정치적민주성 측면이 강조된 것이다. 정치행정이원론, 발전행정론, 신공공관리론NPM이 효율성을 강조했다면, 정치행정일원론, 신행정학, 뉴거버넌스NG는 민주성이 강조되었다. 하지만, 현대 행정학은 여기서 한걸음 더 나아가 효율성과 민주성뿐만 아니라 성찰성을 강조한다. 현대행정은 행정을 기본적으로 개방체제에 기초한 국정관리모형으로 파악하며, 따라서 정부와 시장, 정부와 시민,

시장과 시민 등 국정관리 내부-외부의 관계적 성찰을 중요시하는 것이다.

특히 최근에 들어와 급속한 속도로 발전하고 있는 인공지능과 로봇기술의 발전, 인공지능과 바이오기술, 나노기술의 결합으로 인한 생명연장의 시도, 포스트 휴먼 등장에 대한 담론 확대, 빅데이터의 발달 등은 새로운 법률과 행정체계를 요구하고 있으며 행정학에 있어 가히 격변turbulence이라 할 만하다. 이에 새로운 시대의 행정모형이 요구되고 있으며, 이러한 모형은 기존의 정부모형 1.0, 2.0, 3.0을 융합하되, 이를 속도와 윤리라는 측면에서 한 단계 더 승화시킨 정부모형이 되어야 할 것으로 예측되고 있다. 즉, 제4세대 행정모형은 정부모형1.0의 관료제 중심의 효율성과 정부모형2.0과 3.0에서 제시하는 정부와 시장, 혹은 시민사회 간의 민주적 관계성을 받아들이되, 이러한 효율성, 민주성 만으로는 4차 산업혁명 시대에 등장하는 복잡하고 사악한 문제Complex & wicked problem들을 해결하기에는 한계가 있다고 본다. 이는 기존의 정부 1.0, 정부2.0, 정부3.0에서 보여주었던 문제의식, 즉 효율성, 시장성, 관계 네트워크 등의 문제해결방식으로는 풀기 어려운 비선형적 문제들이 급격하게 등장하고 있기 때문이다. 새로운 정부모형은 속도와 윤리라는 측면에서 보다 더 신속한 문제해결을 요구하며, 보다 더 높은 윤리의식에 기초한 책임지고 소통하는 리더십을 요청하는 모형이다. 이를 행정이념이나 철학적으로 명명한다는 성찰적 정부모형이라고 부를 수 있다.

정책학의 전통적 모형

여기서 잠시 우리의 논의를 한 템포 늦추고 정책학의 새로운 모형을 향한 스케치를 해 보도록 하자.

우선, 라스웰 정책학의 목적구조는 다음과 같다. 인간의 존엄성 실현을 위해서는 한 사회가 직면하는 근본적 문제를 찾아 해결하는 것이 급선무이다. 그 해결 능력은 정부마다 정책지향성의 완성이라는 역량에 따라 차이가 나는데, 이러한 정책역량을 키우기 위해서는 정책과정'of'의 지식과 정책내용'in'의 지식을 향상시키는 노력이 필요하다.

그림 1-2 정책학의 목적구조

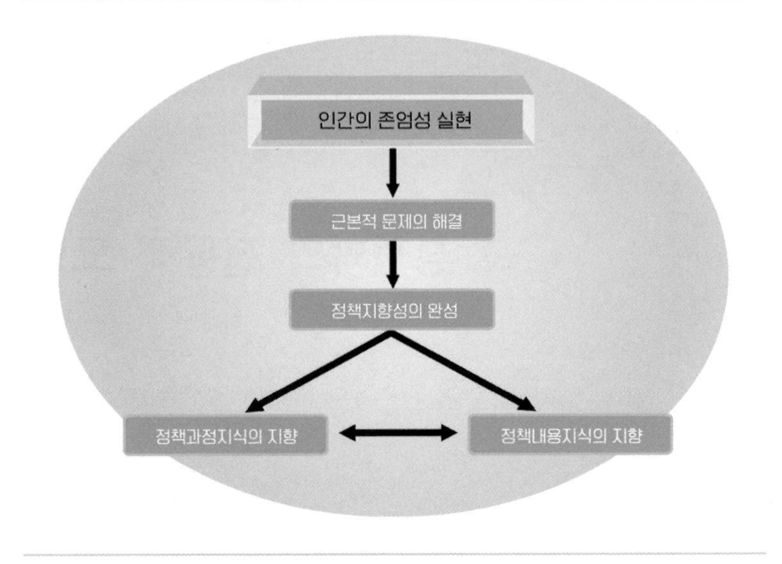

라스웰이 제창한 민주주의 정책학은 기본적으로 행정학의 역사발달이 제시하는 효율성과 민주성의 변증법적 발전구조를 근간으로 하되 민주성을 강조한 것이었다. 바로 위에서 언급한 정부의 정책역량 강화를 위해서는 과학적 정책수단의 개발이 필요하지만, 좁은 의미의 관료제적 편협성과 기능주의, 도구주의를 극복하고 목적과 수단의 우선순위 회복을 위해서는 민주주의가 강조되어야 한다고 본 것이다. 이러한 정책학의 지향점은 인간가치의 고양 및 인간의 존엄성 실현을 위한 것이다.

그림 1-3 정책학의 전통적 모형

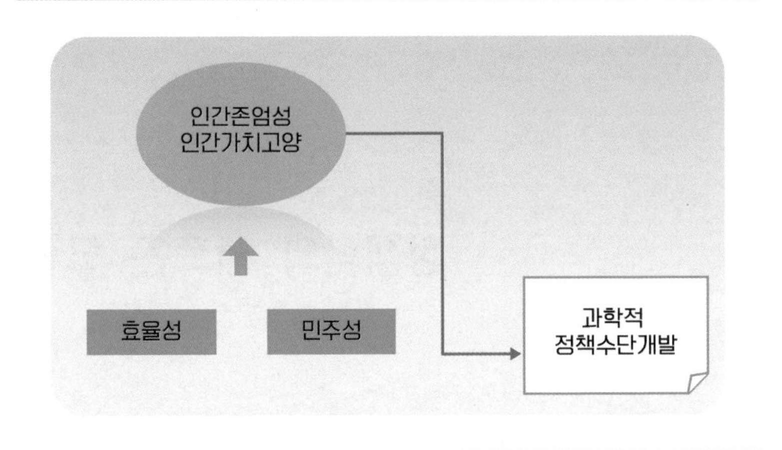

정책학의 새로운 모형

모형은 현상의 축조물이다. 그 바탕에는 한 시대를 살고 있는 사람들의 태도, 믿음, 인식이 담겨있다. 정책학의 새로운 모형은 전통적 모형을 성찰성의 관점에서 재조명한다. 정책학이 단순히 관료제의 도구성에 함몰된 것에 대한 반성과 함께 민주주의 역시 제도와 절차에 그칠 수 있다는 한계를 인식하고, 정책학과 인문학의 접목을 통해 성찰성이라는 이념을 추가함으로써 보다 높은 차원의 인간존엄성 구현에 기여할 수 있는 학문으로 정립되어야 한다고 주장한다.

그림 1-4 정책학의 새로운 접근

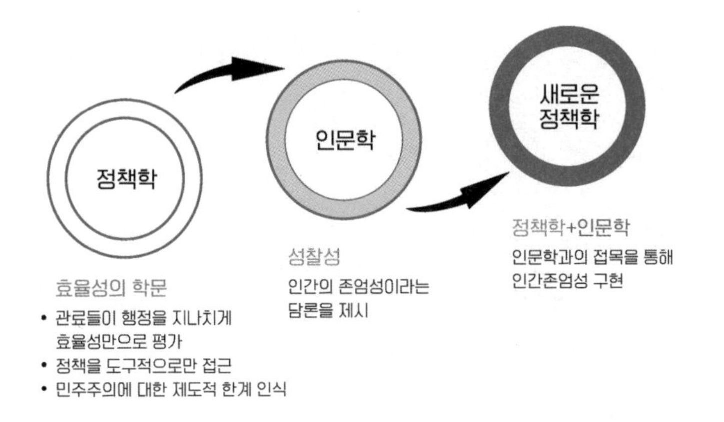

과학적 정책수단개발은 여전히 강조되어야 하지만, 인간의 존엄성 실현을 위해서는 기존의 효율성, 민주성으로는 부족하다. 4차 산업혁명의 도래 등으로 현대행정 환경은 급변하고 있고, 기후변화, 인구절벽, 신종 바이러스의 침투 등 새로운 형태의 '사악한 문제'들이 급증하고 있다. 신속한 문제 해결, 민주적 의견 수렴과 함께 정부-시장-시민사회 등 국정관리 내부-외부의 성찰을 통한 정책지혜의 강화가 필요하다.

그림 1-5 정책학의 새로운 모형

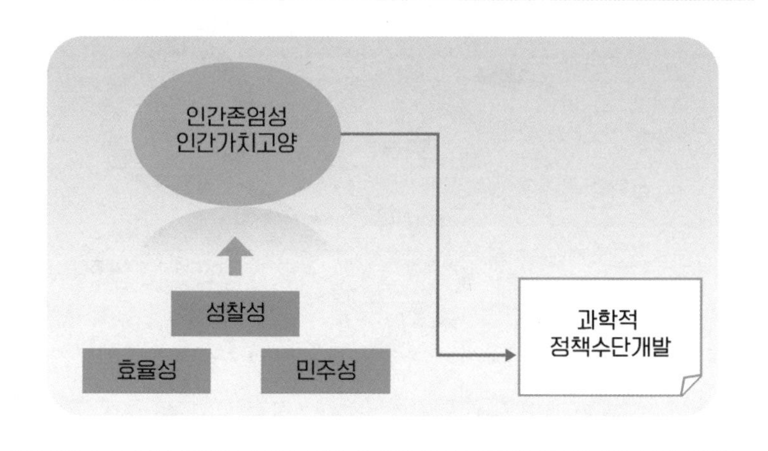

정책학의 새로운 모형은 휴머니즘을 특히 강조한다. 이는 언급했듯이, 4차 산업혁명의 도래, 기후변화, 신종 바이러스의 침투 등 새로운 형태의 '사악한 문제'들이 급증하고 있기 때문에 더욱 그러하다. 신자유주의, 지나친 세계화, 정보범람 등으로 인해 자유, 창의, 주체성이 질식된 사회로 급격하게 변모하고 있다는 점도 또 다른 이유이다. 이에 정책학의 새로운 모형은 1) 인생의 목적은 자신을 발견하는 것이라는 인간의 실존에 대한 이해를 토대로 2) 정책학의 목적은 공동체의 행복을 증진시키는 것이라는 주관적 극대화의 원리와 실천적 이성에 대한 인식론적 토대를 강조한다.

정책학의 목적이 인간의 존엄성 실현이라면, 그것은 결국 우리의 공동체 속에서 아름답고 행복한 삶을 실현하는 것이다. 인생의 목적이 존재로부터 오는 순수한 기쁨을 깨닫고 자신의 고유한 본질을 표현하는 것이라면, 정책학의 목적은 공동체 안에서 사람들이 각자의 삶을 자각하고 실현할 수 있도록 도와주는 것이다. 그리고 그것은 어쩌면 보이진 않지만 아름답고 분명한 가치이념를 찾고 활용하여 우리의 삶과 이 지상 위에 펼치는 것일지도 모른다.

그림 1-6 정책학의 새로운 문제의식

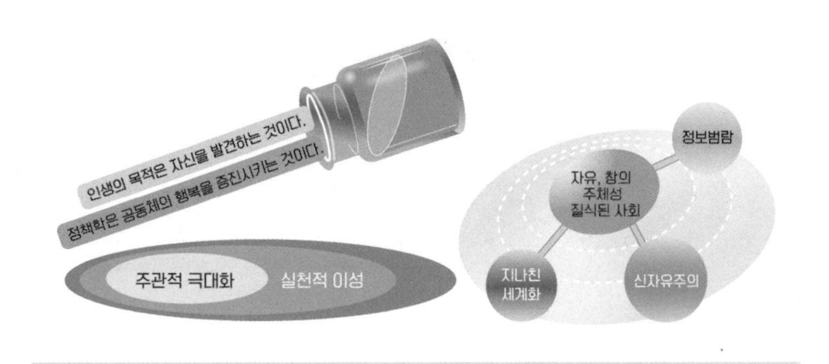

그림 1-7 정책학의 새로운 인식구조

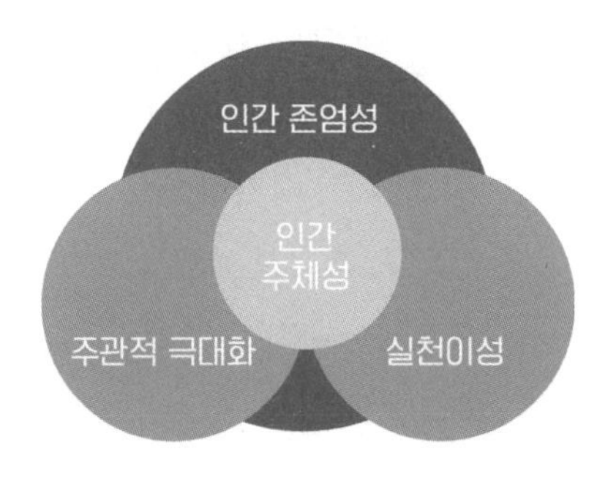

성찰성의 국가 혁신적 이해

정책학은 경제적 차원, 정치적 차원에 이어 철학적 차원을 강조한다. 경제적이고 행정 운영적 차원에서의 효율성, 정치적 제도와 절차로서의 민주성은 여전히 필요하지만, 철학적 차원에서 성찰성이라는 이념과 비전이 필요하다. 국가혁신의 진정한 모습은 물질적으로 풍요롭고, 인간적으로 보람을 느끼되, 정신적으로 아름답고 조화로운 사회를 구현하는 것이다. 물질적으로 풍요로운 효율성, 인간적으로 보람 있는 민주성과 함께 더 나아가 정신적으로 아름다운 성찰성의 사회를 지향한다고 보는 것이다. 이를 위해서는 자율성, 창의성을 추구하되 신뢰기반 정책네트워크 구축이 필요하며, 국가역량을 이성적 측면뿐만 아니라 국민의 감성적 측면에서도 자긍심 있는 국가, 신바람나는 사회를 만들어주는 국정리더십이 필요하다.

그림 1-8 정책학의 새로운 차원: 성찰성의 국가혁신적 이해

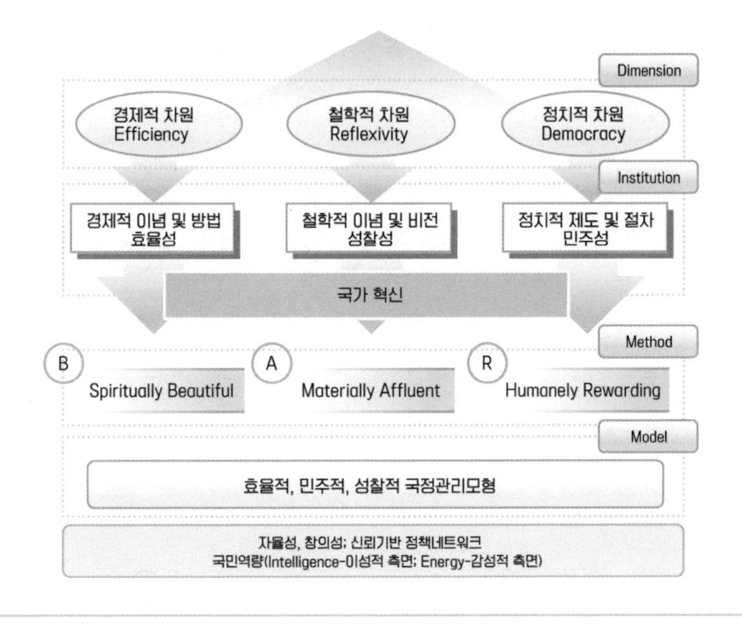

성찰성과 4차 산업혁명

현대 행정환경은 급변하고 있다. 4차 산업혁명이 도래하면서 인공지능과 빅데이터, 인지과학에 기반한 데이터 사이언스의 중요성은 급증하고 있고, 이러한 변화에 따른 새로운 정책대안의 개발과 윤리적 이슈를 연구할 필요성이 급증하고 있다. 다음 그림에서 보듯이, 하버드 케네디 스쿨과 같은 세계 일류대학들은 나노, 바이오, 정보과학, 인지기술의 비선형적 발달에 부응하는 정책대안 개발과 윤리적 문제에 대응하기 위해 미래사회연구소를 개설하고 NBIC연구에 박차를 가하고 있다.

그림 1-9 성찰성과 하버드 케네디 스쿨 NBIC

Harvard JFK School NBIC

Harvard Kenndy School's Future Society

THE FUTURE SOCIETY HOME MISSION INITIATIVES TEAM PERSPECTIVES CONTACT GIVE

Mission

On the Edge of a New Frontier

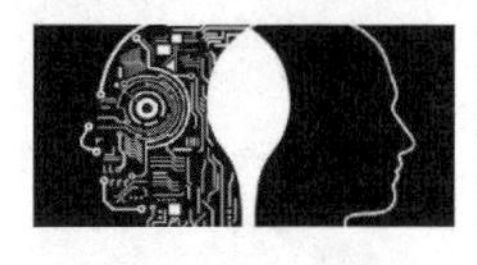

Gov Model 4.0

- NBIC(Nano, Bio, Information, Cognitive Tech) Exponential Growth & Development
- Coping with the Fundamental Ethical Challenges
- Suggesting the New Paradigm of Policy Initiatives
- Presenting the Crucial Ethical Questions and Policy Choices

이러한 환경 변화는 새로운 도전으로 다가오고 있다. 막스 웨버가 강조한 정부1.0과 영국의 대처수상과 미국의 레이건 대통령 시절 강조된 정부2.0, 그리고 마크 무어가 강조한 정부3.0을 넘어 현대 정책환경의 변화는 급변하는 사회, 인공지능과 NBIC의 변화, 인더스트리 4.0 등에 직면하여 불확실성이 고조되고 있기에 새로운 형태의 정부모형4.0의 필요성이 급증하고 있는 것이다. 정부모형4.0은 성찰성에 기반한 정책모형으로서 신속하고 책임지는 리더십을 강조한다.

그림 1-10 성찰성과 새로운 도전

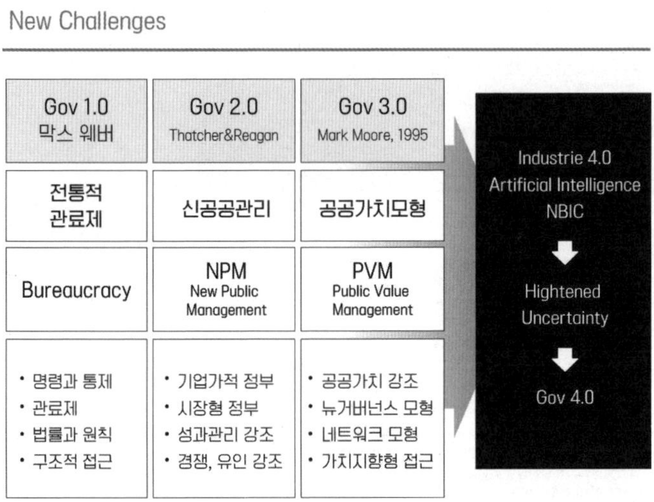

New Challenges

Gov 1.0 막스 웨버	Gov 2.0 Thatcher&Reagan	Gov 3.0 Mark Moore, 1995
전통적 관료제	신공공관리	공공가치모형
Bureaucracy	NPM New Public Management	PVM Public Value Management
• 명령과 통제 • 관료제 • 법률과 원칙 • 구조적 접근	• 기업가적 정부 • 시장형 정부 • 성과관리 강조 • 경쟁, 유인 강조	• 공공가치 강조 • 뉴거버넌스 모형 • 네트워크 모형 • 가치지향형 접근

Industrie 4.0
Artificial Intelligence
NBIC
↓
Hightened
Uncertainty
↓
Gov 4.0

성찰성과 4세대 정부모형

현대 행정환경 변화의 몇 가지 사례를 예시하면 다음과 같다. 양극화가 심화되면서 인공지능 소유권에 대한 논쟁과 함께 양질의 일자리문제가 쟁점이 되고 있다. 인공지능정부, 드론정부의 등장은 정부의 효율성은 증가시킬 것이다. 디지털 농업, 플랫폼 자본주의, 기후변화, 욕구의 변화, 장생사회의 도래 등은 새로운 사회문제를 분출시킬 것이다. 이러한 문제들은 기존의 효율성, 민주성 정부이념만으로 해결하기 어려운 것들이다. 가령 극단적 기후변화와 재난의 증가, 신종 및 변종 전염병의 등장 등은 기존의 정부패러다임으로는 해결할 수 없으며, 새로운 융합, 소통에 기반한 지혜를 요구하고 있다.

그림 1-11 성찰성과 제4세대 정부모형의 내용

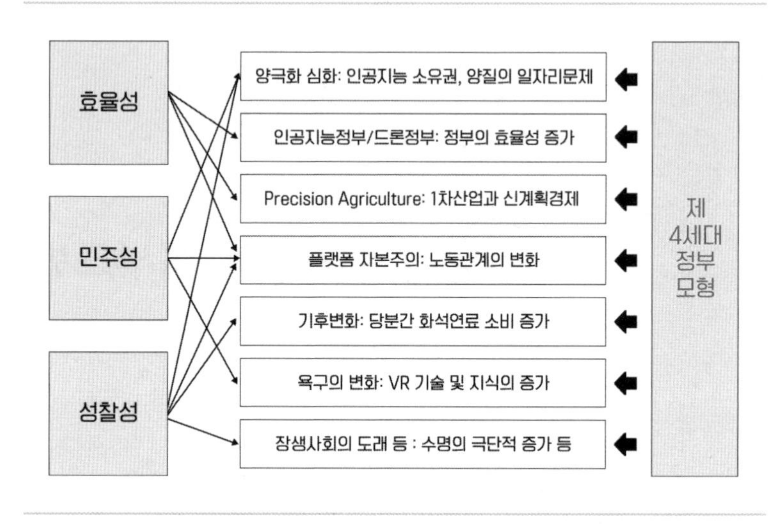

따라서 제4세대 정부모형은 인공지능기반 창조지능형 정부의 구현을 통해 인간의 존엄성과 공공가치를 추구한다. 기술 간 융합, 행정-입법, 중앙-지방, 정부-시장-시민사회 간의 진정한 협동과 융합을 통한 융합정부를 구축하며, 빅데이터를 기반으로 예측시스템을 통한 난제 해결과 함께 인공지능과 빅데이터를 활용하여 맞춤서비스를 제공하고 공적 사회 안전망의 강화를 강조하는 등 융합과 소통을 통한 지혜정부를 지향한다.

그림 1-12 성찰성과 제4세대 정부모형의 이념

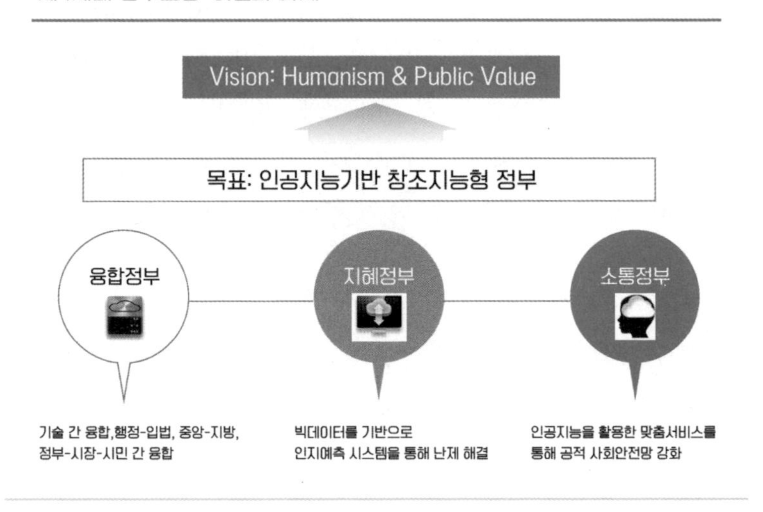

성찰성과 개방형 정부혁신 2.0

최근 들어 전 세계 기상이변과 지구적 규모의 재난재해 발생, COVID-19과 같은 신종 바이러스로 인한 팬데믹 공포, 저출산 인구절벽과 세계경제의 저성장 국면 진입 등 다양한 형태의 사악한 문제wicked problem가 발생하고 있다. 이들에 대한 창의적 해법이 점점 더 중요해 짐에 따라 참여participation, 다면적 학습multi-faceted learning, 비선형적 접근nonlinear approach, 시스템 사고system thinking, 디자인 씽킹design thinking, 정책 랩policy lab 등 개방형 정부혁신이 강조되고 있다.

기존의 혁신모형이 의제설정, 정책결정, 정책집행, 정책평가 등 선형적 접근에 의한 문제해결 방식 혹은 관료제, NPM신공공관리: New Public Management, NPS신공공서비스: New Public Service나 PVM공공가치모형: Public Value Model 등의 접근방식이었다면, 새로운 혁신모형은 다분히 상호작용적interactive이고 상호성찰적reflexive이다. 그것은 참여 및 브레인스토밍에 의한 상호 학습을 강조하고, 미래예측Foresight과 입체적 접근Holistic Approach에 의한 정책 디자인Policy Design과 디자인 씽킹Design Thinking을 강조한다.

정책사례로는 우리나라의 '열린 혁신 플랫폼', 캐나다의 Policy Horizons Canada, 유럽연합EU의 Policy Lab, 미국의 Lab · OPM, 영국의 Policy Lab, 호주의 A-Lab, 덴마크의 MindLab 등을 들 수 있는데,[4] 이들은 모두 참여의 강조, 빠른 반복실험 등 속도, 신속한 문제해결, 하위상향적bottom-up접근과 다중학습, 시스템적 문제해결, 디자인 씽킹 등을 강조한다.

예컨대, 캐나다의 Policy Horizons Canada는 불확실한 미래에 기민하게 대응하기 위해 다양한 정책 개발 및 미래예측 역량을 배양하는 데 주력하고 있으며, 우리나라의 열린 혁신 플랫폼은 다양한 분야의 민간전문가와 정책실무가들이 참여하여 디지털 플랫폼 비지니스 분야의 미래 지향적 혁신 의제와 전략을 집단지성 기반으로 수립하고자 구성되었다.[5]

참여와 다중학습의 강조, 미래지향적 역량에 기반한 정책 수립과 예측 등은 바람직한 방향으로 평가할 수 있다. 다만, 아직 뚜렷한 성과가 나타나지는 않고 있으며, 일부 디지털 트랜스포메이

션Digital Transformation 같은 디지털 서비스 및 업의 통합과 같은 기능적 의제를 넘어서 앞서 제기한 것과 같은 우리나라가 직면하고 있는 근본적 의제들가령, 청년실업과 일자리 창출, 저출산과 인구절벽, COVID-19와 같은 새로운 바이러스에 대응하는 근본대책, 4차 산업혁명에 따른 대응준비, 북한 핵 문제와 국제협력 강화 등에 대한 본격적 적용과 고민이 필요하다고 하겠다.

인문학 거장들의 정책학적 사유: 성찰성에 대한 인문학적 이해

인문학 거장들은 어떻게 생각했을까? 인문학 거장들이 가졌던 인간에 대한 깊은 사랑과 이해는 무엇이었을까? 그들의 사유와 철학이 인간의 존엄성을 추구하는 정책학에 던지는 함의는 무엇일까?

뒤에서 인문학 거장들의 정책학적 사유는 자세하게 살펴보겠지만자유, 실존, 자아, 향상심, 전체주의, 미래학, 휴머니즘 등에 대한 상세한 논의는 'PART VI 정책학과 인문학' 참조, 인문학 거장들은 한결같이 인간에 대한 깊은 사랑과 성찰을 강조하고 있다. 프로이드S. Freud의 인간 자아에 대한 깊은 무의식과 초의식에 대한 심층적 탐구라든지, 니체F. Nietzsche, 하이데거M. Heidegger와 같은 실존주의 철학은 인간에 대한 본질적 이해를 깊게 해 주고 있다. 이러한 인문학적 탐구를 통해 인간은 몸과 마음을 지닌 단순한 개체가 아니며따라서, 생각, 감정, 감각만이 나의 전부라고 할 수는 없으며, 인간의 의식은 본질적으로 우주를 아우르는 전체따라서, 근본적으로 순수의식이며, 알아차림으로 존재하는 전체적 실재라는 점이 밝혀지게 되었다.[6]

우리가 주의를 두는 곳에 에너지가 흐른다. 의식이 작고 한정적인 바깥 사물과 대상에 주의를 둘 때 우리는 분리된 개체를 인식하게 되지만, 의식이 내면의 현존 혹은 깊은 참나참 자아 상태에 초점을 두고 있을 때에는 무한하고 광대무변한 전체가 우리의 실재임을 알게 된다. 참 자아는 확장된 존재이며 장엄함이 그 본질이다. 무조건적이고 절대적인 사랑이며 광휘이다. 시공을 초월한 광대함이며, 만유는 만유와 연결되어 있다. 그리하여 우주 전체는 의식이 깃든 하나의 살아있는 생명체이며, 모두가 하나로 연결된 신령스러운 의식이다.[7] 그리고 그 본질은 절대적 사랑과 평화이며, 그 곳으로부터 기쁨, 희열, 황홀감이 넘쳐흐른다.

양자물리학은 이러한 사실을 더욱 확고하게 뒷받침해 주었는데, 말하자면, 인간 본성은 본질적으로 텅 빈 자리이며, 그 자리는 텅 빈 가운데 고요하며, 사랑과 평화로 깨어있다는 것이다. 양자물리학자들은 그것을 의식의 장場 혹은 양자장영점장, 통합장, 혹은 신성의 근원divine matrix라고 불렀는데,[8] 그 본질은 고요, 사랑, 평화이다. 또 다르게 표현하면, 희열, 기쁨, 온전함완전함이다.

우리 의식의 본성은 알아차림이다. 그냥 존재함이고 현존이며 알아차림이다. 물은 적시는 성질을 가지고 있고, 불은 태우는 성질을 가지고 있듯이, 의식은 알아차리는 성질을 가지고 있다. 이처럼 의식은 자각하고 각성하는 기능을 가지고 있다. 그런데 의식은 주의와 집중하는 곳으로 에너지가 흐르기 때문에 바깥 사물과 대상에 집중할 때는 그곳으로 정신이 쏠리게 되지만, 의식의 중심을 내면에 두고 깨어 있을 때는 다만 깊은 평화가 흐른다. 그냥 존재하면서 알아차리는 것이다.[9]

따라서 우리의 참다운 의식은 본질적으로 파동 에너지이며, 이러한 파동 에너지는 전체를 아우르고 있다. 이러한 마음의 본성 에너지는 시간, 거리, 중력으로 계산되는 뉴톤I. Newton의 물리법칙과 관계없으며, 기본적으로 사랑과 파동으로 움직이는 평화의 물결들이다. 물질적인 입자나 개체가 아닌 의식으로 이루어진 양자의 파동들은 물리세계의 법칙과는 또 다른 방식으로 작동되는 것이다.[10] 뉴톤 모델은 "사건들이 순차적으로 발생하고, 따라서 화학반응들도 단계적 순서에 따라 일어난다고 말한다. 하지만 실제로 생명 현상이 일어나는 방식은 그렇지 않다. 우주와 그 안의 모든 생명 체계들은 각기 독립적이면서도 서로 얽혀 있는 에너지 장場들 전체를 공유하고 있다."[11] 우리 몸의 세포, 조직, 기관의 모든 기능을 지휘하는 것은 보이지 않는 의식의 장場인 것이다.

정리하자면, 사람은 누구나 두 가지 차원의 의식이 공존하고 있다. 우리가 흔히 우리의 전부로 알고 있는 내 '몸'과 몸으로 살아온 경험의 축적된 기억들로 구성된 '에고'라고 불리는 개체적 표면의식과 이러한 생각과 감정 너머에 '참 의식'으로 존재하는 더 깊은 심층의식이 존재한다. 즉, 에고 차원과 참나 차원이 공존하고 있는 것이다.

따라서 마음의 파동이 낮은 상태에서는 물질과 개체로 인식되지만, 마음의 파동이 높은 상태에서는 평화로운 순수의식과 전체로 존재한다. 즉, 인간은 '에고'와 '개체'라는 표면의식"생존모드"과 '참

나'와 '신성'이라는 심층의식"창조모드"이 공존하고 있는 것이다.[12]

우리의 모든 주의와 에너지를 외부 세계에 두고 늘 똑같은 방식으로 똑같은 상황에 반응할 경우 우리의 생각과 느낌은 생존모드로 작동하게 되며, 그렇게 되면 우리의 뇌와 몸은 생각-느낌 고리에 갇혀버리게 된다. 그리고 이 경우 우리는 "인생에서 무언가 새로운 것을 창조하는 데 쓰일 에너지가 내면세계에 거의 남아 있지 않게 된다. 그때 우리는 새로운 것을 창조하기는커녕 기존에 하던 일도 하기 힘들어 진다. 삶의 창조자가 되기는커녕 삶의 희생자가 된다."[13]

이와 반대로 우리의 마음이 고요하고, 창조적이며, 직관적인 상태가 될 때가 있다. 이때 우리의 주의와 에너지는 내면세계에 중심을 두게 되며, 우리의 의식은 순수하고 창조적으로 흐른다. 창조모드가 작동하는 것이다. 뇌 의식 상태는 알파파와 세타파가 되며, 더 깊은 초의식에 들 경우 일관성 있고 동조성 높은 감마파를 띠기도 한다. 우리의 의식은 순수해지고 지복과 깊은 현존 상태에 들어가게 되며, 텅 빈 가운데 고요하며 깨어있게 된다. 의식은 외부로 향하지 않고 의식 그 자체를 인식한다. 고요함과 평화, 희열과 온전함 속에 머무는 것이다.

한편, 마틴 셀리그만M. Seligman, 칙센트 미하이C. Mihalyi와 같은 긍정심리학자들이나 독일의 대문호 괴테는 긍정과 행복에 기초한 향상심向上心을 강조하고 있다. 또한, 한나 아렌트H. Arendt는 인간과 인간의 모임인 공동체의 중요성을 강조했으며, 따라서 사람과 사람 사이의 관계와 공공성, 그리고 공동체 내에서 타인을 인정하고 소통하며 공적 가치를 실현하려는 공공영역이 활성화가 중요하다고 보았다. 이러한 인간에 대한 깊은 이해, 공동체에 대한 새로운 발견, 긍정과 행복을 통한 향상심 철학 등은 정책학에서 말하는 실천적 이성에 대한 새로운 시각을 제시해 주는 것이며, 더 나아가 현대 정책학이 단순히 관료제의 도구성에 함몰될 게 아니라 현대 민주주의의 가치를 확인해 나가면서 인간을 인간답게 해주는 성찰성과 같은 이념적 기반이 중요하다는 점을 다시 한번 확인시켜 주고 있다권기헌, 2018: 9-10.

그림 1-13 성찰성에 대한 인문학적 이해(1): 창조적 정책학

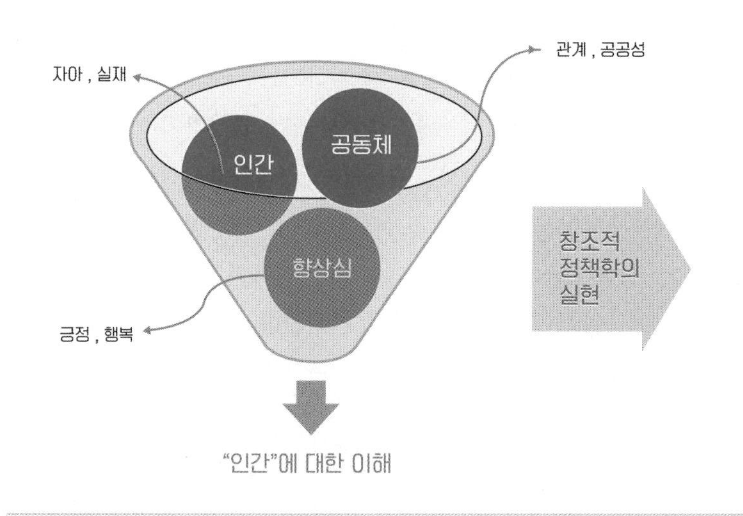

그림 1-14 성찰성에 대한 인문학적 이해(2): 성찰적 정책학

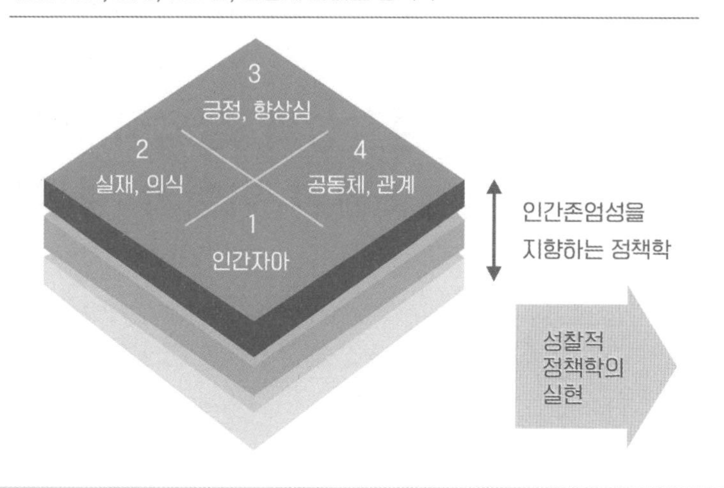

성찰성의 철학적 이해: 초월적 이성과 성찰성

한 걸음 더 나아가 보자.

인간 내면에는 초월적 이성이 있으며, 이것을 로고스라고 부른다.[14] 인간은 신성을 부여받은 존재이기에 정신의 고양을 통해 자신 내면에 존재하는 신성의 법칙[15]을 발견할 수 있다. 서양철학에서는 이러한 법칙을 사랑, 혹은 진선미라고 불렀으며, 동양철학에서는 이러한 법칙을 자비, 혹은 인의예지라고 표현했다.

원래 인간의 지식체계는 인식주체와 인식대상으로 나눌 수 있다. 인식대상은 자연, 사회, 정신으로 나눌 수 있는데,[16] 각각에 상응하는 지식체계는 자연과학, 사회과학, 인문과학이다. 한편 인식주체 그 자체를 다루는 지식체계는 철학과 신학이다.[17] 인식주체가 인식주체를 사유하는 것, 즉 '나'는 누구인가를 사유하고 체계화하는 학문을 철학이라고 하고, 나의 본질인 '정신'의 순수성, 그 초월적 신과 영혼을 다루는 영역을 신학이라고 한다.

인간 존엄의 근원은 인간이 인간 자체를 사유할 수 있는 그 정신의 순수성[18]으로부터 온다. 우리는 그 능력의 근원을 신성이라고 부른다. 인식주체가 단순하게 인식대상에 빠지지 않고 인식주체가 인식주체를 돌이켜 볼 수 있다는 것은 인간 문화의 고귀한 상징이다. 주체가 객체로서의 사물을 상대하지 않고 주체가 주체를 오롯이 성찰한다는 것은 정신문화의 꽃이다. 인간은 이러한 직관적 성찰 속에서 자신의 마음을 고양시키며, 마침내 신적 지성에까지 이를 수 있게 된다.[19] 이것이야말로 인간의 가장 고귀하고 존엄한 정신적 유산이며, 이처럼 성찰성의 인식론적 근원은 인간 정신의 고유한 존엄에서 출발하고 있다.

정책학의 정신

그렇다면, 정책학의 정신은 무엇인가?[20]

정책학의 정신의 첫 출발점은 인간의 존엄성 실현이다. 즉, 문명화된 인간과 인간의 존엄을 실현코자 하는 것이 정책학의 정신이다. 자유민주주의라는 헌정질서 속에서 문명이라는 더 큰 인류사적인 가치를 보존하고 추구하는 것이 정책학의 정신이다.

개인이나 공공의 삶은 전통과 지혜에 따라 이루어져야 하며, 인간은 지혜와 미덕의 성장을 통해 더 나은 질서세계로 나아간다. 그리고 이러한 노력을 통해 보이는 세계와 보이지 않는 세계는 연결될 수 있을 것이다.

보이는 세계가 전부는 아니며, 자연의 섭리와 우주의 법칙이 존재한다는 믿음은 '저기 하늘의 푸른 창공蒼空만큼이나 오래된 것'이다. 예컨대, 고대 그리스인들은 모든 인간이 정신적, 감정적, 영적, 도덕적으로 조화와 아름다움을 추구하려는 본능을 갖고 있었으며, 그들의 전통을 따라 인류는 진리The Truth와 선The Good과 아름다움The Beautiful의 삼위일체 속에서 하나됨The One이 곧 신의 본질이라고 믿었다. 또한, "우주는 단계적으로 잠재력을 펼치면서 완벽의 경지에 도달하기 위해 창조되었고, 인간과 그의 삶도 그 과정의 일부이며, 세상 모든 것이 궁극적인 선善에 이르기 위해 참여"[21]하고 있다고 믿었다.

정책학은 국가주의적 경계를 넘어선 인간의 보편적 존엄성을 추구한다. 보다 큰 차원의 문명화된 인간의 자유와 법 앞의 평등, 인권을 추구하며, 문명화된 인간이 품위 있게 살 수 있는 기회를 제공하기 위해 탄생한 학문이다.

인간의 존엄이 서구사회에서 도입된 법과 인권, 형평 등의 개념이 투영된 것이라면, 그리고 이에 기초한 민주주의 정책학이 법치와 절차의 민주성을 강조하는 개념이라면, 언제부터인가 우리 동양사회에서는 "정이 넘치고 서로 믿을 수 있고 서로를 위해주는" 사회의 실현을 꿈꿔왔다. 행정학자 이해영2018: 8-9은 "정책의 선善에서 선善은 정책의 본질적인 존재 가치를 실현할 수 있는 규범적이고 가치판단적인 개념"으로 정의하면서, 정책의 선善의 요소로 좋음, 올바름, 정의, 인정과 배려, 전통 가치를 제안했다. 그는 공공선과 공동선의 개념을 구별하면서, 공공선公共善이란 공적 영역에서의 선을 의미하기에 단순한 법法과 제도制度의 선으로 이해할 수 있지만, 공동선共同善은 이와 구별되는 더 넓고 더 깊은 선이라고 주장했다. 이때 더 넓고 더 깊은 선이란 좋음, 올바름, 정의, 인정과 배려, 전통 가치 등이 포괄적으로 공동체에 적용되고 실천되는 것을 의미한다.[22]

라스웰H. Lasswell이 생각했던 민주주의 정책학의 완성은 내용과 과정이라는 절차적 가치를 강조하고 있다. 이는 다분히 서구의 현실세계에서 법치와 인권, 민주주의 등의 절차적 개념을 정책학 이론으로 정립한 것이다. 법과 절차, 제도적 차원이 강조되고 있는 것이다.

하지만 위에서도 논의했듯이, 인간은 단순히 법과 절차만을 지키는 존재는 아니다. 법과 이성 위에 더 높은 정신적 질서가 있다. 그것은 사랑을 기초로 한 것으로서 보편적인 인간애를 중심으로 한다. 즉, 인간은 정치적 자유, 경제적 공리를 넘어서 공동체와 미래의 선을 추구하는 존재이다. 그러면서도 상호 신뢰를 통해 정이 넘치고 성숙한 공동체를 지향해 나가는 존재가 인간이다. 인류 역사는 그동안 힘이 지배하는 시대를 거쳐 법과 이성이 지배하는 시대로 진화되어 왔다. 이제 우리에게 꿈과 희망이 있다면 그것은 사랑을 통한 휴머니즘의 시대를 구현하는 것이다.

서구 철학의 두 축은 헬레니즘Hellenism과 히브리즘Hebraism이었다. 인간의 이성과 합리적 사고에 기초한 철학이 헬레니즘이었다면, 인간의 감성에 기초한 철학이 히브리즘이었다. 이러한 철학을 토대로 우리가 지향해야 할 철학은 사랑과 보편적 인간애에 기초한 휴머니즘일 것이다. 헬레니즘의 이성과 합리성, 히브리즘의 감성적 사고를 뛰어넘는 사랑과 인류애가 필요한 것이다.

이런 관점에서 사유한다면, 인간의 존엄이란 법과 제도적 차원을 넘어서는 개념이다. 따라서 앞으로 정책학의 발전을 위해서는 법과 제도에 기초한 라스웰의 민주주의 정책학을 넘어 사랑과 인간애에 기초한 성찰적 정책학까지도 이론으로 정립될 필요가 있는 것이다.

정책학의 미래

미래학은 인류의 삶의 패턴이 단순한 선형적 삶에서 입체적 순환적 삶으로 변화될 것으로 예측하였다.[23] 배우고 일하고 은퇴하는 선형적인 삶에서 배우고 일하고 은퇴하고, 다시 배우고 일하고 은퇴하는 등 순환적인 삶이 가능해 진다는 것이다. 특히 미래사회는 육체적 질병으로부터 자유롭고, 실패로부터 성찰을 얻는 사회가 될 것이다. 하지만 도덕적으로 바람직한 사회가 되기를 바란다면 정책적 준비가 필요하다. 기술의 발전은 무서울 정도로 빠르고 거대하다. 따라서 준비가 없는 장생사회의 진입은 큰 재앙이 될 것이다.

포스트 휴먼의 등장, 바이오 기술의 발전과 대체 장기, 장생사회의 도래 등은 인간의 의식과 도덕에 심대한 영향을 끼칠 것이다. 이에 맞춰 정책학은 법적, 제도적, 윤리적으로 어떠한 준비를 해야 할 것인가?

인공지능과 로봇, 사이보그 등 포스트휴먼에 대한 법제도 점검과 함께 윤리적 대책도 마련해야 한다. 또한, 장생사회에 대한 준비의 일환으로 새로운 개념의 웰빙well-being과 웰다잉well-dying에 대한 법제도적 준비도 필요하다. 한편 스마트시티, 자율주행차 등 미래도시에 대한 정책학 연구가 필요하다. 리더십, 예산, 기술, 인적자원에 대한 인프라 지원과 함께 윤리적 대책을 점검해야 한다.

미래학자들은 이미 "윤리2.0ethic 2.0"을 강조하고 있다Joel Kotkin, 2017; Ric Murry, 2017; 윤기영, 2017. 급격한 과학기술의 발전, 양극화의 심화, 인공지능으로 인한 인간 가치 기준의 변화, 기후 변화, 세계화 등의 도전에 대응하여 새로운 가치관과 도덕관을 수립해야 한다는 것이다.

이처럼 정책학의 성찰성에 대한 고민과 윤리2.0은 시대적 흐름과 추세적으로 맞닿아 있다.

성찰적 정책학

인류는 자아를 확장하여 새로운 휴머니즘과 인류애의 시대를 열 것인가?[24]

과연 인류는 나와 남을 극단적으로 분리하는 계산과 논리의 시대를 넘어 나와 남이 하나가 되는 공감과 사랑의 시대로 나아갈 것인가? 단순한 법과 이성의 시대를 넘어 도덕과 양심의 시대를 열 수 있을 것인가?

정책학은 단순한 효율성의 정책학을 넘어 성찰적 정책학을 구현할 수 있을 것인가?

우리의 인체는 참으로 신비롭다. 인체의 신경은 뇌, 척수, 중추신경이 있고, 말단에 가면 말초신경이 있다. 한편 말초신경 중에는 더 미세한 미주신경이 있는데,[25] 이것은 대뇌의 명령으로 지배되지 않고 오직 마음작용에 의해 작동되는 자율신경이다. 자율신경은 사랑과 공감, 연민과 소통 등 감정 작용에 의해 움직인다.

우리는 사랑의 감정을 느낄 때 바로 사랑 호르몬이 나온다. 또한 우리가 남을 사랑하고 공감하게 되면 미주신경에서는 바로 엔도르핀, 세로토닌과 같은 행복 호르몬이 분비되어 우리 몸은 점점 더 건강하고 평화롭게 된다.

현대의 뇌 과학자들은 인간 의식이 진화하면 우뇌의 시대, 그리고 더 나아가 좌뇌와 우뇌를 통합하는 시대가 열릴 것으로 예측하고 있다. 좌뇌는 계산과 논리적 사고를 의미한다면, 우뇌는 직관과 공감을 의미한다. 좌뇌가 좁은 자아의식과 에고를 의미한다면, 우뇌는 넓은 시야, 통합적 사고, 공감과 사랑에 기초한 평화를 의미하는 것이다.

인간은 육신과 영혼의 결합체이다. 이 육신에는 정신이 담겨있고, 순수한 의식이 그 주인이건만 인간은 그 고귀한 영혼을 잊어버리기 쉽다. 영혼, 그 순수한 의식은 분리되지 않은 '전체'이며, 고차원까지 확장된 하나의 살아있는 '정신'이건만 우린 쉽게 잊어버린다. 왜냐하면 동물적 육체를 지닌 우리는 살아가면서 자아를 형성해가고, 또 켜켜이 쌓아 나가기 때문이다. 나와 남을 분리하고 비교하는 가운데 경쟁의식과 에고는 겹겹이 쌓여 강해지기 때문이다. 이처럼 우리의 에고와 순수의식은 양극을 형성하면서 저차원에서 고차원까지 다차원적으로 존재한다. 이 둘 다 우리의 의식이며, 존재에 포함되는 전체의식이다. 하나는 물질적 수준의 하위 자아이며 또 다른 하나는 보다 고차원적으로 존재하는 정신적 상위 자아이다. 에고가 강해질수록 신성, 순수의식, 직관이라고 불리는 내면의 자아를 잃어버리게 된다. 넓은 시야, 통합적 사고, 공감과 사랑을 잃어버리는 것이다. 하지만 우리는 잃어버린 전체를 되찾아야 한다. 인간의 '존엄'은 인간이 살아있는 전체로서의 '정신'을 다시 찾을 때 빛날 수 있는 것이다.

이처럼 현대 뇌 과학이나 인간 의식의 존재론적 구조까지 거론하는 이유는 무엇일까?

그것은 인간이 인간 존재의 본질적 의미를 되찾고, 우리 내면에 원래부터 존재했던 순수한 전체로서의 정신을 복원해야 하기 때문이다. 인간은 원래부터 그런 존재였음을 각성함으로써 인간 존엄의 본래적 의미를 되찾을 수 있다. 이것은 법이나 제도, 규범이나 윤리 차원의 이야기가 아니다. 마음과 의식 그리고 정신 차원의 이야기이다.

법이나 제도, 논리보다는 마음과 의식, 정신이 더 상위 차원이다.

그렇다면 우리는 규범이나 윤리 혹은 제도적 차원의 담론을 넘어 마음과 순수 의식 차원의 존재로 거듭날 수 있을까? 분열과 대립을 넘어 인간 의식의 진화가 가져오는 확장된 자아에 기초한 휴머니즘으로 승화할 수 있을까?

이러한 인간 의식과 존재론적 담론은 정책학의 학문적 발전에 다음과 같은 시사점을 던져준다.

나와 남이 하나가 되고 열린 성찰의 시대를 열기 위해 정책학은 어떠한 학문적 노력을 해야 할 것인가? 단순한 효율성效率性이나 제도制度 중심의 정책학을 넘어 조직과 사회를 감동과 공감으로 이끌고, 그리하여 행복하고 열린 공동체로 만드는 성찰적省察的 정책학은 어떻게 정립할 수 있을까?

PART Ⅱ

정책학의 성찰

성찰이란 무엇인가?

성찰에 대한 사전적 정의

성찰省察이란 국어사전을 찾아보면 “자신의 일을 반성하며 깊이 살핌”이라고 되어 있다. 혹은 “일을 하거나 남과 관련하여 결정을 내리기 전에 자세히 생각하다”라고 되어 있다. 따라서 언어적 의미로는 “자신을 반성하며 깊이 살피며 어떤 결정을 내리기 전에 상대방과의 관계를 깊이 생각하다”라는 뜻으로 이해할 수 있다. 하지만 성찰省察이라는 단어에는 언어적 의미 이상이 담겨 있다. 이를 좀 더 자세히 살펴보기로 하자.

문명의 패러다임

먼저 한번 문명사적 패러다임을 살펴보자. 여기에는 이유가 있다. 성찰적 정책학을 제대로 이해하기 위해서는 우리가 평소 생각하고 있는 문명사적 패러다임을 한번 근본적으로 고찰해 볼 필요가 있다. 문명의 발달이란 인간이 자연 상태로부터 벗어나 정신적, 물질적으로 진보해가는 과정을 의미한다. 흔히 인류발전을 이끌어 온 과학기술이나 학문 예술 등 가시적인 패러다임으로 이해되기도 한다. 하지만 더 근원적으로 들어가 보면 문명의 패러다임은 눈에 보이지 않는 의식과 정신세계와 연결되어 있다. 그리고 이는 다시 양자물리학의 세계로까지 연결된다. 이런 관점에서 한번 살펴보자.

문명의 패러다임이 바뀌고 있다. 그 전환의 방향성은 원자에서 빛과 광자로, 입자에서 빛 에너지의 파동으로 변화하고 있다.[1]

우주에 존재하는 모든 생명과 사물의 본질은 광양자光陽子와 광전자光電子로 구성되어 있다. 그리고 그 본질에는 극미립자렙톤[2]의 끊임없는 상호작용과 운동이 확인된다. 원자는 양성자陽性子와 중성자中性子로 구성된 원자핵 주변을 전자電子들이 끊임없이 순환운동을 하는 형태로 이루어져 있는 것이다. 그리고 더 본질적인 자리에는 마음心[3] 혹은 신神이라고 불리는 그 어떤 본질적이고 근원적인 창조 에너지 장zero-point energy field이 자리 잡고 있다.

따라서 나와 분리된 듯이 보이는 꽃이나 나무, 식물이나 동물들은 우리 눈에는 분리된 실체로 보이지만, 사실은 미세微細한 양자

에너지들의 끝없는 파동의 연속체이다. 여기서 특히 중요한 것은 '나'라는 관찰자의 마음정신입자은 바깥에 존재하는 물질의 미립에너지들과 상호작용하면서 심지어 이들의 입자-파동 이중성의 문제파동함수의 붕괴: 잠재적인 파동으로 둘 것인가, 실재가 되는 입자로 만들 것인가까지도 결정짓는다. 양자역학. 잠재성에서 실재성으로 나타나게 하는 것을 '파동함수의 붕괴'라고 한다. 이 파동함수의 붕괴는 생각과 의도로 인한 것이다. 존재하는 모든 것은 실재가 되기 전에 잠재성이었다. 그 잠재성은 생각과 의도로 인해 파동함수가 붕괴되어 실재가 된다. 생각의 힘은 의도로 나타난다. 그것이 잠재성을 실재성으로 변화시킨다.

이제 이렇게 이해한다면 사람과 사물을 바라보는 관점 역시 바뀌어야 한다. 눈에 보이는 모든 것은 본래 잠재된 파동이었다. 생각의 힘과 의도가 작용하여 눈에 보이는 현상을 창조한다. 더 들어가 보면, 사람의 본질은 정신이며, 정신은 물질이 아니라 '생각'과 '의도'라는 진동으로 이루어져 있다. 어떤 생각을 하느냐에 따라 진동과 주파수는 달라지며, 그때마다 새로운 장場이 펼쳐진다. 긍정적이고 창조적인 생각은 높은 주파수를 띠며, 부정적이고 좁은 생각은 낮은 주파수를 띤다. 결국 이대로가 한 바탕 '빛 에너지' 세상이다. 빛과 광자光子에 바탕을 둔 잠재적 파동, 진여眞如의 바다이다.

"인류에게 필요한 힘은 바로 우리 내면에 있다. 우리가 인간의 상태를 경험하고 있는 영적 존재라는 사실을 깨닫지 않고서는 한 발짝도 더 전진할 수 없다."[4]

인류 역사는 '생각' 진보의 역사이다

이러한 패러다임을 이해한다면 우리가 역사를 바라보는 관점 역시 전환되어야 한다.[5] 결론부터 말한다면, 인류 역사는 단순한 '기술' 또는 '산업'의 역사가 아니라, 보다 근원적 의미의 정신, 즉 '생각' 진보의 역사이다. 역사의 본질을 고찰하면, '기술'이나 '산업' 혹은 '물질'이나 '경제'는 단순히 나타난 결과이고, 이러한 현상들의 근저에는 보다 근원적인 '정신'이나 '생각'이 선행되었음을 알게 된다. 이처럼 이제 우리는 역사 속에 나타난 정신의 본질을 깨달아야 한다.

인류 역사는 '생각' 진보의 역사이다. 인류 의식의 새로운 장이 열릴 때마다 인류 역사는 한 단계씩 진보를 보여주었다. 생각의 진보는 역사의 진보를 이끌어낸다.

인류 역사는 외견상 '기술'과 '산업'의 역사인 것처럼 보인다. 농업기술, 산업기술, 정보기술의 역사가 그렇고, 석기시대, 철기시대, 컴퓨터시대 등 산업 진보의 역사가 그렇다. 하지만 자세히 관찰해 보면 이러한 기술과 산업의 역사는 그것을 가능하다고 믿었던 인류의 생각이 선행변수로 작용했음을 알 수 있다. 인류 역사는 본질적으로 생각과 정신의 역사였던 것이다. 가령, 원시시대의 사람들은 자연과의 투쟁을 통해 생명을 보존하기에 급급하였다. 그들은 지혜를 짜내어 '불'을 발견하고, '도구'를 발명했으며, 거대한 자연에 대응하여 삶을 유지했다. 당시 인류의 '생각'에는 오직 투쟁과 그것을 통한 생존만이 전부였을 것이다. 그러다가 '종교의 시대'가 등장했다. 사람들은 종교가 국가나 왕보다 절대적인 것으로 '생각'했다. 따라서 '암흑의 시대'Dark Age라고 부르던 천년의 중세시대는 '인간'과 '이성', '과학'과 '합리'라는 자리가 들어설 여지가 없었다.

하지만 르네상스와 근대 시민혁명의 시대에 들어서면서 사람들은 스스로 무언가를 '창조'할 수 있다는 '생각'을 갖기 시작했다. '신'神의 이름으로 신에게 봉사만 하는 삶이 아닌 우리 스스로 인간의 행복에 도움이 되는 기술을 발명하고 도시와 정부를 창조하기 시작한 것이다. 산업혁명과 자본주의의 과정을 거치면서 경제와 자본이 최고라는 물질만능의 '생각'이 점차 자리 잡기 시작했고, 과학과 기술이 최선이라는 과학만능의 '생각'을 갖게 됐다. 그게 지금 바로 우리들 모습의 현주소인 것이다.

이제 인류는 변동성, 불확실성, 복잡성, 모호성으로 특징지을 수 있는 4차 산업혁명이라는 '거대한 물결' 앞에 서 있다. 첨단과학의 문명 속에서 4차 산업혁명의 시대는 물질문명의 불균형과 함께 철학의 빈곤을 초래하고 있다. 이성과 경쟁 중심의 역사가 탄생시킨 과학기술이나 현대문명의 한계는 이미 곳곳에서 드러나고 있는데, 이제 우리는 역사 속에 나타난 정신의 본질을 깨달아야 할 때이다.

인류 역사가 본질적으로 '생각'과 '정신'의 역사라는 점을 받아들인다면, 이제 우리는 이러한 과학문명의 '거대한 물결' 앞에서 어떠한 '생각'과 '정신'으로 임해야 할 것인가? 그리고 어떤 '생각'과 '정신'의 패러다임으로 첨단 기술문명에 종속되지 않는 패러다임을 창조할 것인가? 더 나아가 현대 정부의 원리를 연구하는 행정학이라는 학문이 초라한 철학적 궁핍에 빠지지 않고 자유롭고 행복한 인간의 시대를 열려면 어떠한 사회과학적 토대를 만들어야 할 것인가?

관계를 성찰하다

원자에서 빛과 광자로, 입자에서 빛과 파동 에너지로 전환되는 양자역학의 패러다임 전환이 사회과학에 던지는 의미는 무엇일까? 특히 행정학과 정책학에 던지는 의미는 무엇인가?

이는 무엇보다도 '딱딱하고 경직된' 관료제 중심의 행정구조에서 보다 '유연하고 관계망에 기초한' 네트워크로 전환되고 있다는 것을 의미한다. 또한 수직적 계층제 중심에서 수평적 거버넌스 중심으로 국정 패러다임을 전환하라는 것을 의미하는 것이다. 더 나아가 물질과 효율성 중심의 국정운영에서 신뢰에 기초한 성찰성 중심의 국정운영으로의 방향 전환을 의미한다. 최근 트위터Twitter, 페이스북Facebook, 유튜브Youtube 등 소셜네트워크SNS를 활용한 관계 중심의 네트워크 혹은 공동체를 중시하는 문화가 만들어지면서, 사회과학에서도 눈에 보이는 효율성보다 눈에 보이지 않는 투명성, 신뢰성, 성찰성과 같은 개념이 강조되고 있다.

성찰이라는 용어는 일반적으로 인간-자연, 인간-사회, 인간-기술에 대한 의식consciousness과 성찰reflexivity이 올라가는 것을 의미하며, 공동체의 존재양식에 대한 성찰의식reflexive consciousness과 자각수준awareness level이 올라가는 것을 의미한다.

국정관리의 관점에서 성찰성은 우리 사회의 진정한 커뮤니케이션과 담론기능의 활성화를 통해 우리 사회공동체를 좀 더 신뢰사회와 성숙한 사회로 만들어나가려는 노력을 의미한다. 그리고 이러한 과정에서 개인과 개인, 개인과 단체, 개인과 국가 간의 진정한 신뢰trust를 전제로 개인의 인권과 존엄, 자아실현self-actualization과 자아완성self-fulfillment[6]의 가능성이 열려있는 사회를 만들어가는 총체적 노력을 의미한다.

'비추는' 마음과 성찰성

효율성과 민주성과 함께 '신뢰받고 성숙한 공동체'를 구현하는 '성찰성'이 강조되어야 한다. 또한 효율성과 민주성은 굳이 강조하지 않아도 이미 행정이념에 착근되어 있는 반면, 성찰성은 새롭게 강조되지 않으면 간과하기가 쉽다.

'구하는 마음'만으로는 한계가 있다. 구하기만 하는 마음은 만족할 줄 모른다. 구한 뒤에도 '조금만 더', '조금만 더' 계속 더 구하려고만 하여 탐욕에 이르게 한다. 반면 '비추는 마음'은 자신을 돌아보는 마음이며, 상대방에 대한 배려配慮를 낳고 공동체에 대한 '사랑'love을 낳는다.

'구하기만 하는 마음'은 결코 우리에게 만족을 가져다주지 못한다. 가슴이 배제된 채 머리로만 경쟁하는 이성과 경쟁 중심의 패러다임을 넘어서는 보다 큰 개념이 필요하다. 자신을 비추어 '성찰하고 반성'하며 이를 화합으로 승화시키는 패러다임이 필요하다.

이러한 '성찰성'이라는 개념은 그동안 도덕과 윤리의 문제인 것으로만 치부되었으나 이제는 사회과학적 이념과 변수로 다루어져야 한다.

현대행정학과 성찰성

지금 왜 우리는 성찰성이라는 단어에 주목해야 하는가?[7]

행정이론의 두 축, 민주성과 효율성

행정이론의 발전은 정치와 행정의 관계, 과학과 기술의 관계에 따라 변증법적으로 진화해 왔는데, 그 변증법의 한 축은 효율성이고 또 다른 한 축은 민주성이었다. 행정이론의 효율성이 보다 더 강조되었을 때에는 행정의 경영적효율성 측면이, 민주성이 보다 더 강조되었을 때에는 행정의 정치적민주성 측면이 강조되었다. 정치행정이원론 시대에는 정치로부터 행정의 독립성이 강조되어 능률성이 부각되었으나, 정치행정일원론 시대에는 행정과 정치의 연계성이 강조되어 민주성이 부각되었다. 1980년대 신공공관리론NPM 시대에는 민간위탁·민영화·외부발주 등 민간 관리개념이 강조되어 효율성의 개념이 부각되었으나, 1990년대 이후 뉴거버넌스NG 시대에는 참여·신뢰·네트워크 등 수평적 관리가 강조되어 민주성의 개념이 부각되었다.

현대행정은 행정을 일방적 통치Governing가 아닌 국정관리Governance로 파악한다. 정부 관료제의 비능률을 타파하기 위해 민간경영 관리기법을 도입하여 가격·경쟁·유인 등 효율성을 강조하는 한편, 참여·신뢰·네트워크를 통한 민주성 역시 확보되어야 한다. 하지만, 현대 행정학은 여기서 한걸음 더 나아가 효율성과 민주성뿐만 아니라 성찰성을 강조한다. 현대행정은 행정을 기본적으로 개방체제에 기초한 국정관리모형으로 파악하며, 따라서 정부와 시장, 정부와 시민, 시장과 시민 등 국정관리 내부-외부의 관계적 성찰을 중요시 하는 것이다.

현대행정학의 본질적 질문, 성찰성

현대 행정학은 발전행정 시대의 관료제 모형처럼 조직, 인사, 재무 등 정부 내부의 관리만을 대상으로 하지 않는다. 정부와 기업, 정부와 시민사회 등 내부와 외부를 아우르는 개방체제의 거버넌스로 파악한다.

이처럼 현대 행정학을 단순히 정부내부의 관리문제로 보지 않고, 내부와 외부, 국내와 국외를 아우르는 개방체제로 파악한다면 성찰성의 위치는 분명해진다. 기존의 효율성과 민주성은 1인칭과 2인칭의 문제였다면, 성찰성은 이들을 아우르는 공동체의 문제가 되는 것이다.

효율적 국정관리가 1인칭, 민주적 국정관리가 2인칭이라면, 성찰적 국정관리는 공동체의 문제이다. 1인칭은 정부내부나의 효율성 문제를 지칭하고, 2인칭은 정부내부나-정부외부너 간의 대화dialogue와 소통communication을 지칭하는 것이라면, 공동체의 문제는 정부내부나-정부외부너를 아우르는 공동체우리 전체의 차원에서의 공감empathy과 성찰reflexivity을 의미하는 것이다.[8]

현대행정학을 개방체제에 기초한 거버넌스의 개념에서 접근한다면, 행정학 역시 더 이상 내부 문제를 규율하는 효율성이나 내부와 외부의 참여를 규정하는 민주성에 머물 게 아니라, 국가라는 공동체 차원의 성찰성의 문제를 다루게 된다. 그렇게 되면, 현대행정이념 역시 합법성이나 효율성, 민주성이나 참여성과 같은 1인칭과 2인칭의 개념에 머물 게 아니라, 국가 공동체 차원의 성찰성의 문제, 말하자면 자유나 인간의 존엄성과 같은 성찰성 이념으로 확대되어야 한다.

현대행정학은 동태적 과정으로 이루어진다. 국가목표-정책결정-조직화-동작화-환류 및 학습이라는 동태적 과정을 거치면서, 동시에 행정인-행정구조-행정환경이라는 3대 변수가 끊임없이 상호작용 과정을 거치면서 전개된다. 현대행정의 동태성은 환경변화가 행정의 구조와 행태에 영향을 미치고 상호작용하는 것이다. 그리고 이때 혁신이란 행정의 동태성을 의도적으로 도입하는 것이다.

환경변화는 법과 제도를 매개로 조직, 인사, 재무 등의 구조변동을 유발하고, 문화에 충격을 가함으로써 행정인의 인식과 태도를 변화시킨다. 따라서 현대행정학은 거버넌스 구조에 대한 연구와 함께 문화유전자에 대한 연구를 통해 어떠한 전략과 변동이 환경에 대한 인식과 태도 변화를 유발할 수 있는지에 대한 심층적인 논의가 필요하다.

따라서 현대행정학은 수단적 목표로서 정부 내부 운영원리의 효과성과 능률성 제고를 통해 정부경쟁력을 강화하고효율성, 정부와 국민시장 및 시민사회 간의 참여 및 소통 강화를 통해민주성 국민들에게 최상의 정부서비스를 제공하는 한편, 이러한 수단적 가치를 통해 국가 공동체 안에 존재하는 구성원들 개개인의 인간 존엄성 실현을 궁극적 목표로 해야 한다성찰성.

제4세대 정부모형과 성찰성

4차 산업혁명으로 명명되는 새로운 과학기술의 등장은 정부의 새로운 리더십과 함께 새로운 행정모형을 요청하고 있다.[9] 마치 왈도D. Waldo가 1960년대 말 미국사회의 변동성과 행정환경의 '소용돌이의 장field of vortex'에 직면하여 '신행정학New Public Administration'이라는 가치 지향적 행정패러다임을 제시했듯이, 변동성Volatility, 불확실성Uncertainty, 복잡성Complexity, 모호성Ambiguity 등으로 대변되는 지금의 행정환경은 새로운 행정패러다임을 요청하고 있는 것이다. 따라서 동 연구는 이를 제4세대 행정모형이라고 지칭하면서 기존 모형과의 차별성을 제시하고 있는데, 그 요체는 융합과 속도와 윤리성이다.

정부1.0이 관료제 중심의 정치모형, 정부2.0이 시장중심의 신공공관리모형NPM: New Public Management, 정부3.0이 공공가치를 기반으로 정부, 시장, 시민사회 간의 네트워크를 강조하는 공공가치모형PVM: Public Value Model이라면, 제4세대 행정모형은 기존모형과는 융합, 속도, 윤리적 책임성 측면에서 차별된다. 그것은, 마치 4차 산업혁명이 기존의 산업혁명과는 속도와 융합이라는 측면에서 차별화되는 것과 유사하다. 증기기관, 전기, 컴퓨터를 중심으로 한 기존의 산업혁명은 4차 산업혁명에 들어서면서 모두가 빠른 속도로 융합되며 새로운 국면의 기술이 열린다. 제4세대 행정모형 역시 정부 중심이냐, 시장 중심이냐, 네트워크 중심이냐에 있어서 어느 하나만을 강조하지는 않는다. 때로는 속도를 중심으로 보다 강력한 정부중심의 추진 드라이브가 필요할 때도 있는가 하면, 시장의 인센티브를 정책수단으로 할 때도 있고, 정부-시장-시민사회 간의 네트워크를 강조하는 협력적 거버넌스가 필요할 때도 있는 것이다. 역할 주체가 모형의 초점이 아니라, 속도와 융합을 통해 새로운 사회 변동 과정에서 해결이 요구되는 복잡하고 사악한 문제Complex & Wicked problem를 신속하고 민첩하게 해결하는 것이 그 초점이다. 그 과정에서 높은 윤리성과 책임이 요구되는 것이다권기헌, 2018: 8.

한편 제4세대 행정모형은 성찰성이라는 새로운 행정이념이 강조된다. 기존의 효율성과 민주성을 담보하되, 이를 변증법적으로 승화시킨 성찰성이 요청되는 것이다. 기존의 공공가치모형PVM: Public Value Model이나 신공공서비스모형NPS: New Public Service이 민주성에 가치의 중점을 둔 모형이라면, 제4세대 행정모형은 여기에서 한발 더 나아가 성찰성을 요구하고 있다. 현대행정의 동태성은 환경변화가 행정의 구조와 행태에 영향을 미치고 상호작용하고 있기에 더욱 그러하다.

성찰성은 절차와 내용면에서 의미를 지닌다. 먼저, 절차적 측면에서는 현대 정책과정의 다양한 행위자들 간의 상호작용적 관계성을 강조하고, 내용적 측면에서는 이러한 관계적 성찰을 통해 휴머니즘, 즉 인간의 존엄성을 강조하는 개념이다. 현대행정의 복합성, 동태성, 변동성, 불확실성은 정책 네트워크 내에서 행위자들 간의 심각한 갈등을 유발하기 쉬운 구조인 바, 이런 상황 속에서 그들의 관계망과 구조 그리고 역할 상호간의 성찰이 핵심기제로 등장하게 되는 것이다.

제4세대 행정모형은 기존의 정부모형1.0, 2.0, 3.0을 융합하되, 이를 속도와 윤리라는 측면에서 한 단계 더 승화시킨 행정모형이다. 즉, 제4세대 행정모형은 정부모형1.0의 관료제 중심의 효율성과 정부모형2.0과 3.0에서 제시하는 정부와 시장, 혹은 시민사회 간의 민주적 관계성을 받아들인다. 하지만 이러한 효율성, 민주성만으로는 4차 산업혁명 시대에 등장하는 복잡하고 사악한 문제 Complex & wicked problem들을 해결하기에는 한계가 있다고 보는 것이다. 기존의 정부1.0, 정부2.0, 정부3.0에서 보여주었던 문제의식, 즉 효율성, 시장성, 관계 네트워크 등의 문제해결방식으로는 풀기 어려운 비선형적 문제들이 급격하게 등장하고 있기 때문이다. 새로운 정부모형은 속도와 윤리라는 측면에서 보다 더 신속한 문제해결을 요구하며, 보다 더 높은 윤리의식에 기초한 책임지고 소통하는 리더십을 요청하는 모형이다.

마지막으로, 제4세대 행정모형은 기존의 정책학과 행정학의 통합을 강조한다. 위르겐 하버마스J. Habermas가 강조했듯이, 정부와 시민들이 자유롭게 소통할 수 있는 담론談論과 공공영역의 장을 확보해야 올바른 정치와 국정관리가 이루어질 수 있다. 사회공동체의 공공선公共善과 보다 창조적인 미래未來를 추구하는 인간 내면에 존재하는 실천적 이성의 확인이 중요하며, 현대 행정학은 이러한 인간의 존엄성에 기초한 숙의 민주주의를 지향해야 한다. 이 점은 신공공서비스모형에서 강조하는 '민주적 대화와 담론'의 중요성과 맥을 같이 한다. 하지만 제4세대 행정모형은 여기서 한발 더 나아가, 인간이 존엄성을 강조하는 정책학의 철학적 이념을 좀 더 명확히 공유함으로써, 현대 행정학의 인식론적 토대가 분명하게 정리될 필요가 있다고 본다. 그리고 더 나아가 현대 행정학과 정책학의 이념적 통합의 길을 유기적으로 모색할 필요가 있는 것이다.

한나 아렌트H. Arendt가 강조하듯이, '악의 평범성banality of evil' 속에서 전체주의totalitarianism는 과거의 역사가 아니라 앞으로도 우리 속에서 언제든 다시 나타날 수 있다. 정부의 운영원리를 연구하는 현대 행정학은 공동체 내에서 타인을 인정하고 소통하며 공적 가치를 실현하려는 민주주의 행정학이 되어야 한다. 요컨대 현대 행정학은 단순히 관료제의 도구적 합리성에 매몰될 게 아니라 현대 민주주의의 가치를 확인해 나가면서 인간을 인간답게 해주는 성찰성과 같은 이념적 기반을 만들어 나가야 한다권기헌, 2018: 9-10.

현대정책학과 성찰성

라스웰 정책학과 성찰성

라스웰Lasswell 정책학의 패러다임을 자세히 살펴보면, 국가의 궁극적인 목적은 정의의 구현 혹은 인간의 존엄성 실현이며, 이를 구체적으로 실현하기 위해서 거버넌스 역량[10] 강화를 강조하고 있다는 것을 알 수 있다. 특히 정의로운 국가의 완성을 위해서는 정책학의 이념구조를 단계적으로 설정할 수 있는데, 이는 국가차원의 효율성, 민주성, 성찰성이라고 할 수 있다.

첫째, 정부 차원에서 효율성이 확보되어야 한다. 정부조직 내 관료주의 및 형식주의를 타파하고 관리주의와 시장의 경쟁원리를 도입하여 "일하는 시스템", "일 잘하는 시스템"을 구축함으로써 효율성을 확보해야 한다. 정부조직 내부의 효율성을 토대로 시장의 자율성과 창의성이 창출되어야 하며, 이를 토대로 강한 국부의 창출, 강한 안보의 구축 등이 이루어져야 한다.

둘째, 정부와 국민 간의 소통의 강화를 통해 민주성이 실현되어야 한다. 이는 정치적 차원에서의 절차적 민주주의의 확보와 함께 정책과정에서도 참여가 확대되고 숙의와 합의의 과정이 잘 지켜지는 것을 말한다.

셋째, 더 나아가, 철학적 차원에서 성찰성이 확보되어야 한다. 절차적 가치로서의 민주성이 꽃 핀 상태가 성찰성이다. 사회 구성원들의 진정한 주체성과 독립성이 보장되는 사회, 사회의 열린 의사소통이 활성화social networking되는 사회, 그리고 이를 통해 개인들의 인권과 존엄, 자아실현과 자아완성의 가능성이 열린사회의 실현을 말한다. 개인적 차원에서 인권, 정의, 존엄의 실현과 함께 공동체 차원에서 신뢰받고 성숙한 공동체를 만들어 나가는 것이 필요하다. 이것이 바로 정책의 최상위 차원에서의 윤리성의 실현이다. 이를 위해서는 국가나 정부도 깨어있는 정신이 필요하지만, 시민 입장에서도 성찰하는 시민awakened citizen으로 깨어있어야 한다.

비선형적 환경변화와 성찰성 이념

비선형적 환경 변화

제4차 산업혁명이 도래하면서 요구되는 정부모형은 소통과 책임의 리더십, 신속하고 기민하게 문제를 해결하는 신속형 정부모형 등이다.[11] 전자는 윤리와 관련된 것이고, 후자는 속도와 관련된 것이다. 행정환경의 동태적 변화에 대해 보다 책임감 있게 대응하면서 빠른 속도로 문제를 해결하는 선행적 대응 속도와 탄력성이 요구되고 있다.

4차 산업혁명 시대에 행정환경이 직면하고 있는 비선형적 변화를 간략하게 고찰하면 다음과 같다.

첫째, 인더스트리4.0이다. 독일을 중심으로 인더스트리4.0 움직임이 강하게 진행되면서 기존의 제조업의 경쟁력은 강하게 유지하면서도, 농업2.0, 핀테크, e-헬스 등을 결합시키는 형태의 4차 산업혁명의 움직임이 일어나고 있다.

둘째, 아르바이텐4.0이다. 인더스트리4.0에 대응한 일자리와 노동환경 정책에도 변화가 일어나고 있다. 아르바이텐4.0은 기계가 아닌 사람이 중심이 된다는 전제 하에 좋은 노동을 창출하는 것이며, 근로자 재교육, 정보보호, 사회보장 시스템 구축 등에 대해 연구 및 추진하고 있다.

셋째, 디지털 변혁이다. 웨어러블 인터넷, 유비쿼터스 컴퓨팅, 주머니 속 슈퍼컴퓨터, 누구나 사용할 수 있는 클라우드, 사물인터넷, 첨단지능형 아파트 등 다양한 변혁적 과제들이 전망되고 있다.

넷째, 디지털 사회이다. 스마트 도시, 스마트 그리드, 자율 주행차, 인공지능과 의사결정, 로봇공학과 서비스, 비트코인과 블록체인, 공유경제, 정부와 블록체인, 맞춤형 아기, 신경기술 등에 관한 논의이다.

다섯째, 후기 자본주의이다. 신자유주의를 기본으로 하는 승자 독식의 자본주의 지속가능성에 대한 비판적 고찰을 토대로 새로운 형태의 자본주의에 대한 담론이 제레미 리프킨Jeremy Rifkin의 '한계비용 제로 사회', 자크 아탈리Jacques Attali의 '긍정 경제학' 등에 다양하게 제기되고 있다.

그림 2-1 비선형적 환경 변화와 성찰적 정책이념의 등장

정부 1.0 중국의 관료제, 막스베버	정부 2.0 영국 대처정부, 1980's ~	정부 3.0 Mark Moore, 1995 ~
권위주의적 전통적 정부	신공공관리적 시장형 정부	공공가치모형
Bureaucracy	NPM New Public Management	PVM Public Value Management
• 명령과 통제 • 관료제 • 법률과 원칙 • 구조적 접근	•기업가적 정부 •혁신 정부 •성과, 인센티브, 경쟁 강조 •시장적 접근	• 공공가치정부 • 뉴 거버넌스 • 네트워크 정부 • 가치적 접근

인더스트리 4.0
인공지능
NBIC
↓
불확실성의 고도화
↓
정부모형4.0

성찰적 정책이념

이처럼, 4차 산업혁명 시대에 등장하는 행정문제들은 사악한Wicked 혹은 거대한Mega 복합문제Complex problem들이 많다. 기존의 정부1.0, 정부2.0, 정부3.0에서 보여주었던 문제의식, 즉 효율성, 시

장성, 관계 네트워크 등의 문제해결방식으로는 풀기 어려운 비선형적 문제들이 급격하게 등장하면서 새로운 정부모형은 신속한 문제해결, 그리고 보다 더 높은 윤리의식에 기초한 책임지고 소통하는 리더십을 요청하고 있다. 가령, 최근 하버드대학교 케네디스쿨에서는 Future Society 연구소가 발족되었는데, 여기에서는 NBIC를 중점적으로 연구하고 있다. NBIC란 나노Nano, 바이오Bio, 정보 기술IT, 인지 과학Cognitive Science을 결합한 용어로 네 분야의 첨단기술의 융합을 통해 시너지 효과를 창출하는 것을 의미하는데, 최첨단기술 융합이 가져오는 인간의 정체성 문제와 같은 윤리 문제와 창조적 정책대안을 탐색하고 있다.

이처럼 최근에는 급격한 행정환경의 변화로 인해 기존의 접근방식으로 해결 불가능한 문제들이 많이 발생하고 있다. 융합이 필요하고, 속도가 필요하며, 정부의 윤리성이나 책임성이 그 어느 때와는 비교할 수 없을 정도로 높게 요구되면서 성찰성과 같은 새로운 형태의 정부이념에 대한 요청이 증가하고 있다.

성찰성을 어떻게 증진시킬 것인가?

그렇다면, 성찰성은 어떻게 증진시킬 것인가? 현대정책학에서는 정책 거버넌스를 구현하는 경우가 늘고 있다. 정책 분야별로 이러한 거버넌스 구현 시 성찰성을 어떻게 증진시킬 것인가 하는 문제를 한번 생각해 보기로 하자. 몇 가지 방법론은 다음과 같다.[12]

첫째, 시민들의 효과적 참여를 위해 정부 정책과 관련한 정보가 개방적이어야 하며, 투명성과 책임성을 토대로 신뢰성이 확보되어야 한다.

둘째, 스마트 전자정부에서 활용하는 제반 기제들, 트위터Twiter, 페이스북Facebook, 유튜브Youtube와 같은 소셜네트워크를 충분히 활용하여 공공영역Public Space의 장을 활성화시켜야 하며, 이를 토대로 충분한 참여와 숙의에 기초한 정책결정이 되어야 한다. 이는 순응비용과 거래비용의 감소를 통해 정책수용성을 제고시켜 줄 것이다.

셋째, 시민과 정부관료 간 대화과정은 열려있어야 하며, 공공부문과 민간부문의 공사 협력적 거버넌스의 증진을 통해 성찰성이 제고되어야 한다.

넷째, 제도설계, 제도 간 연계 및 조정을 통해 제도적인 질서와 균형을 유지하여 성찰적 거버넌스가 제도적으로 작동될 수 있도록 관리되어야 한다.

다섯째, 공적 부문과 사적 부문, 정부와 기업, 시민사회 간에는 진정한 신뢰를 기초로 거버넌스 공동체가 유지될 수 있어야 하며, 특히 이러한 공동체 안에서 일어나는 다양한 정책행위는 상호 '진정성'에 기초한 '마음'의 교류의 장場이 되어야 한다. 이를 위해서는 정책행위자들 간의 신뢰성, 진정성, 책임성 확보가 중요한 바, 이를 효과적으로 실현하기 위해서는 성찰적 정책분석이 요구된다. 즉, 정책공동체에 참여하는 각 행위자들에 대한 수요needs분석, 동기motives분석, 상호작용적 네트워크network분석이 필요하다. 행위자 상호간에 i) 배려, ii) 소통, iii) 수용조건, iv) 수용가능성 등에 대한 사전분석을 병행할 필요도 있다. 이처럼 투명하고 책임 있는 제도적 장치의 지속적 보정補正을 통해 정책행위자들 간에 진정한 성찰적 역량이 증진될 수 있도록 해야 한다.

성찰하는 마음의 중요성

제도가 아무리 정교해도 마음이 뒷받침되지 않으면 실패한다. 발전행정과 신제도주의, 그리고 절차적 민주주의의 한계인 것이다. 그동안 '마음'은 심리학적인 주제로서 행정학과 정책학에서 본격적으로 다루어지지 못한 측면이 많았다. 하지만, 앞으로는 협력적 거버넌스의 성공조건으로서 '협력하는 마음'과 '배려하는 마음' 그리고 여기에 바탕을 둔 '문화 유전자'의 문제를 중요하게 검토할 필요가 있다. 예컨대, 정책분석에 있어서 성공과 실패인자를 1) 정책대상집단의 수요에 기반을 둔 정책설계정책수요, 2) 정책동기의 공익성과 소외집단에 대한 소통과 배려정책공급, 3) 정책대상집단의 자각적 시민의식의 성숙과 민주적 정책네트워크의 참여를 통한 공급자와 수요자의 상호작용적 거버넌스의 문제정책환경로 분석할 수 있는 바, 이를 성찰적 정책모형이라고 부른다.[13]

성찰적 정책모형

개념

성찰적 정책모형이란 단순히 비용-편익 및 비용-효과성에 맞춘 기존의 양적측면의 정책분석의 한계를 극복하고 보완하기 위해 나타난 새로운 정책분석모형이다.[14] 다시 말해서, 양적측면의 정책분석 요소 외에 질적 측면의 정책분석 요소 중 최상위 가치 분석 기준인 성찰성을 고려하여 정책 내용을 인간의 존엄성 실현과 이를 보다 존중하는 방향으로 이끌기 위해 제시된 정책모형이라고 할 수 있다.

성찰성은 라스웰H. Lasswell이 주장한 '민주주의 정책학'에 대한 이해에서부터 출발한다. 라스웰의 민주주의 정책학이란 인간의 존엄성의 실현을 토대로 인간 사회를 더 나은 방향으로 진보시키는 것으로 요약된다. 즉, 가장 중요한 부분이 인간의 존엄성 실현이라고 할 수 있는데, 이때 인간의 존엄성은 '인류공동체적인 휴머니즘에 기초한 인류의 보편적 존엄성'이라고 보아야 한다권기헌, 2012: 154.

성찰성이란 개념 또한 크게 다르지 않다. 성찰성은 최상위 가치에 대한 분석이념으로, 정책의 민주적 가치가 꽃핀 개념이라고 할 수 있다. 이때의 성찰성은 특정 정책이 인간의 존엄성 실현에 기여하는 정도에 대한 판단과 우리 사회를 좀 더 신뢰받고 성숙된 공동체로 구현하는 데 기여하는 정도에 대한 판단을 중시하는 개념이다.

내용

성찰적 정책모형은 정책분석의 세 가지 기준인 성찰성, 민주성, 그리고 효율성 중에서 성찰성에 초점을 맞춘 정책모형이라고 할 수 있다. 그 구체적 분석내용은 1) 정책의 수요분석: 정책대상집단의 수요에 기반한need-based 정책설계policy design인가?, 2) 정책의 공급분석: 정책공급정책동기의 공익성과 정책의 수혜로부터 소외된 집단에 대한 '소통'과 '배려'가 있는가?, 3) 정책의 환경분석: 정책대상집단의 자각적 시민의식의 성숙과 민주적 정책네트워크의 참여를 통한 공급자와 수요자의 상호작용적 거버넌스가 구현되고 있는가로 요약할 수 있다문상호·권기헌, 2009: 13-16. 위 내용을 보기 쉽게 표로 나타내면 다음과 같다.

표 2-1 성찰적 정책모형의 분석기준

성찰성 분석 기준	인간의 존엄성 실현	<제1조건> 정책대상집단의 수요에 기반한 정책설계 (정책수요)
		<제2조건> 정책동기의 공익성과 소외집단에 대한 소통과 배려(정책공급)
	신뢰받고 성숙한 공동체	<제3조건> 정책대상집단의 자각적 시민의식의 성숙과 민주적 정책네트워크 참여를 통한 공급자와 수요자의 상호작용적 거버넌스의 구현(정책환경)

<제1조건> 정책대상집단의 수요에 기반한 정책설계인가? (정책수요)

먼저 정책대상집단의 수요에 기반한 정책설계인가에 대한 내용은 정책수요에 기반한 정책설계는 성찰적 정책이 갖추어야 할 요건 중 수요측면에서 요구되는 조건이다성찰적 조건의 제1조건. 즉, 정책분석에 있어 성찰성 기준은 먼저 정책의 수요측면에서 해당 정책이 진정으로 정책대상집단의 필요에 부응하는가라는 물음을 제기할 것을 요구한다. 정책대상집단 전체가 진정으로 해당 정책을 필요로 하고 있는지 혹은 정책대상집단 중 일부만 필요로 하고 다른 일부는 미온적인지, 혹은 이에 더 나아가 반대의 입장을 지니고 있는지에 대한 정책수요조사가 필요하다. 만일 일부주장집단과 이탈집단가 반대하는 정책이라면 반대의 근거는 무엇인지, 그리고 객관적으로 그러한 반대의 근거가 얼마나 타당하고 조정가능한지 면밀히 살필 필요가 있다.

<제2조건> 정책공급(정책동기)의 공익성과 소외집단에 대한 '소통'과 '배려'가 있었는가? (정책공급)

두 번째로, 성찰적 정책이 갖추어야 할 다음의 요건은 정책의 공급측면에서 요구된다성찰적 정책의 제2조건. 정책동기의 공익성과 소외집단에 대한 '소통'과 '배려'가 있었는가를 분석하는 단계는 수요가 아닌 '공급'에 초점이 맞춰진 단계라고 보아야 한다. 정책의 공급자가 자신의 이익을 위해 정책을 공급하는 것인지, 아니면 진정으로 정책대상집단의 요구를 받들어 그들의 후생을 증진시키려는 목적으로 정책을 공급하는 것인지를 가려내는 단계라고 할 수 있다. 다시 말해, 실현된 정책의 결과와 정책 공급자의 목적 사이의 연관성을 분석해 내는 것을 말한다. 그리고 여기에 '성찰성'의 개념이 들어오게 되면 정책 공급자에게 '공공의 형평적 유익을 구하는 사회적 조정자'로서의 역할을 할 것을 요구한다. 정책이 시행되면 필연적으로 그 정책의 수혜를 입는 집단과 그렇지 못한 집단이 나뉘게 되는데, 이때 정책의 실현에 따른 비용을 떠안게 되는 비수혜집단과의 '소통'이 정책과정 중에 있었는지, 그리고 그들에 대한 따뜻한 '배려'가 있었는지를 이 단계에서 확인하고 평가한다고 볼 수 있다.

<제3조건> 정책대상집단이 성찰적 정책을 수용할 의지가 있는가? 그리고 고양된 인간의 존엄성과 성숙한 공동체의식을 지니는가? 자각적 시민의식의 성숙과 민주적 정책네트워크 참여를 통한 공급자와 수요자의 상호작용적 거버넌스의 구현은 이루어지고 있는가? (정책환경)

마지막으로, 정책대상집단이 성찰적 정책을 수용할 의지가 있는지 고양된 인간의 존엄성과 성숙한 공동체의식을 지니는지를 묻는다성찰적 정책의 제3조건. 즉, 신뢰받고 성숙한 공동체 실현의 조건으로서의 정책대상집단의 자각적 시민의식과 민주적 정책네트워크 참여 단계는 정책과정의 합리성이 정책수용자의 입장에서 충분히 납득할 만한지 그리고 정책대상집단이 성찰적 정책을 수용할 의지가 있는지와 그들이 '인간의 존엄성'과 '성숙한 공동체의식'을 지니는지에 대해 묻는 단계이다.

이를 요약해 보자면, 먼저 정책이 앞의 두 조건을 만족한다고 하여도 정책대상집단 중에 무조건적인 반대를 하는 집단이 존재하면 아무리 성찰성이 뒷받침 된 정책이라고 해도 성공하기 힘들다는 것이다. 이러한 반대집단은 '자각적 시민의식'이 결여된 상태이며 정책 성공을 방해하는 큰 요인으로 작용하게 된다. 그리고 정책대상집단이 거버넌스에 책임감 있게 참여하는 정부의 파트너로서의 의식을 가지고 있는지도 확인해 보아야 한다. 이는 정부가 정책대상집단을 배제한 채 독단적으로 정책운영을 하지 않는지에 대한 확인을 뜻한다. 또한 현재의 시대가치인 '거버넌스'의 이상은 자각된 시민의식으로부터 나오는 신뢰와 참여를 기초로 하는 사회자본의 토대 위에서 실현가능할 것인데 성찰적 정책모형의 마지막 단계는 이러한 '거버넌스'의 실현에 일조한다고 할 수 있다.

측정지표

제도의 성공은 결국 마음의 뒷받침에 달려 있다. 우리는 발전행정과 신제도주의, 그리고 절차적 민주주의의 한계를 통해 이를 확인할 수 있다. 그러나 그동안 행정학과 정책학에서는 마음을 심리학적 영역으로 판단하여 중요하게 다루지 않았다. 하지만 앞으로는 협력적 거버넌스의 성공조건으로서 협력하는 마음과 배려하는 마음, 그리고 여기에 바탕을 둔 문화인자의 문제를 중요하게 검토할 필요가 있으므로 성찰적 정책모형이 의미를 지니는 것이다권기헌, 2012: 78.

그렇다면 정책수용성에 있어서 성찰성에 기초한 접근은 어떠한 의미를 가지는 것일까? 정책수용이란 주어진 정책에 대해서 정책대상집단이 이를 받아들일 것인가 거부할 것인가의 태도를 결정하는 것으로서 어떤 정책과 국민 사이의 내면적 관계에 대한 주관적 표현이라고 말할 수 있다.

정책수용성을 고려한다는 것은 효율성 위주의 공급중심 정책학에서 벗어나 성찰성을 정책성공을 위한 최우선 지표로 인식하고 정책수요자의 입장에서 충분히 합리적인지, 정책수용이 가능한지, 결과적으로는 원래의 의도대로 수요자의 자발적 수용에 의한 정책의 효과가 구현될 수 있는지를 주의 깊게 살핀다는 뜻인데, 이러한 차원의 평가를 함에 있어서 성찰적 정책에서는 다음과 같은 기준들을 고려할 필요가 있다.

적합성(appropriateness)

적합성이란 정책에 내포된 가치성의 정도로서 '특정 정책이 지니고 있는 가치나 비전이 과연 현실적으로 어느 정도로 바람직한 규범성을 지니고 있는가'에 대한 판단기준이다. 좋은 정책은 헌법

이념과 시대정신에 부합하는 바람직한 가치성을 지니는 정책이어야 한다. 정책의 가치나 비전이 헌법이념이나 시대정신에 부합하는 바람직한 규범성을 지니는가를 판단하는 정책의 적합성 여부는 정책의 최상위 가치인 성찰성의 가장 중요한 판단기준이라고 할 수 있다.

적정성(adequacy)

적정성이란 문제해결의 적정성을 의미하며, 이는 적시와 적절의 의미를 포함하고 있다. 즉, 정책에 있어서 시기timing의 적정성과 정책 정도degree의 적정성은 중요한 의미를 갖는다. 좋은 정책은 정책의 타이밍을 놓쳐서는 안 되며, 처방 정도 면에 있어서도 적정해야 하며, 더 나아가 인권·정의·신뢰·성숙이라고 하는 정책의 최상위 가치 측면에서도 적절해야 한다.

형평성(equity)

형평성은 사회적 정의와 밀접하게 관련되어 있고 사회 내의 여러 집단 사이에 효과와 비용을 배분하는 것과 관련된 것이다. 소득, 교육기회, 공공서비스 등을 재분배하려는 정책이 효과적이고 능률적이라도 비용과 편익이 불공평하게 배분된다면 저항을 유발할 가능성이 높다. 정책대안의 비교·평가 기준으로서 논의되는 형평성은 "정책효과와 정책비용의 배분이 사회정의로서 배분적 정의에 합치되는 정도"로 정의할 수 있다. 이러한 형평성은 수평적 형평성horizontal equity과 수직적 형평성vertical equity으로 의미를 구별할 수 있다. 수평적 형평성horizontal equity은 "동등한 여건에 있는 사람을 동등하게 취급"하는 것으로 정의되는 반면, 수직적 형평성vertical equity은 "동등하지 않은 여건에 있는 사람들을 동등하지 않게 취급"하는 것으로 정의된다.

그림 2-2 성찰적 정책모형의 측정지표

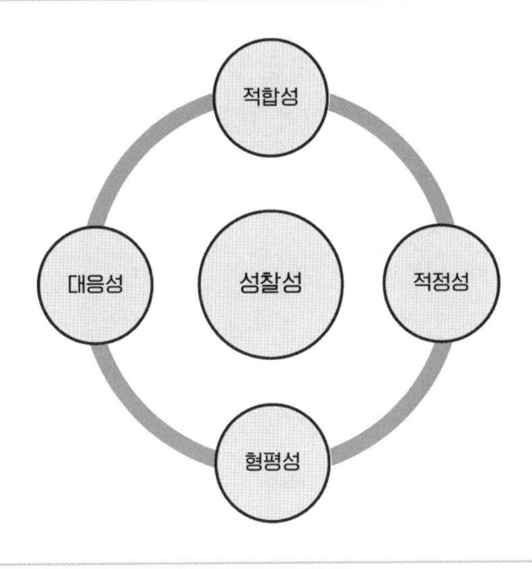

대응성(responsiveness)

대응성이란 정책집단의 요구·선호·가치의 만족화 정도로서, '특정정책이 어느 정도나 정책수혜집단의 요구·선호·가치 등을 반영하고 있는가를 판단하는 기준'이다. 대응성을 측정하는 것으로는 정책이 시행되기 전에 실시한 시민들의 요구 조사결과와 정책시행 후의 조사결과 간의 차이에 대한 비교측정방법을 들 수 있다. 정책이 시민의 요구·선호·가치에 민감하게 반응한다면 정책의 신뢰성은 제고되며, 이는 궁극적으로 정책의 최상위 가치인 성찰성에 기여하게 된다.

한계

성찰성 차원 세부측정지표는 인간의 존엄성 실현, 신뢰받고 성숙한 공동체 실현으로 정책의 성찰성이란 정책의 내용이 궁극적으로 인간의 실체적 존재가치를 존중하는 방향으로 이루어져야 함을 의미하는 것이며, 이를 통해서 우리 사회의 신뢰 구축과 사회 공동체의 실현을 이룩하고자 하는 가치 함축적인 의미라 할 수 있다.

그러나 어떠한 정책이나 프로그램이 인간의 존엄성과 신뢰받고 성숙한 공동체에 기여한 정도가 어느 정도인지는 양적으로 계량화하기가 쉽지 않고 정책의 성찰성 차원의 평가도 사실상 쉽지 않다. 왜냐하면 정책의 최상위 가치를 표현하는 이 차원은 매우 추상성이 높기에 어떤 한두 가지의 측정지표로 대변될 성질의 것이 아니기 때문이다. 따라서 어떤 정책의 경우에는 인간의 존엄성에 대한 평가가 주로 이루어지는 경우도 있고, 어떤 정책의 경우에는 신뢰받고 성숙한 공동체에 대한 평가가 주로 이루어지는 경우도 있게 되는데, 이를 위해서는 향후 심층적인 후속연구들이 필요할 것으로 보인다.

그럼에도 불구하고 기존의 정책학이 효율성과 민주성만을 강조했다는 점에서 분명 한계가 있다. 앞으로 정책학이 더욱 발전하려면 '보이지 않는 자본이나 이념'에 대한 보완이 절실한 바, 그런 관점에서도 향후 정책학은 '성찰성'에 대한 후속 연구가 더 많이 필요할 것으로 생각한다.

한국에의 적용

우리나라는 최근 사회가 다원화됨에 따라 사회 곳곳에서 갈등이 심화되는 한편, 지역이나 계층적 주장들이 정제되지 못한 채 봇물처럼 쏟아져 나오고 있다. 정부나 공공기관에서도 국민을 생각하는 사명감보다 자신의 편안함과 이익을 우선적으로 추구하는 모습들도 많이 지적되고 있다. 한국이 급격한 사회발전으로 인해 민주화의 성숙이 완전히 자리 잡지 못한 시점에서 성찰성이라는 개념과 성찰적 정책모형은 우리 사회를 다시 한 번 되돌아볼 수 있게 한다는 점에서 그 학술적 의의를 찾을 수 있다.

양극화와 상대적 박탈감이 심화되는 현대 한국 사회에서 '소통'과 '배려' 그리고 '공감'으로 대표되는 성찰성과 그에 기반한 성찰적 정책모형은 충분히 그 규범적 함의를 지닌다. 가진 자와 못가진 자 사이에 따뜻한 공감과 이해를 바탕으로 소외받은 정책대상 집단과의 상생발전과 공생발전을 고무하고 격려하는 정책은 인간의 존엄성 실현이라는 궁극적 목표에 한 걸음 더 다가갈 수 있게 해 줄 것이기 때문이다.

지금까지 신자유주의의 흐름에 따라 효율성을 최우선적으로 생각하던 정책흐름을 다시 한번 되돌아보고 반성하게 만든다는 점 또한 긍정적인 규범적 함의라고 할 수 있다. 과연 무엇이 정의로운 국가로 가는 길인가에 대한 해답을 찾는 과정에서 성찰모형은 새로운 사고의 기제를 제공해 준다는 의미도 있다. 삶에 대한 품격 있는 자세와 성찰, 진정성 있는 의식과 삶에 대한 책임 있는 자세로서의 덕이 필요하며 정부, 국민 할 것 없이 각자가 제자리에서 성찰하고 반성하는 삶의 자세를 가지는 것이 우선적으로 필요하기 때문이다권기헌, 2012: 162.

하지만 앞서 언급했듯이, 성찰모형의 현실적 한계를 극복하기 위해 보다 심층적인 후속연구가 필요하다. 성찰성의 구체적 기준과 한계, 측정조건과 모형의 정교화와 함께 성찰적 정책모형이 얼마나 광범위한 설명력을 지니는지에 다양한 사례를 토대로 점검해 보는 학술적 후속노력이 요청된다 하겠다. 가령, 향후 발전되어야 할 성찰성 개념의 맥락을 개괄적으로 제시해 보면 다음과 같다.

1) 대통령의 통치 행위 혹은 행정부 등, 정부의 정책 실패에 대한 반성 기제로서의 성찰
2) 행정과 정책 집행자 개인의 내면적 성장 기제로서의 성찰
3) 행정학과 정책학 연구의 현실 적실성과 학술적 엄밀성에 대한 성찰
4) 정책행위자의 정책 수용성을 높이기 위한 핵심적 정서로서의 성찰
5) 정책수용자로서의 성숙한 민주시민 의식 개념으로서의 성찰

정책학의 성찰성: 민주주의 정책학의 완성

'정책학'을 하나의 '개체'로 여길 때 인간 존엄성의 실현은 한 '개체'의 관점에서는 '자유와 존엄'이 지켜지는 삶을 의미하며, '공동체' 관점에서는 '신뢰받고 성숙한 문명사회'를 의미한다.[15] 이는 한 개인의 자유와 선택을 존중하고, 개인의 다양한 기회와 소양이 자아실현을 통해 빛나는 삶으로 고양될 수 있는 사회를 말한다. 그리하여 개인적으로는 자유와 존엄이 지켜지고, 공동체적으로는 더 자유롭고 풍요로운 문명사회를 만들어 나가는 것을 의미한다.

'개체'는 원래 '공동체'와 분리하여 생각할 수 없다. 개인의 배움은 "내면적 자아의 성찰에 그치지 않고, 개인과 우주의 연관성, 또한 우주 질서의 지상적 구현인 정치 공동체"[16]와의 연관성을 자각하는 것이기 때문이다. 개인은 이미 공동체의 구성요소이며, 개인의 진정성 실현은 "내면적 자아와 사회적 공동체와의 융합"[17] 속에서 가능할 것이다.

라스웰이 창시한 정책학 패러다임은 그 역사적 의미의 중대성을 십분 평가할 수 있지만, 전체적인 구성은 법과 제도, 서구적 민주주의라는 틀 안에서 구성된 것이었다. 법과 제도, 절차적 가치를 넘어서 마음과 마음이 교류하고 상호 신뢰 속에서 성찰성이 증진되는 형태의 문제해결 방식은 적극적으로 고려되지 않고 있다.

민주주의 정책학의 완성은 법과 제도, 민주주의라는 절차적 가치를 넘어서 마음과 마음이 상호 배려되는 성찰성의 실현이라고 볼 수 있다. 정책과정은 형성 시기부터 집행, 평가에 이르기까지 다양한 행위자들의 복잡한 관계성을 내포하고 있다. 또한 사람, 구조, 환경이라는 다양한 변수들이 역동적으로 얽혀있는 것이다. 따라서 정책과정에 참여하는 다양한 행위자들 간의 관계성, 특히 수요자, 공급자, 상호작용적 거버넌스 조건을 중시하는 성찰성과 같은 개념은 현대 정책학에서 점점 더 중요한 분석도구로 다루어질 것이다.

결어: 정의로운 국가와 성찰성

국가의 완성은 무엇인가? 정의롭고 도덕적인 국가란 무엇인가? 바람직한 국가의 이상과 목적을 실현하기 위해 깨어있는 국가는 어떤 것인가?

플라톤은 국가의 완성을 지덕체智德體의 완성을 통한 정의로운 국가의 실현으로 보았고, 매슬로우는 자아의 완성과 국가의 완성이라는 단계적 진화의 관점에서 접근했다. 하버마스는 국가의 완성을 위해서는 언술이론과 담론형성을 토대로 한 미완성의 프로젝트Unfinished Project의 실현이 필요하다고 보았으며, 라스웰은 이러한 모든 궁극적인 실현의 지향점이 인간의 존엄성Human Dignity이라고 보았다. 요약하면, 국가의 완성은 개인의 존엄성이라는 이상을 구현시켜주는 지덕체를 구비한 공동체의 완성이며, 지덕체를 구비한 공동체는 개인들의 인권과 존엄, 자유와 창의를 토대로 자아실현의 가능성이 열린 사회를 의미한다.

국가 완성의 이상理想을 지덕체의 완성을 통한 인간개인의 존엄성의 실현으로 본다면 우리 사회에 필요한 국가모형은 '깨어있는 국가, 성찰하는 사회'가 되어야 할 것이다. 특히 열린 사회, 열린 공동체, 지덕체를 구비한 정의로운 공동체를 만들기 위해서는 '성찰'이 필요하다. 그동안 우리 사회는 머리와 에고ego 위주의 경쟁, 경쟁 일변도의 경쟁, '구하는 마음'과 '효율성' 중심의 사회를 만들기 위해 총체적으로 질주해왔다. 이젠 우리 자신을 되돌아볼 '성찰'이 필요하다. 무분별한 과학기술과 현대문명의 질주는 핵무기, 기후변화, 세계적 자원 고갈, 테러리즘, 사이버 해킹과 같은 '위험사회'를 낳았고, 효율성 중심의 국정관리는 '무엇을 위한, 누구를 위한' 국정운영인가를 살펴볼 겨를도 없이 한 방향으로 치달아 왔다.

한편 경쟁을 하더라도 한국인의 문화유전자DNA를 고려한 정책을 펴야 한다. 가령, 한국인은 진취적이고 활동적이다. 부지런하고 똑똑하며 간섭받기를 싫어한다. 규제를 풀고 경제적 자유를 주고 인센티브를 주면 경쟁에 지지 않는다. 하다못해 골프장에서도 내기를 좋아하고, '돈내기' 형태로 일감을 주면 금방 끝낸다. 새마을운동이 성공한 것도 마을마다 경쟁을 붙이고 인센티브를 부여했기 때문이다. 예를 들어, 온라인 사업이나 모바일에 기초한 서비스 등 새로운 형태의 비지니스에 대한 규제는 더 풀어 보자. 또 다른 규제 족쇄도 더 검토해 보자. 단순히 보조금을 나눠주고 소득 수당을 골고루 뿌리는 정책으로는 절대 한국경제를 되살릴 수 없다.[18] 이처럼 한국인의 문화 유전자에 대한 정확한 이해와 통찰력을 기반으로 경제정책을 펼쳐야 한다.

앞에서는 이러한 방향 전환 혹은 보완에 대한 요구를 성찰사회 혹은 성찰적 근대성사회학적 관점에서, 성찰적 행정학 혹은 성찰적 거버넌스행정학적 관점에서, 성찰적 정책학 혹은 성찰적 정책모형정책학적 관점에서 이라고 보았다. 그리고 여기에 활용되는 이념적 기준을 성찰성이라고 불렀다.[19] 이미 언급했듯이, 향후에도 이러한 개념에 대한 많은 후속 연구와 심층 논의가 필요할 것이다.

정책사례 성찰적 정책모형

1. 개 요

2008년 봄 우리나라를 뜨겁게 했던 광우병 쇠고기 파동은 값싸고 질 좋은 쇠고기를 국민에게 공급하고 미국과의 외교 현안인 한미 FTA를 효과적으로 이루기 위한 선결과제로서 취임 첫 해를 맞이하는 이명박 정부가 기획한 정책에서 초래된 사건이다. 이명박 정부가 수입을 허용한 미국산 쇠고기의 일부 부위와 연령대30개월령 이상가 광우병 감염에 취약함을 지적한 일부 미디어 방송이 나가면서 이 정책은 국민의 건강권을 침해하는 조치로 국민들에게 인식되었고, 거센 저항과 함께 촛불시위 등 정책대상집단의 정책수용거부 내지 정권퇴진 요구로 이어지며 일련의 거친 정책불응사태를 초래한 정책실패 사례가 되었다. 우리는 이 사례를 통해 성찰적 공동체의 의미를 다시금 되새겨 볼 수 있다.

2. 쟁 점

쇠고기 파동과 촛불집회의 원인을 제공한 한미 쇠고기 협상과정을 되돌아볼 때, 한국 측이 고려했던 여러 대안들 중에 30개월령 이상의 쇠고기는 처음부터 협상대상에 포함되어서는 안 될 성찰성[20] 부재의 대안이라는 점을 인식하게 된다. 국민의 건강과 생명, 그리고 서민생활에 지대한 영향을 미치는 성찰성 부재의 대안은 그 대안결과협상타결가 가져다주는 매력도FTA로 인한 수출증가가 아무리 높다 하더라도 처음부터 협상대상으로 고려되어서는 안 된다는 점을 여실히 보여주고 있다. 단순한 능률성 잣대로만 보면 둘 간의 비용과 편익을 고려하여서 결정될 수도 있다고 볼 수 있겠지만, 정책학이 지니는 가치로서의 고려가 선행된다면 단순 B/C분석으로 이루어질 사안은 아닌 것이다.[21]

1) 제1조건: 정책대상집단의 수요에 기반한(Need-based) 정책설계(Policy Design)인가? (수요조건)

미국산 쇠고기 수입재개 문제는 정책의 입안과 결정과정에서 정책대상집단인 국민 대다수의 정책적 필요와 요구를 보증할 만한 충분한 합의와 국회의 의결과정 없이, 정치권의 정치적 결단과 국가 전략적 판단으로 급하게 진행된 정책이었다. 정책대상집단의 필요성이 명백히 검증되지 않은 사안을 정책으로서 성급히 결정한 과정은 성찰성의 제1조건인 '수요에 기반을 둔' 정책조건에 부합하는 정책이었다고 볼 수 없다.

2) **제2조건: 정책공급(정책동기)의 공익성(Public Benevolence)과 주장집단(Contenders)과 이탈집단(Deviants)에 대한 '소통'(communication)과 '배려'(consideration)가 있었는가? (공급조건)**

쇠고기 파동사태에서 정책의 수혜로부터 배제된 집단으로는 국내 한우 및 육우 생산 농가, 학교 급식대상자인 중·고등학생 집단, 어린 자녀의 광우병 노출을 우려하는 주부집단 등을 들 수 있다. 이들은 대부분 정책의 수용을 거부하고 촛불집회에 참여한 소위 주장집단 Contenders으로 볼 수 있는데, 소비자로서의 정상적인 상거래를 통해 시장에서 자율적으로 미국산 쇠고기의 구매를 거부할 수 있는 이른바 '자발적 피해 집단'이라고 할 수 있음에도 불구하고 이들이 적극적인 행동으로 정부정책에 대한 수용을 거부한 것은 정책에 대한 강한 '불신'不信의 표현이었다고 볼 수 있다. 자신의 '건강권'을 위협할 수 있는 중대한 보건정책의 결정을 이처럼 충분한 정책설명 없이 통과시켜 버리는 '소통'communication의 부재와, 국민의 건강에 직결될 수 있는 민감한 사안을 심각한 고민 없이 졸속으로 처리해 버린 '배려'consideration의 부재에서 나타난 정부의 심각한 '성찰성' 부재에 대한 거센 저항이었던 것으로 분석된다. 성찰성은 그 본질적 속성이 '인간의 존엄성'과 '공동체의 성숙'을 지향하는 바권기헌, 2007: 245, 쇠고기 수입개방 협상타결 과정에서 보여준 정부의 태도는 정책의 기본이 되는 성찰성을 정면으로 부인하는 모습으로 그들에게는 비춰졌을 것으로 판단된다.

3) **제3조건: 정책대상집단의 자각(自覺)적 시민의식(Awakened Citizenship)의 성숙과 민주적인 정책 네트워크 참여(Policy Network Participation)를 통한 공급자와 수요자의 상호작용적 거버넌스의 구현은 이루어졌는가? (환경조건)**

쇠고기 파동사태를 네트워크 거버넌스가 이루어지지 않은 정책집행 사례의 전형으로 보는 데에 큰 이견은 없을 듯하다. 정책결정에 참여한 정책행위자의 범위가 지극히 제한적이어서 중앙정부 내부의 실무자 집단으로 한정되는 행위자 구성의 미흡함을 노출하였다. 정책대상집단에 속한 수혜집단, 주장집단, 보호집단, 이탈집단의 인사 중 어느 하나도 정책결정 네트워크에 비중 있는 행위자로서 참여하지 못하였을 뿐만 아니라, 정책대상집단의 여론이 수렴된 바 없이 새 정부 출범 이후 단기간 동안에 국민적 합의에 이르지 못한 채로 보건정책에 관한 중대한 결정이 내려진 이 사안은 당시 정부의 정책결정 과정의 비체계성과 비성찰성을 보여주는 사례로 지적할 수 있다.

4. 결론 및 함의

문상호 · 권기헌2009은 "한국 정책학의 이상과 도전: 성찰적 정책모형의 유용성 고찰"이라는 논문에서 이 사례를 성찰적 정책모형이라는 관점에서 분석하였다. 이 논문은 한국 정책학의 정체성이라는 관점 및 한국적 맥락의 정책수용성이라는 관점에서 성찰성의 역할을 음미해 보고, 성찰성의 개념을 정책분석의 기준으로 활용하기 위한 방안을 모색하기 위해 성찰적 정책모형을 구성하고 있다. 또한 성찰적 정책모형의 분석기준이 되는 필요조건들을 논구하고 있다. 본 논문의 분석에서 필자들은 지극히 한국적 맥락의 정책현실에서 발생한 쇠고기 파동과 촛불집회는 단순히 정책불응의 원인분석을 넘어서 한국의 정책설계자가 경청해야 될 좀 더 근본적인 물음을 제시하고 있다고 보고, 그것은 바로 정책의 가치와 목적에 관한 물음이고 정책과정의 의도와 동기에 관한 물음이었다고 보았다. 한국적 정책학의 기저에 흐르는 이 근원적인 희구의 본질을 필자들은 '성찰성'이라고 부르면서, 성찰성이야말로 한국적 정치행정 현실에서 정책대상집단의 마음으로부터의 순응과 정책수용을 이끌어내고 이어서 정책의 성공을 담보할 수 있는 핵심기준이라는 결론을 내리고 있다.

* 자료: 문상호·권기헌, "한국 정책학의 이상과 도전: 한국적 맥락의 정책수용성 연구를 위한 성찰적 정책모형의 유용성에 관한 고찰," 「한국정책학회보」, 제18권 1호, 2009.

PART

Ⅲ

정책학의 철학

철학이란 무엇인가?

철학은 인간이 이 땅에서 살아가는 삶에 대해 고민한다. 하늘과 땅 사이에 존재하는 인간의 본질에 대해 고민하고, 인간의 내면에 존재하는 의식과 성품의 근원에 대해 고민한다. 의식과 성품의 근원은 '고요함과 평화, 자비와 기쁨, 그리고 초월성'이다. 철학은 그 근원을 찾고 그것과 하나 되는 방법을 연구한다. 땅으로부터 받은 육신과 하늘로부터 받은 성품의 본질이 무엇인지를 사유하고, 더 나아가 인간이 궁극적으로 완성된다는 것이 무엇인지에 대해 탐구한다. "자연은 어떻게 구성되었으며 어디로부터 왔는가?"라는 주제와 함께 "사람의 존재 근거는 무엇이며, 사람다움의 길은 무엇이 되어야 하나?"[1]라는 주제를 탐구하는 것이다.

한편 정책학은 이러한 철학적 사유를 배경으로 사회과학적 쟁

점들을 연구한다. 철학은 인류의 삶과 존재의 근본을, 그리고 정책학은 사회에서 펼쳐지는 다양한 제도와 정책을 탐구하는 것이지만, 둘 다 하나의 공통 목표, 즉 "우리가 살고 있는 공동체 구성원들의 자유와 행복은 어떻게 실현될 수 있는가" 하는 목표를 공유하고 있다. 이처럼 철학과 정책학의 사유는 연결되어 있다.

철학은 역사와도 긴밀히 연계되어 있다. 역사는 인간이 이 땅에 살아온 삶의 궤적이며, 철학은 그 열정과 사유의 방향성에 대해 고민한다. 철학은 항상 근본 문제를 제기하는데, 그것의 핵심은 무엇 때문에 사는가 하는 것이다. 모든 종교의 전통 역시도 "정결함과 거룩함 속에서 언제나 사랑과 자비, 그리고 인간의 존엄"[2]을 주장하고 있다. 그것은 각기 다른 방식이긴 하지만 하나의 근본적인 진리를 가리킨다. 그것은 말하자면 "사랑, 기쁨, 헌신, 초월성"[3]과 같은 것이다.

이처럼 철학과 종교는 인간이 단순히 "지地, 수水, 화火, 풍風"의 물질적 육신이 아니라, "사랑, 기쁨, 헌신, 초월성"[4]과 같은 상위 차원의 정신이라는 점을 지적하고 있다. 인간의 본성과 성품 그리고 의식은 본질적 근원으로부터 왔기에 우리는 어떻게 우리의 본질을 회복하여 완성시킬 수 있는지에 대해 알려주고 있다. 정책학은 이러한 형이상학적 질문을 배경으로 하여 사회에서 살아가는 인간의 제도와 정책에 대해 탐구한다.

정책학과 철학

정책학의 궁극적 목적은 인간 존엄성을 충실히 실현시키는 것이다H. Lasswell, 1951; 1970. 이러한 목적을 위해서 정책학은 "인간이 사회 속에서 봉착하는 근본적인 문제"를 탐구하고, 이를 효과적으로 해결하기 위한 창조적 대안을 제시하고자 한다.

인간은 우주적 의미를 사유하는 존재이다. 우주적 의미란 춘하추동春夏秋冬을 다스리는 이理의 도리이며, 이는 인의예지仁義禮智로 나타난다. 인간의 성품 그 깊숙한 본질에는 이러한 인의예지仁義禮智를 추구하는 '정신적이고 고결한 본성'이 담겨있다. 그러한 성품의 본질은 "분해할 수 없는 전인격적 실체"[5]이며, '살아있는 생명'으로서의 우주와 연결되어 있다. 따라서 인간이라는 존재는 '인간에게 이미 주어진 우주적 의미'와 맞닿아 있고, 인간은 그것을 "자각하고 실천해야 하는 사명"[6]을 띠고 태어난 것이다.

따라서 인간은 몸과 마음의 존재로서, 이 몸과 마음 너머에 있는 정신의 본질에 대해서 탐구하지 않을 수 없다. 그리하여 "내적 자각으로 가는 길이 배움이고 공부"이며, 학문과 철학은 이러한 성찰의 과정을 통해 "자신의 존재를 저 우주의 반열까지 고양시킬 수"[7] 있게 되는 것이다.

이때 정책학은 과학의 절차를 빌려 인간 사회의 제도 및 통치의 원리를 규명하고자 한다. 또한, 철학의 논리를 빌려 인간의 자아와 우주를 연결시키는 행복의 고리를 발견하고자 한다. 따라서 사회과학으로서의 정책학은 실천세계의 과학과 근거를 축적해 나가는 한편, 형이상학 세계의 철학과의 접점을 부단히 발견하기 위한 논리를 탐구해 나간다. 그리고 그 과정에서 정책학은 새로운 형태의 휴머니즘과 실천이성을 탐색하는 한편, 미래의 기술 변화와 사회 변동에 걸맞은 창조적 미래와 대안을 모색해 나가게 된다.

정책학의 지혜는 이러한 동서양 고전에 대한 철학적 탐구를 배경으로 이 시대를 살아가는 사람들의 근본적인 문제를 해결하고자 한다. 그것은 우리가 1) 정책학, 2) 미래학, 3) 윤리학 등 세 분야 학문을 종합적으로 고찰할 때 탄생된다. 이때 윤리학은 『마음학』이라는 형이상학적 주제의 실천적 영역에 해당하는 것이며, 정책학은 늘 미래학과 함께 창조적 미래와 대안을 탐색해야 하는 것이다.

이처럼 정책학은 그 출발점 자체가 인간에 대한 관심이었고, 인간이 세상에서 살아가는 삶과 존엄의 문제가 학문의 대상이었다. 사회 제도와 정책을 아무리 바꾸어도 그것을 운영하는 인간이 변하지 않고는 이 세상은 좋아지지 않는다.[8] 인간의 존엄성을 갈구하는 정책학은 제도와 정책의 개혁 못지않게 인간의 성찰을 통한 내적 혁명에도 많은 관심을 두어야 할 것이다.

정책학은 태동 자체가 윤리성 규명

정책학은 태동 자체가 윤리성에 대한 특별한 관심으로부터 시작되었다. 인간의 윤리성을 규명하고 인간의 존엄성 실현이라는 철학적 가치를 학문이라는 테두리 안에서 본격적으로 구현하고자 했다. 이러한 목적 하에 1951년 라스웰H. Lasswell은 현대정책학의 시발점이 되었던 '정책지향Policy Orientation'이라는 논문을 발표하였다.

하지만 이러한 노력은 같은 시기 연구의 경향이었던 행태주의Behaviorism에 밀려 별다른 주목을 받지 못하였다. 1950년대 정치학계를 휩쓸었던 행태주의는 논리적 실증주의 연구방법이 특징인데, 이는 과학의 3대 요소인 경험성, 객관성, 재생가능성을 갖춘 연구방법이다. 이는 경험적 가설을 검증하여 명제로 만들고, 이렇게 검증된 명제를 다시 이론으로 정립하는 과정에서 증거에 기반한 과학적 연구방법을 채택하였다.

행태주의자들은 인간의 행태나 태도, 개성, 물리적 행동을 과학적으로 연구하였고, 정확한 계량화를 통해 과학적 법칙을 탐구하였다. 행태주의는 개인 행태의 합리성rationality과 반복성regularity을 전제로 연구하는데, 이러한 행태주의 연구는 행정학의 과학화에 큰 공헌을 하였다.

하지만, 계량화만을 중요시하는 행태주의는 사회의 근본적 문제나 가치와 같은 본질적인 주제를 연구하기 어렵다는 한계를 지닌다. 이러한 근본적인 문제점은 사회적 모순과 갈등을 해결하지 못했다는 자성自省을 낳게 되었는데, 이러한 자성과 성찰의 목소리는 1968년 왈도D. Waldo의 신행정학New Public Administration, 1969년 이스톤D. Easton이 후기행태주의Post-behaviorism로 이어지며, 이미 1951년에 주창되었던 라스웰H. Lasswell의 정책운동을 재평가하는 계기를 마련해 주었다.

행태주의의 계량적 연구방법은 가치문제의 해결이 불가능하기 때문에 현실적합성이 결여되었던 것이다. 이에 반박한 후기행태주의는 행태주의와 달리 현실적합성relevance과 행동지향성action을 중시하여, 현대의 급박한 사회문제 해결에 의미 있는 적합한 연구를 하고relevance, 새로운 가치를 개발하여 거기에 걸맞은 형태의 사회로 개혁하라는 행동지향성을 강조했다action.

이러한 후기행태주의와 신행정학의 가치 지향성은 라스웰의 정책학을 재평가하는 계기를 마련하게 되었는데, 라스웰은 다시금

1970년의 논문, "정책과학의 새로운 개념The Emerging Conception of the Policy Sciences"과 1971년의 저술, 『정책과학서설Preview of Policy Sciences』 1971에서 정책학의 연구목적이 윤리와 가치문제를 고려한 문제지향성problem orientation, 맥락지향성contextuality, 연합학문성diversity이라고 강조하였다.

이상의 고찰에서 살펴보았듯이, 정책학은 우리 사회에 존재하는 근본 문제와 그 안에 내재된 윤리성의 규명을 위해 탄생되었다. 인간의 존엄성이라는 윤리적 가치가 내재된 정책학의 목적 실현을 위해 창조적 대안을 부단히 탐구해 나가는 것이 정책학이다.

정책학의 인식론적 토대

정책학은 세 가지 인식론적 토대에 기초하고 있다. 그것은, 1) 윤리적 기초목적구조로서 인간의 존엄성과 근본적 문제의 지향, 2) 행태적 기초주관적 극대화의 원리와 실천적 이성로서 참여 및 토론에 기초한 절차적 민주성의 원리 위에서 주관적 가치의 극대화의 원리와 실천적 이성에 기초한 적극적 정책지향, 3) 철학적 기초실용주의 철학로서 존 듀이J. Dewey의 미국 실용주의 철학에 기초한 현실적합성이다.

첫째, 정책철학의 윤리적 기초는 인간의 존엄성과 근본적 문제의 지향이라는 목적구조에 있다. 정책학은 태동 자체를 윤리성에 두고 있다. 라스웰은 '일본 히로시마와 나가사키의 원폭투하 결정'은 '비민주적 정책결정'이라고 공개적으로 비판했거니와 정책학은 국가이익을 넘어 인류의 생존이라는 인간의 존엄성을 지켜야 한다고 역설했다. 정책학은 사회가 직면하고 있는 근본문제를 탐구하여 그 내용과 과정에 있어서의 지식을 연구함으로써 정책지향성을 완성하고 이는 결국 인간의 존엄성 실현을 지향해야 한다고 강조했다. 이것이 정책학의 윤리적 기초이다.

둘째, 정책철학의 행태적 기초는 주관적 극대화의 원리이다. 인간을 포함한 모든 생명체는 주어진 환경을 극복하여 보다 나은 내일을 지향한다. 인간은 그 중에서도 가장 존엄한 존재이다. 따라서 모든 결정 과정에서 인간의 의지와 선택은 중요한 의미가 부여된다. 정책학에서 가정하는 인간관은 1) 긍정적이고 적극적 인간관이며, 2) 주관적 관점과 목적의지에 따른 행동선택을 강조하며, 3) 정책 환경과 참여자 간의 상호작용을 강조하기에 이미 목적지향적이고 가치지향적인 목적의지를 함유하고 있다. 말하자면, 정책학은 이미 철학과 정신을 담고 있으며, 그 자체가 성찰적이며 인간의 존엄성을 지향하고 있다고 볼 수 있는 것이다.

한편, 인간은 정치적 자유, 경제적 풍요를 넘어 제3의 이성을 추구하는데 그 하나는 공간적 확장이요, 또 다른 하나는 시간적 확장이다. 공간적 확장은 공동체이며 시간적 확장은 미래이니, 인간은 공동체와 미래의 공동선의 완성을 위해 실천적으로 노력하는 존재이다. 정책학은 이러한 인간관에 기초한 학문이다. 이것이 정책학의 행태적 기초이다.

셋째, 정책철학의 철학적 기초는 존 듀이J. Dewey의 미국 실용주의이다. 존 듀이J. Dewey의 실용주의 철학은 찰스 메리암C. Merriam에게 영향을 주고, 메리암과 라스웰은 시카고학파를 구성하여 정책학 운동을 펼치게 된다. 실용주의 철학이란 진리를 삶에 대한 실용성과 합목적성이라는 근본적 관점에서 규정한다. 문명은 인류가 역사 속에서 살아온 삶의 궤적이며, 그 속에서 인간은 지식을 갈고 닦아왔다. 지식이란 인간 사회의 개선을 위한 과학적 도구이며, 탐구란 인간이라는 유기체가 역사라는 환경에 적응하는 과정이다. 따라서 정책학은 과학적 탐구라는 도구적 수단을 통해 지식을 창출해야 하며 그 지식은 인간의 삶에 대한 열정에 도움을 주어야 한다. 정책학이라는 학문은 상아탑의 좁은 진리의 세계에 현학적으로 머물러 있고, 사회 저변의 아픔과 슬픔으로부터 괴리될 때 그것은 죽은 학문이다. 따라서 정책학은 이 시대의 근본 문제에 늘 깨어 있어야 하며, 사회적 아픔에 대한 창조적 대안을 제공해야 한다. 그것을 위해 과학적 지식을 탐구하는 학문이 정책학이다. 이것이 정책학의 철학적 기초이다.

인간 존엄의 근원

정신 근원에 대한 세 가지 학술적 흐름

정책학에서 인간의 존엄성이라고 할 때, 그 '존엄'의 근원은 무엇일까?

인간이 존엄한 것은 '정신'이 있기 때문이다. 그런데 이 정신의 근원이 무엇인지에 대해서는 학설이 나누어져 있었다. 세 가지의 학술적 흐름으로 정리할 수 있다.

먼저, 첫 번째 흐름으로는 대륙의 합리론이 있다. 플라톤이나 스피노자, 라이프니츠, 데카르트와 같은 대륙의 합리론에서는 인간의 본질은 이성에 있으며, 인간의 이성은 신성의 일부라고 본다. 이것은 본질적으로 신성이며 따라서 인간은 존엄하다는 것이다. 인간은 이러한 이성으로 만물을 합리적, 체계적으로 파악할 수 있다. 플라톤은 이러한 초월적이고 실체적인 이성을 이데아, 로고스라고 불렀다.[9] 이러한 형이상학적인 세계는 개인에 따라서는 확실한 신념이 되기도 하고, 이 세상을 아름답게 만드는 인식론적 토대를 제공해 주지만, 어디까지나 검증될 수 없는 주관적 믿음의 세계이다. 따라서 과하거나 잘못하면 독선獨善과 독단獨斷에 빠질 위험이 있다.

둘째 흐름으로는 영국의 경험론이 있다. 로크, 흄과 같은 영국의 경험론에서는 인간은 백지白紙상태에서 태어나며, 교육과 경험을 통해 배우지 않으면 진리이건 초월적 세계이건 인식할 수 없다고 본다. 따라서 진리나 초월적 세계가 실체적으로 존재하는 게 아니라 우리의 지식을 통해 형상화되는 세계일 뿐이라고 본다. 그러므로 확실한 지식은 경험적, 귀납적으로 얻는 것이며, 인간은 이러한 경험적 지식을 차근차근 쌓아 나감으로써 더 좋은 세상을 만들 수 있는 것이지 눈에 보이지도 않는 허황된 세계를 미리 상정해서는 안 된다는 것이다. 하지만 정말 그럴까? 한번 곰곰이 생각해 보자. 인간의 세상 지식은 쌓이면 쌓일수록 다른 한편 불확실성은 더욱 높아만 간다. 이러한 경험적 지식은 세상살이에 좋은 것이긴 하지만 그것만으론 부족하다. 전체 그림의 일부이며 형이하학적 현상 세계에 대한 지식일 뿐이다. 그리고 이러한 경험적 지식에만 의존하게 되면 인간은 허무虛無와 회의懷疑에 빠질 수 있다.

셋째 흐름으로는 칸트의 변증법적 종합이 있다. 임마누엘 칸트I. Kant, 1724~1804는 『순수이성비판』에서 합리론合理論과 경험론經驗論,[10]

독선獨善과 허무虛無, 독단獨斷과 회의懷疑에 빠지는 양비론을 극복하고, 이를 체계적으로 종합하는 학술적 기여를 했다. 즉, 인간 정신순수이성의 선험과 경험, 종합과 분석이라는 영역을 종합적인 틀로 제시한 것이다.[11] 이를 통해 신을 전제하지 않으면서도 인간 이성의 선험적, 초월적 능력을 제시했으며, 분석적 경험으로만 채워지지 않는 인간의 종합적, 초월적 능력을 제시했다. 물론 칸트가 초월적 세계를 실체적으로 인정한 것은 아니었다. 인간의 순수이성에는 선험적, 초월적 능력이 있지만, 신, 천사와 같은 초감각적 세계[12]나 절대계, 이데아와 같은 형이상학적 세계는 눈에 보이지도 않고 경험할 수 없으므로 알 수 없다고 보았다.[13] 하지만 실천이성으로 내려오면 인간 내면에는 선악을 구별할 수 있는 도덕법칙이 있으며, 인간의 판단력은 형이상학적 아름다움을 식별할 수 있다고 하였다.

칸트는 세 가지 질문을 던졌는데, 1) 순수이성비판을 통해서는 인간은 내면의 순수이성을 통해 초감각적인 세계를 인식할 수 있는가?진眞, 2) 실천이성비판을 통해서는 인간은 선악을 판단할 수 있는 도덕법칙을 인식할 수 있는가?선善, 3) 판단력비판을 통해서는 그렇다면 진리와 선을 완성시키는 아름다움을 인식할 수 있는가?미美이다. 칸트는 이 중에서 순수이성을 통해 형이상학적 세계를 인식할 수 있는가에 대한 물음에는 비판적이었지만, 실천이성과 판단력을 통해 인간은 선악과 아름다움을 인식할 수 있는 능력이 있다고 보았다. 그리하여 그는 말했다. "생각하면 할수록, 날이 가면 갈수록 내 가슴을 놀라움과 존경심으로 가득 채우는 두 가지가 있다. 그것은 '밤하늘에 빛나는 별'과 '내 마음 속 도덕법칙'이다."[14]

쇼펜하우어Arthur Schopenhauer, 1788~1860는 이러한 인간 이성의 초월적 능력을 '의지'라고 보고, 이를 종합하여 "의지와 표상으로서의 세계"라고 불렀으며, 니체는 이 의지를 '힘'이라고 보고 "힘과 생명력의 철학"을 제시했다.[15] 라이프니츠Gottfried Wilhelm Leibniz, 1646~1716는 이러한 인간 이성의 초월적 능력을 '모나드Monad'라고 보았다. 모나드의 근원적 힘과 속성은 어떤 초월적인 정신적 본질을 가지고 있으며, 이는 보이는 것과 보이지 않는 것, 가분적인 것과 불가분적인 것을 서로 연결시킨다. 또한 이 정신적 본질은 더 큰 합리성에 의하여 부분과 전체의 조화를 추구하며, 더 많은 존재의 통일성을 추구한다. 한편 이 정신적 본질은 완전한 정지를 뜻하는 수동성도 지니고 있지만, 무엇보다도 원초적이고 능동적인 근원적 힘과 동력을 지닌다. 부드럽고 유연한 흐름과 탄성을 그리며 생생한 힘과 활력을 보여준다.[16]

인간 존엄의 근원: 형이상학적 존재와 신성

형이상학 세계는 눈에 보이지 않고 경험의 대상이 아니라고 해서 없다고 단정해서는 안 된다. 이 점이 안타깝게도 칸트 철학이 남긴 부정적인 유산이다. 그는 현상계는 눈에 보이고 경험할 수 있지만 절대계는 눈에 보이지 않고 경험할 수 없으니까 모르는 것이라고 주장했다. 이데아, 진리, 신성과 같은 형이상학적 세계에 대해서는 볼 수 없고 만질 수 없으니 모른다는 것이다. 그는 오성悟性과 이성理性의 개념을 엄격하게 구분하고, 오성은 사물의 실재를 파악하는 능력으로서 객관적이고 보편타당한 진리를 낳지만, 우주, 영혼, 신 등 초경험적 대상을 사유하는 능력인 이성은 오류를 낳는다고 주장했다. 그의 이러한 태도는 그 후 20세기 들어 형이상학적 사변 그 자체를 거부하는 물줄기의 원천이 된다. 칸트의 경험주의적 주장에 영향을 받은 대다수 현대철학자들 역시 경험한 것 이외에는 모르는 것이라고 주장했다. 그리고 형이상학적 사변 자체를 거부했다. 이렇게 되면 인간이 지금까지 경험한 '존재'에 관한 이야기는 모두 공허한 신화로 치부되는 것이다. 말하자면, 이데아, 신성, 진리와 같은 것들은 하나의 공상이고, 신화에 불과한 것에 지나지 않는다. 이러한 생각의 연장선상에서 유물론과 같은 철학의 빈곤도 발생하게 되는 것이다.

그런데 이러한 전통에 확고하게 반기를 든 철학자가 존재했으니, 그가 바로 화이트헤드Alfred North Whitehead, 1861~1947이다. 원래 수학자였던 그는 수학의 세계를 깊이 탐구하다가 수학에서 진리의 원형, 즉 형이상학적 이데아를 발견했다. 그리고 플라톤 철학의 원형을 찾아 현대에 맞게 다시 복원시키는 공헌을 하였다. 그는 또한 신화를 만들어 내어 존재와 합리적으로 화해하지 못하는 문명은 쇠퇴하고 소멸할 것이라고 주장했다.

화이트헤드의 말처럼 형이상학적 진리의 세계 혹은 순수 근원의식을 인정하지 못하는 문명은 단순한 상상력의 빈곤을 초래할 뿐만 아니라 창조와 직관의 쇠퇴를 가져온다. 모든 정신의 근원은 신성을 함유하고 있고, 이러한 신성이 생각, 감정, 오감을 파생시키는 것이다. 플라톤은 이러한 신성을 이데아라고 불렀고, 아리스토텔레스는 이를 '부동의 동자Unmoved mover', 즉 신성이라고 불렀다. 이처럼 형이상학 세계를 탐구하고, 이를 인류의 예술과 문학, 그리고 철학과 신학의 세계에 접목시키는 것은 인류의 가장 고귀한 정신적 행위 중의 하나임은 두말할 나위가 없다. 이때 직관력은 내면에서 오는 메시지로서 오성을 통한 경험으로는 얻을 수 없는 순수 이성적 능력이다. 판단이나 추론 등의 의식적인 작용에 의존하지 않고 대상을 직접 파악하는 능력이다. 또한 통찰력 역시 내면에서 오는 메시지이다. 이것 역시 영혼으로부터 오는 순수한 정신적 에너지로서 '사물을 환히 꿰뚫어 보는 능력'을 말한다. 과거의 경험에 의존하지 않고 사물의 본질과 전체적 상황을 파악하는 능력이다. 이처럼 인간은 직관력, 통찰력 등 순수 근원의식에서 나오는 창조적 정신력을 가지고 있다. 인간이 존엄한 것은 이처럼 인간의 정신은 형이상학적 신성과 창조력을 담고 있다는 점이다. 이것이 인간 존엄의 근원이다.

인간 존엄의 근원: 순수한 존재감과 흐름, 근원적 알아차림

순수한 존재감, 우리는 단 하나의 에너지, 하나의 근본적 알아차림만이 존재한다는 것을 깨닫는다. 그리고 우리가 그것That이다. 하나의 생생한 에너지, 모든 곳에 존재하는 하나의 정신 에너지인 것이다. 우주의 의식Spirit이 우리를 통해 흐른다. 끊임 없이 양극으로 갈라졌다가 다시 통합되며, 부단히 원천으로 회귀하면서 생생하게 뻗어나가는 하나의 흐름, 즉 우주적 무도舞蹈 속에서 흐른다.[17] 나는 누구인가? 사유하는 주체로서의 나는 누구인가? 주체가 주체를 사유한다. 인식주체가 명징하게 아뢰야식제8식을 사유하고, 그 안에 존재하는 순수 청정심제9식을 되새기며, 다시 이 모든 것을 관장하는 순수한 정신제10식[18]을 오롯하게 깨어있는 인식으로 바라본다.

이처럼 논자에 따라 차이는 있으나, 이들은 모두 인간 정신의 고귀함과 존엄성을 다양한 시각으로 제시했다.[19] 종합하면, 인간이 존귀한 것은 '정신'이 있기 때문인데, 인간 정신의 순수한 능력은 경험적으로 지식을 창출하는 귀납적 능력 때문만은 아니다. 그것은 선험적으로 '자기가 자기 내면을 사유'하는 초월적이고도 신성한 능력을 가지고 있기 때문이다. 이것은 한마디로 '근원적 알아차림Awakened Consciousness'에서 출발한다.

인도의 성자, 라마나 마하리쉬는[20] 이 근원적 알아차림의 속성을 존재, 의식, 지복이라고 불렀다. 근원적 알아차림의 삼위일체는 Sat-Chit-Ananda, 즉, 존재-의식-지복인 것이다. 첫째, 이것은 '존재' 혹은 '있음'이다. 이것은 실재하며, 존재에서 존재를 없앨 수는 없다. 그냥 '있음'이다. 둘째, 이것은 '자기, 타인, 대상'을 의식하는 Conscious 능력이다. 알아차리는 능력이다. 거울의 본성이 '비춤'이라면, 의식의 본성은 '알아차림'이다.[21] 셋째, 이것은 지복이며 완전함이다. 신의 지성 안에서 이 자체는 완전함이다. 사실은 신의 지성이 곧 이것이니, 이것은 지복이며 완전함이다. 이것 그대로 행복이며 완전함이며 안락함이다.

그렇다면, 우리는 어떻게 인식의 삼위일체에 도달하는가? 사실 우리는 이미 거기에 있다. 그것은 근원적 알아차림을 통해 가능하며, 그것이 바로 "생생한 존재감의 삶"[22]이다. 생생한 존재감 Awakened Presence을 얻기 위해서는 우리의 영적 진동과 주파수를 끌어올려야 한다. 그것은 높은 진동과 주파수의 삶이며, 영적 수행과 일치하는 실재이다. 항상 존재하고 활력이 살아있는 삶이며, 완전히 생생한 존재이다. 살아있는 힘이며, 살아있는 의식이다. 우

리 모두 안에 또렷이 깨어있는 근원적 알아차림이다.[23]

근원적 알아차림Awakened Consciousness은 진정으로 완전하며, 다른 어떤 것도 필요로 하지 않는다. 이는 또한 모든 개별자가 각자 저마다의 전망에서 하나의 동일한 세계를 '살아 있는', '하나의 생생한 존재감'으로 만들어가게 한다."[24] 이것은 모든 존재의 토대이며, 이 완전함은 깨어있다. 또한 이것은 흐른다. 존재는 프로세스이며 흐름이다. "시간, 의식적인 알아차림 그리고 마음은 모두 서로 연관된 것이며, 상호 연결되어 있다. 모든 것은 태어나고, 유지되고, 근본 존재Being 속으로 다시 흡수된다. 시간의 순환이 있고, 실존Existence의 다양한 차원이 있다. 모든 차원에 지혜가 존재하는 바, 이 우주는 의지력을 발휘하는, 이해하는, 움직이는 원초적인 능력에 의해 유지되고 있는 것이다."[25]

동서양의 영적 전통들은 모두 근본적으로 같은 메시지를 준다. "해탈, 니르바나, 또는 자기 자신의 원초적 존재와의 합일은 "나는 누구인가?"라는 질문을 근원적으로 알아차림으로써 가능해 진다.[26] 그 의식의 근원에는 무한지성의 장場이 존재한다. 이 순수의식의 필드field는 살아있는 힘, 생생한 의식으로 가득하다. 그리고 항상 존재하고 있다."[27] 인간은 그 내면에 이러한 의식 필드를 가지고 있다. 그것은 생생하게 작동되고 있다. 그것은 순수하고 고요하며 평화이다. 근원적 알아차림으로 의식은 고양된다. 그것은 영원한 존재이며 지복감이다. 이 모든 내면의 평화를 인간은 모두 지니고 있다. 이렇게 존엄한 존재가 인간이다.[28] 그리고 이것이 인간 존엄의 근원이다.

PART IV

정책학의 과학

과학이란 무엇인가?

과학이란 증거evidence에 기반한 접근법이다. 사건과 현상을 정확하게 묘사하고 체계적으로 설명하고 예측하는 것이다. 그리하여 과학은 경험성empirical, 객관성objective, 재생가능성reproducible이라는 속성을 갖는다. 경험적 현상을 객관적 자료를 통해 검증하되 제3자가 다시 그 경험적 결과를 재생할 수 있도록 입증 절차가 명확해야 한다.

따라서 정책과학이란 정책현상을 경험적으로 입증할 수 있어야 한다. 정책현상과 관련된 가설이나 이론들을 입증하기 위해 연구모형을 세우고 과학적 방법론을 통해 객관적 발견과 증거를 제시해야 한다.

정책학이 정책과학으로 불릴 수 있는 이유는 정책현상을 최대한 정책모형을 통해 설명하려는 노력 때문이다. 모형模型이란 현상의 축조물artifact of reality인데, 복잡한 정책현실을 최대한 명료하게 축약해 놓은 변수들의 구조적 틀이다. 현실 데이터를 통해 모형을 적용시켜 묘사, 설명, 예측하는 과정에서 모형의 적실성은 끊임없이 검증된다. 이 과정에서 과학적인 모형은 점차 확산되겠지만, 현실과 괴리가 커지는 모형은 점차 소멸될 것이다. 또한 이러한 과정 속에서 정책학의 과학성은 점점 더 확고해지는 것이다.

정책학의 목표는 정책의 성공을 최대화하고 정책의 실패를 최소화하는 것이다. 이를 위해서는 정책실패 요인에 대한 과학적 분석 데이터가 축적되어야 한다. 가령, 시화호 제1기 정책이 실패하고 제2기 정책은 성공적이었다면 그 요인은 무엇인가? 부안 방폐장 유치정책이 실패였지만 그 후 경주 방폐장 유치정책은 성공했다면, 그 요인은 무엇이었는가? 한편 규제정책의 경우에도 어떤 경우는 직접규제가 효과적이고, 어떤 경우는 간접규제가 효과적인지, 더 나아가 어떤 경우는 아예 시장적 메커니즘mechanism에 맡기는 것이 더 효과적인지에 대한 분석 데이터를 축적해야 한다. 그리고 분석해야 한다. 이 과정에서 정책학의 과학성은 점점 더 견고하게 될 것이다.

모형이란 무엇인가?

정책현상에 대한 과학적 탐구

정책학이란 정책현상에 대해서 과학적으로 탐구하는 학문이다. 정책성공을 최대화하고 정책실패를 최소화하는 방안을 연구하는 학문이 정책학이다.

왜 어떤 정책은 성공하는 반면 어떤 정책은 실패하는가? 우리는 정책변수, 정책과정, 정책유형 등 몇 가지 관점에서 분석해 볼 수 있다.

첫째, 정책변수에 있어서, 인적사람 실패인가, 구조적시스템 실패인가, 환경적정치권력 실패인가?

둘째, 정책과정에 있어서, 의제설정에서의 실패인가, 정책결정에서의 실패인가, 혹은 정책집행이나 정책평가에서의 실패인가?

셋째, 정책유형에 있어서, 규제정책에서의 실패인가, 재분배정책에서의 실패인가, 혹은 배분정책이나 구성정책에서의 실패인가?

따라서 정책학은 대단히 과학적이다. 정책의 성공과 실패 요건에 대해서 과학적으로 규명하고 있다. 경험성, 객관성신뢰성, 타당성, 재생가능성이라는 과학의 3대 요소를 토대로 현상을 정확하게 묘사하고accurately describe, 합리적으로 설명하고rationally explain, 과학적으로 예측scientifically predict하려고 노력한다.

정책모형, 정책학자가 바라보는 세계관

정책학자가 바라보는 세계관policy scientist's view of the world이란 무엇일까?

정책학자는 사회에서 일어나는 정책현상에 대해 과학적으로 연구하려는 사람이다. 사회에서 일어나는 정책문제의 뿌리를 탐구하며, 그 근본적 발생 원인에 대해 과학적으로 규명하고자 노력한다. 그 과정에서 정책현상에서 나타나고 있는 모순이나 비정상의 원인을 정확하게 분석하고자 한다.

그러기 위해서는 먼저 정책현상을 최대한 정확하게 묘사describe하고 설명explain하며 예측forecast해야 하는데, 그 과정에서 정책학자는 기존의 학술적 이론이나 모형을 빌려와 적용해보기도 하고, 기존의 이론과 현상의 차이gap가 너무 클 때에는 새로운 이론이나 모형을 제안하기도 한다. 즉, 정책학자는 모형으로 말한다. 그리고 그 모형은 정책학자가 바라보는 세계관이다.

따라서 정책모형policy model이란 정책학자가 정책현상을 설명하고 예측하기 위해 사용하는 현실 세계의 축조물築造物이라고 할 수 있다. 가령, 라스웰은 의제설정-정책결정-정책집행-정책평가와 같은 고전적 정책모형을 제시했고, 킹돈J. Kingdon, 사바티어Pual A. Sabatier, 앨리슨G. Allison, 오스트롬E. Ostrom과 같은 현대 정책학자들은 그의 단선적 모형에 반기를 들고 새로운 입체모형을 제안하기도 했다. 또한 더 나아가 모형과 모형 간의 다양한 융합, 혹은 새로운 모형의 수정 제안, 그리고 다층적 거버넌스Multi-level Governance 모형들을 제안하기도 했다.

정책모형의 발전

고전적 정책모형: 라스웰의 정책패러다임

정책학 패러다임이란 무엇인가?

1945년 8월 2차 세계대전 종전 무렵, 미국의 트루먼 대통령은 일본 히로시마와 나가사키에 원자폭탄 투하를 명령했다. 원폭 투하 후 4개월 동안 이 두 지역에 최대 25만 명에 가까운 사망자가 발생했고, 사망자의 대부분은 민간인이었다.

라스웰은 원폭 투하라는 미국 정부의 정책결정이 미국에게는 최선의 선택이었을지라도, 본질적으로 인류의 삶을 위협하는 것이라면 이 정책결정은 바람직한 것인가?라는 의문을 품었다. 이에 그는 정책학이 가져야 하는 목적과 나아갈 방향, 정책학 그 존재 자체의 의의에 대해 깊은 고민을 하기 시작했다.

> 한 국가의 정책적 선택이 그 국가를 위해선 최선이라 할지라도 인류의 삶 자체를 위협한다면 바람직한 일일까?
> 정책결정이 인류를 위한 결정이 될 순 없을까? 인간의 존엄성이라는 최소한의 담보는 어떻게 보장받아야 하나?
> 학문은 왜 존재하는가? 인간의 존엄성을 위한 정책학의 학문체계를 구성할 순 없을까? 단순한 제왕적 정책학을 넘어선 민주주의 정책학이란 불가능한 것일까?[1]

정책지향의 완성

라스웰은 1951년 '정책지향성Policy Orientation'이라는 논문을 통해 고민의 해결책을 제시한다. 그는 정책학을 '인간의 존엄성을 구현하는 민주주의 정책학'이라 명명하며, 정책학 연구의 지향점은, 인간이 사회에서 직면한 문제 해결을 통한 인간 존엄성의 회복이어야 한다고 주장했다.

이후 라스웰은 1970년 논문 '정책과학의 새로운 개념The Emerging Conception of the Policy Sciences', 1971년 저서 『정책과학서설Preview of Policy Sciences』에서 정책학의 방향을 정책결정과정에 관한 지식과 정책결정과정에 필요한 지식, 두 가지로 구분하여 정책 연구의 중요성을 강조했다. 이와 더불어, 정책학 연구는 의제에 대한 문제지향성Problem-orientation, 시공간의 맥락지향성Contextuality-orientation, 연합학문성Multidisciplinary-approach 특성을 가져야 한다고 주장했다.

첫째, 정책학에서 말하는 문제지향성은 우리가 사회에서 직면한 문제의 근본적인 원인을 파악하고 그에 대한 대안을 모색하는 것을 뜻한다. 이는 가치와 실제를 분리하고, 실증적, 과학적 방법론을 추구하던 행태주의에 대한 회의감에서 나온 것으로 볼 수 있다. 라스웰은 정책학의 문제지향성을 통해 적극적으로 현실문제에 관여하여 그 해결방안을 모색해야 한다고 강조했다.

둘째, 정책학이 실질적으로 문제에 접근하고 해결하기 위해 시간적, 공간적, 정치적, 역사적 등 다양한 맥락 속에서 문제를 이해할 필요가 있다. 이를 맥락지향성이라고 한다. 사회문제는 단순히 하나의 원인에서 파생되는 것이 아닐 뿐더러, 단순한 원인을 제거했다고 해서 문제의 본질이 해결되는 것은 아니다. 그래서 정책학 연구는, 맥락적인 관점에서 정책문제 인식부터 목표설정, 해결방안까지 제시하는 등의 종합적인 관점에서 이루어져야 한다.

셋째, 정책학은 사회문제의 해결을 위해 다양한 분야의 학문적 연합을 추구해야 한다. 이를 연합학문성이라고 한다. 하나의 사회문제는 한 분야의 학문적 연구만으로 해결될 수 없다. 정책학은 사회학, 경제학, 심리학 등 복수의 학문들과 방법을 활용하여 사회문제 해결에 기여해야 한다.

이러한 라스웰의 정책학 패러다임은 현대 정책학 연구의 효시嚆矢가 되었으며, 이후 정책 연구들이 나아가야 할 방향을 잡아주는 이정표里程標가 되었다.

인간의 존엄성 실현을 추구하는 정책학

라스웰 패러다임의 초점은 인간의 존엄성 실현을 추구하는 정책학이다. 정책을 만들고 집행하고 평가하는 일련의 과정들이 모두 '인간의 존엄성 실현'에 두고 있어야 한다는 것이다. 라스웰은 정책과정뿐만 아니라 정책내용에 대한 연구를 통해 정책지향성을 완성시켜야 하며, 그것은 인간의 존엄성을 증진하는 방향이어야 한다고 역설했다.

현대사회가 발전함에 따라 복잡하고 다양한 문제들이 지속적으로 발생하고 있다. 4차 산업혁명의 바람이 불면서 로봇, 인공지능, 바이오 등의 융합으로 사이보그cyborg의 탄생을 목전에 두고 있다. 기계가 인간에게 혜택을 주지만, 언제나 그 중심은 인간의 존엄성에 두어야 한다. 라스웰이 말한 것처럼, 정책학은 지속적으로 인간의 존엄성 실현을 목적으로 해야 한다. 그리고 다시는 원폭 투하와 같이 인류의 존엄성을 위협하거나, 일부 정치관계자들의 권력적, 경제적 가치만을 우선시하는 정책 결정이 발생하지 않도록 예의 주시할 필요가 있다.

그래서 지금 우리는, 그 어느 때보다도 라스웰의 정신에 주목해야 한다. 그가 제창했던 정책학 패러다임, 그리고 그 휴머니즘의 본질을 다시금 새길 수 있어야 하기 때문이다.

현대적 정책모형: 라스웰의 선형모형의 입체적 진화

킹돈의 입체적 정책흐름모형

왜 어떤 문제는 정책의제가 되고, 다른 문제는 방치되는가?

킹돈J. Kingdon은 정책의제설정모형에 대해 고민했다. 정책은 과연 단계적 형태로 순차적인 과정을 거쳐 결정될까? 왜 어떤 문제는 사건발생 이후 즉각적인 대응이 이루어지지만, 다른 문제는 거론도 되지 않고 방치되는 것일까? 이러한 문제들이 킹돈의 고민이었다.

> 사회에는 수많은 문제들이 발생한다. 그런데 눈여겨 볼 것은 그러한 문제들이 발생할 때마다 정부가 즉각 움직이지는 않는다는 것이다. 정부가 사회문제를 인지하고 이에 대한 다양한 해결책들을 제시하고 그에 따른 대안들을 평가한 후 최적의 대안을 선택하는 형태로 일련의 단선적인 과정에 의해서 이루어지지 않는 경우도 빈번하다. 즉, 사회의 문제와 기존에 존재했던 다양한 대안들이 뒤섞이다가 어떠한 특정 상황에서 정책으로 만들어지기도 한다. 그렇다면 이러한 '비정형적'인 정책결정을 가장 적합하게 설명할 방법은 무엇일까?[2]

입체적 정책흐름모형의 제시

킹돈은 『문제, 대안, 그리고 정책Agendas, Alternatives, and Public Policies, 1984』이라는 저서에서 이러한 고민을 해결할 수 있는 새로운 정책결정모형을 제안했다. 킹돈은 쓰레기통 모형의 기본 아이디어를 빌려와 새로운 정책결정모형인 '정책흐름모형'PS: Policy Stream Model 혹은 MSF: Multiple Stream Framework을 제시한 것이다.

킹돈의 '정책흐름모형'은 정책문제와 정책대안, 그리고 정치흐름이 자신들만의 독립적인 흐름을 가지고 있다가, 이것이 극적인 사건초점 사건; Focusing Event에 의해 갑자기 대중과 언론의 주목을 받게 되면서 빠르게 정책결정으로 이어지는 과정을 설명해 줌으로써, 기존의 비정형적인 정책결정과정을 보다 구체적으로 제시했다.

구체적으로, 킹돈은 서로 무관하게 자신의 규칙에 따라 흘러 다니는 정책문제의 흐름Policy Problem Stream, 정책대안의 흐름Policy Alternative Stream, 정치의 흐름Political Stream이 초점사건을 계기로, 세 개의 흐름이 결합Coupling되는데, 이 현상을 정책의 창Policy Window이 열리는 것이라고 표현했다.

초점사건을 강조하는 이론적 렌즈

킹돈은 특정한 사건, 즉 초점사건의 중요성에 대해 강조하였는데, 특히 정권교체와 극적인 사건이 정책의 창을 열게 만드는 점화장치로 작용한다고 보았다. 정책의 창이 열렸다는 것은 각 흐름이 결합될 수 있는 '기회'를 뜻하며, 특정 정책대안을 선호하는 이들에게 주어진 절호의 기회라고 할 수 있다.

정책흐름모형은 현대정책모형 중에서 가장 영향력 있는 모형으로 꼽힌다. 그 이유는, 모형이 현대 사회에서 자주 발생하는 대형재난을 포함한 극적인 사건을 잘 설명해 주기 때문이다. 특히 최근에는 대형재난사건들이 담당자의 안이한 대응 혹은 인적 실수와 겹치면서, 정책문제들이 더욱 더 복합적으로 꼬이고 있다. 킹돈 모형은, 우리 사회에 흐르고 있는 위기와 근본적 문제들은 어떤 것들이 있는가, 그리고 이들에 대한 정책적 대안으로 어떤 것들이 정책공동체에서 논의되고 있는지, 정치권은 이들에 대해 평소 어떤 노력을 하고 있는가를 면밀히 살펴보게 하고, 이들에 대한 창조적 대안을 모색할 수 있게 도와준다는 점에서 큰 학술적 의의를 지닌다.

사바티어의 동태적 정책지지연합모형

동태적 정책변동모형은 어떻게 구성되어야 할까?

정책학의 창시자 라스웰Lasswell, 1970은 전통적 정책과정이론을 통해 정책의 과정을 '정책의제설정-정책결정-정책집행-정책평가'의 4단계로 구분하였다. 이러한 라스웰의 정의에 사바티어는 의문이 생겼다. 정책과정이론은 정책과정의 단계적인 흐름을 파악하기에 유용한 모형이었지만, 다양한 요인들이 서로 상호작용하는 정책의 동태성과 복합성을 입체적으로 설명하기에는 부족함이 있다고 판단했다. 즉, 단선적인 모형으로는 시간의 흐름에 따른 정책변동과정을 설명하는 데 한계가 있으며, 정책집행과정의 복잡하고 불확실한 정책현상을 설명하기 어려웠던 것이다.

다양한 행위자가 참여하고 있는 정책이 오랫동안 표류하고 있다가 집행되기도 하고 사라지기도 하는데, 사바티어는 어떤 요인들에 의해 정책변동이 동태적으로 발생하는지가 궁금했다. 바로 이런 것들이 사바티어의 고민이었다.

> 현실적으로 보통 중요한 정책 사안에는 수백 명의 행위자가 개입되고 정책과정도 10년 이상 진행되는 것들도 많다. 또한 한 정책 안에서 여러 개의 정책 프로그램이 함께 진행되기도 한다. 과연 전통적인 정책과정이론은 이러한 현실적인 정책현상을 제대로 설명하고 있는가? 과연 정책 현상은 의제설정 → 정책결정 → 정책집행 → 정책평가처럼 단선적인 구조로 진행되는 것인가? 그리고 정책과정에서 진행되는 다양한 관계자 그룹들 간의 동태적으로 진행되는 다양한 갈등양상이나 정책신념 등을 잘 반영하여 설명하고 있는가?[3]

동태적 정책모형의 구축, 정책지지연합모형

사바티어Pual A. Sabatier는 정책지지연합모형Advocacy Coalition Framework: ACF을 통해 정책의 과정을 다양한 행위자들과 연합들 간의 게임과 협상의 과정으로 간주하였고, 신념을 공유하는 집단들이 변화함으로써 동태적 정책변동이 발생한다고 주장하였다.

정책지지연합모형Advocacy Coalition Framework: ACF은 외적변수, 정책지지연합, 신념체계, 정책중개자, 정책학습, 정책산출, 정책변동 등으로 구성된다.

외적 변수는 특정 정책을 옹호하고자 하는 집단의 형성과 활동을 제약하거나, 기회를 제공하는 데 결정적인 영향을 미친다. 외적변수는 안정적인 외적변수와 역동적인 외적변수로 구분되며, 안정적인 외적변수는 정책문제의 기본적 특성, 기본적인 사회문화적 가치와 사회구조, 법적 구조 등을 대표적인 예로 들 수 있다. 역동적인 외적변수는 사회경제적 조건의 변화, 여론의 변화, 통치집단의 변화 등을 대표적인 예로 들 수 있다.

정책지지연합은 일정한 정책영역이나 하위체제의 신념을 공유하고 연합하는 이해당사자를 의미한다. 정책과정에서 경쟁과 협력을 통해 자신이 지향하는 목표를 달성하기 위해서 뜻이 맞는 사람들과 연합을 형성하여 협력하는 것이 필요한 것이다.

신념체계는 정책하위체제의 연합들 간에 공유되는 공통된 가치로 정책에 대한 인식, 정책수단에 대한 동의 등이 있다. 신념체계는 규범핵심, 정책핵심, 도구적 측면으로 구성된다.

학술적 의의: 동태적 정책모형

정책지지연합모형은 이론모형에 한정되는 것이 아닌 현실의 사회적 갈등 혹은 쟁점 등을 효과적으로 이해하고 설명하는 데 있어서 분석의 기준이 된다는 점에서 전통적 정책결정모형과 큰 차이점을 가진다. 이처럼 복잡한 사회현상과 정책, 이해 당사자 간의 관계를 동태적으로 설명하는 것이 사바티어가 정책지지연합모형을 제시한 의도이자 목적이기도 하다.

사바티어Sabatier모형은 현대정책모형 중에서 가장 영향력 있는 모형 중의 하나로 꼽힌다. 현대사회에는 정책이해관계에 있어서 진영논리가 자주 발생하기 때문이다. 현대사회는 다양한 계층 간, 이념 간 갈등으로 인해 정책을 보는 견해가 대립하는 경우가 많은데, 이때 대립하는 두 진영 간의 정책변동을 잘 설명할 수 있는 모형이 사바티어의 정책지지연합모형이다.

대표적인 예시로 최근 시행되었던 신고리 5·6호기 공론화 위원회를 들 수 있다. 건설이 잠정 중단되었던 신고리 5·6호기 건설 재개 여부를 두고 시민들 간의 토론과 숙의, 공론의 장 형성을 통해 사회적 합의를 도출한 사례로서, 이는 사바티어가 주장하였던 신념을 가진 각 집단 간의 대립을 통해 정책의 형성과 변동을 설명하고자 하였던 정책지지연합모형Advocacy Coalition Framework: ACF을 설명하는 데 가장 적절한 사례라고 할 수 있다.

이외에도 의약분업 사례에서의 의사와 약사 간의 대립, 한·양약 분쟁에서의 한의사와 양의사 간의 대립 등, 현대 사회의 집단 간 대립을 설명하는 데 있어 유효한 모형이라 할 수 있다. 이처럼 불확실하고 복잡한 사회문제를 해결하기 위해서는 동태적 이론개념모형이 필요한데, 그것이 정책지지연합모형이다.

앨리슨의 입체적 정책결정모형

정책결정의 본질

1962년 10월에 발생한 쿠바 미사일 사건은 인류를 3차 세계대전으로 몰고 갈 뻔했던 사건이었다. 당시 소련의 흐루시쵸프 공산당 서기장은 비밀리에 쿠바에 소련의 핵미사일을 설치했다. 미국에서 불과 120여 킬로미터 떨어진 쿠바에 사정거리 1700~3500킬로미터에 핵탄두를 탑재할 수 있는 중거리 탄도 미사일 기지를 건설 중이었던 것이다. 이는 우연히 미국의 U-2 정찰기에 의해 발견되었는데, 즉각 보고를 들은 미국 대통령 케네디John F. Kennedy는 격앙하였다.

케네디 대통령은 즉각 미국 군사안보회의를 소집하고 백악관 지하벙커에 비상준비 체제에 돌입했다. 정상업무를 중단하고 비상사태를 선언한 케네디는 수일간의 고민 끝에 전면 공격태세를 갖춘 다음 쿠바에 대한 해상봉쇄령이라는 초강수 명령을 내렸다. 그야말로 일촉즉발의 세계 핵대전 발발 직전 상태였다.

앨리슨G. Allison은 쿠바 미사일 위기 사태를 둘러싼 미국과 소련의 정책결정의 본질에 대해 고민하면서, 이를 학술적으로 풀고자 했다.

소련은 왜 쿠바에 공격용 전략 미사일을 배치했을까? 미국은 왜 해상봉쇄선을 설치하는 것으로 응수했을까? 소련은 왜 결국 미사일을 철수했을까?[4]

입체적 정책결정모형의 제시

앨리슨은 개념적 준거 틀 혹은 안경을 바꾸어 끼면 세상이 분명히 달라 보인다는 점을 증명해 보였다. 이를 위해 그는 세 가지의 정책결정모형을 제시하였다. 기존의 국가 행위자를 단일체로 보는 시각을 넘어, 국가 행위자를 보다 세분화해서 정부조직의 연합체, 고위 관료 혹은 참모들의 전략적 행위에 의한 정책결정모형을 제시하게 된 것이다. 그것이 바로 유명한 앨리슨 모형으로서 합리적 행위자 모형모형1, 조직과정모형모형2, 관료정치모형모형3을 말한다.[5]

합리적 행위자 모형

합리적 행위자 모형모형1은 정부를 잘 조정된 유기체로 간주한다. 합리적 행위자 모형은 국가정책의 결정주체를 국가정부로 본다. 국가를 분석의 기본단위로 삼아 정부의 전략적인 목표를 극대화하기 위한 최선의 정책을 도출한다는 것이다.

조직과정모형

조직과정모형모형2은 정부를 반독립적인 하위조직들이 느슨하게 연결되어 있는 연합체로 간주한다. 하위조직을 통해 만들어진 정책들은 표준운영절차SOPs: Standard Operating Procedures와 조직프로그램Program Repertories에 의해 미세한 수정과정을 거치면서 정책으로 채택된다.

관료정치모형

관료정치모형모형3은 서로 독립적인 정치적 참여자들의 개별적 집합체로 간주한다. 관료정치모형은 국가정책의 결정주체를 고위 정책결정자들 개인으로 본다. 즉, 합리모형정부, 조직모형정부 하위조직이 아닌, 정책결정자 개인을 정책결정의 주체로 보는 것이다.

입체적 정책결정을 위한 다양한 렌즈

앨리슨의 정책모형은 복합적인 정책결정을 다각도에서 바라보고 있다. 합리적 행위자 모형과 조직과정모형, 관료정치모형은 서로가 바라보지 못하는 시각을 서로서로 각자의 관점에서 보완하고 있는 것이다.

앨리슨G. Allison은 정책결정모형의 전기를 마련했다. 기존의 경제학자들이 주장했던 합리적 행위자모형을 넘어 조직과정모형, 관료정치모형까지 제시함으로써 개인, 조직, 정치를 통합한 정책결정모형을 선보인 것이다. 앨리슨 모형은 우리가 정책현상을 분석하는 데 있어서 하나의 렌즈가 아닌 여러 가지의 렌즈가 존재한다는 것을 보여줬다는 점에서 커다란 학술적 의미를 지닌다.

오스트롬의 입체적 제도분석모형

공유의 딜레마를 해결하는 방법

> 풀이 무성한 언덕이 있다. 이 언덕 앞에 사는 양치기가 언덕에 양을 풀어놓고 기르면 양들은 좋은 공기와 풀을 먹으며 무럭무럭 자랄 것이다. 그리고 이렇게 잘 자란 양들의 털과 고기가 좋다는 소문이 퍼지면서 근방에 있는 다른 양치기들도 이 언덕으로 몰려온다. 언덕에서 풀을 뜯는 양이 점점 더 늘

어나지만, 이와 더불어 언덕의 풀은 점점 더 줄어간다. 그러자 양치기들은 조금이라도 자기 양이 풀을 더 뜯게 하기 위해 더 오래 양을 풀어놓는다. 이러한 현상이 계속 반복되면 결국 그 언덕에 있는 풀은 하나도 남지 않게 된다.

위 사례는 공유지의 비극을 묘사하고 있다.

이러한 공유지의 비극은 왜 일어날까? 인간은 누구나 자신의 사익私益을 위해서 행동을 한다. 때로는 남을 위하여 봉사하기도 하지만 근본적으로는 우선 자신의 이익이 되는 방향으로 행동을 한다. 따라서 사람들은 각자 자신이 어떠한 목적을 가지고 자기의 이익을 극대화하는데, 이것이 특히 공공재의 경우에는 다 함께 망하는 비극을 초래하게 되는 것이다.

공공재 혹은 공유재의 비극을 피하기 위해 지금까지 나온 처방은 크게 두 가지인데 보통 과거에는 중앙정부의 강력한 통제 또는 사유재산권을 설정해 시장제도에 맡기는 것으로 생각했다. 학자들은 "공유재의 비극 때문에 환경문제는 자발적 협동으로 해결할 수 없고 강제력을 행사하는 정부의 역할이 절대적"이라는 주장과 "공유재의 비극을 피할 수 있는 유일한 길은 사유재산권 체제를 확립해 공유체제를 종식시키는 것뿐"이라는 주장으로 맞서온 것이다.

그런데 오스트롬E. Ostrom은 시장 아니면 국가라는 이분법에서 벗어나 공동체의 자치 관리라는 제3의 해법을 제시했다.

자발적 협력을 통한 사회문제 해결

그럼 이러한 공유재의 비극은 어떻게 해결할 수 있을까?

오스트롬은 "제도"의 중요성에 주목했다. 제도라는 것은 시간시대과 장소국가에 따라 다르지만, 특정 정책 더 나아가서는 더 좋은 국가가 될 수 있도록 만드는 정책과 그러한 사회가 되게 하려고 개인의 행동을 규제하는 모든 사회적인 틀을 의미한다.

결론적으로 말하자면 "제도를 올바르게 하는 것" 그래서 "현실 상황에 적합한 제도를 설계하고 시행하는 것"이 바로 오스트롬의 주장이다. 물론 절대적으로 올바른 제도를 만드는 것 자체가 매우 힘들고 어려운 일이며 심지어 불가능할 수도 있지만 시간과 장소, 다양한 비용과 편익의 맥락을 고려하여 '성공적'인 제도란, 무임승차와 의무태만의 유혹이 상존하는 상황에서 개인들에게 생산적 결과를 성취할 수 있도록 해주는 제도를 말하는 것이다. 즉, 맥락상황에 맞는 제도를 형성하여 사람들을 때로는 규제하기도 하며, 그 제도적 틀 안에서 협력적 결과가 발생할 수 있도록 한다면 공유재의 비극은 해결될 수 있다고 주장하였다Elinor Ostrom, 2010: 42-43.

입체적 제도분석모형의 학술적 기여

오스트롬은 특히 공유지의 비극문제를 해결하기 위해서 필요한 유인 구조와 상황에 대한 연구를 진행하였는데, 개인들이 직면하는 여건, 개인의 합리성 정도, 학습과정 등에 대한 명시적인 가정을 설정하고 이러한 조건하에서 개인들의 최선책을 연역적 분석을 통하여 예측하고자 하였는데, 이것을 IAD모형Institutional Analysis & Development Framework이라고 한다.

그 구조를 살펴보면, 첫 번째로 개인행동에 대한 성질로 공공재인가 사적재화인가에 따른 물리적 속성Physical attributes, 두 번째로 행동의 장에 사용되는 정책과 법률과 같이 참가자의 범위, 자격 권한 및 개인의 보상함수 등에 영향을 미치는 규칙적 속성Rule attributes, 마지막으로 개인들의 유인 구조에 영향을 미치는 구성원이 속한 공동체의 규범적 속성Community attributes이 결합하여 행위의 상황에 영향을 미친다고 보았다. 한편 분석의 수준에 따라 제도분석은 달라지는데, 운영 차원Operational level, 집단선택 차원Collective choice level, 헌법 차원Constitutional level 등 세 차원으로 나누어서 분석을 달리 하였다. 이처럼 물리적 속성, 규칙적 속성, 규범적 속성, 그리고 운영 차원, 집단선택 차원, 헌법적 차원에 따라 행위자의 행동 및 상호작용 패턴은 달라지고 그에 따른 정책의 결과도 달라진다고 보았다.

말하자면, 제도분석모형IAD에서 가장 중요한 단어는 바로 "제도", "규칙", "규범"인데, 사람들이 공공재에 대하여 어쩔 수 없이 가지는 무임승차에 대한 유혹물리적 속성을 방지할 수 있는 방법이 바로 "제도"라는 것이다. 따라서 사람들이 공통의 가치와 자원 및 이익을 공유하거나 혹은 사람들 간의 원활한 상호작용을 위해서 '규칙'을 개발할 필요가 있다는 것이다.

종합하면, 오스트롬은 공공재에 대하여 공유지의 비극이 나타나는 것에 대하여 고민하고, 그것을 어떻게 하면 해결할 수 있을까? 하는 문제에 대해 입체적 모형을 제시했고, 기존의 정부와 시장 중심의 이분법을 뛰어넘어 자발적 협력을 통해 새로운 입체적 대안을 제시했다는 점에서 크게 인정받았다. 그리고 이러한 학술적 공헌은 노벨 경제학상 수상으로까지 이어졌다.

현대적 정책모형: 모형과 모형의 융합발전

현대적 정책모형은 앞에서 제시한 모형들 간의 융합발전으로 이어지고 있다. 여기에서는 먼저 1) 킹돈J. Kingdon의 정책흐름모형MSF: Multiple Stream Framework을 발전시킨 자하리아디스Zahariadis, 호울렛Howlett, 헤르웨그Herweg모형과 버크랜드Birkland의 학습모형을 살펴 본 후, 2) 킹돈J. Kingdon의 정책흐름모형MSF: Multiple Stream Framework[6]과 사바티어P. Sabatier의 정책지지연합모형ACF: Advocacy Coalition Framework을 융합한 ACF+MSF, 3) 더 나아가 무씨아로니G. Mucciaroni의 이익집단위상변동모형ICF: Interest Group Standing Change Framework까지 융합한 ACF+MSF+ICF와 함께, 4) 다층적 거버넌스 모형Three Action Levels of Governance 등에 대해서 검토하기로 한다.

정책흐름모형의 수정발전

Zahariadis의 다중흐름모형

개념 및 의의

자하리아디스Zahariadis2003, 2007의 다중흐름모형은 킹돈Kingdon의 정책흐름모형을 수정·발전시킨 정책변동 모형이다.[7] 킹돈Kingdon이 제시한 정책흐름모형은 보건, 교통 정책에서의 의제설정에 관한 논의였으나, 그 이후 많은 연구에서 정책흐름모형은 의제설정뿐만 아니라 정책결정에 이르기까지 확대한 모형들이 많이 제시되었다. 가령, 호울렛Howlett 등2015은 킹돈Kingdon 모형이 의제설정단계에서만 적용된다는 한계를 지적하고, 단계모형과 흐름모형을 결합하여 정책결정단계까지 확대하는 모형을 제안하였다. 또한 헤르웨그Herweg 등2015은 자하리아디스Zahariadis 모형을 바탕으로 하면서도 의제설정과 정책결정을 결합하는 모형을 제안하였다. 정책의 창을 두 개로 구분하고 의제설정과 정책결정을 결합하는 복합모형을 제시한 것이다.[8] 다만 여기에서는 이러한 결합 형태의 최초 시발점을 제시한 연구가 자하리아디스Zahariadis였기에, 이를 필두로 하여 하나씩 검토해 보기로 한다.

자하리아디스Zahariadis는 영국, 프랑스의 민영화정책을 통해 킹돈Kingdon의 정책흐름모형인 문제의 흐름problem stream, 정치의 흐름politics stream, 정책대안의 흐름policy stream 등 세 가지 흐름 간 개념경계를 보다 명료화했다. 그리고 정책혁신가policy entrepreneur의 역할을 분명히 하면서 의제설정부터 정책결정단계까지 포괄하는 정책형성과정에 관한 일반화를 시도하였다.

방법 및 내용

자하리아디스Zahariadis모형 역시 킹돈Kingdon모형과 같이 정책문제의 흐름problem stream, 정치의 흐름politics stream, 정책대안의 흐름policy stream이 서로 독립적으로 사회에 흐르고 있다고 본다. 다만, 정책혁신가policy entrepreneur에 의하여 그것들이 결합될 때 정책의 창이 열린다고 보았다. 즉, 정책의 창이 우연한 계기로 열린다는 킹돈Kingdon의 주장과 달리, 자하리아디스Zahariadis는 정책혁신가의 문제선호에 의하여 그 결합이 촉진될 수 있다고 주장한 것이다. 이에 따라 자하리아디스Zahariadis모형은 정책문제, 정치, 정책대안의 흐름과 정책의 창, 그리고 정책혁신가의 다섯 가지 요소로 구성된다Zahariadis, 2007.

첫째, 정책문제의 흐름은 지표indicators, 초점사건focusing events, 환류feedback를 통해 정책결정자가 문제를 인식하게 된다. 지표는 어떠한 상황의 존재와 규모뿐만 아니라 변화의 범위를 평가하는 데 사용된다. 초점사건은 사람들의 관심을 곧바로 사로잡는 재난이나 사고 등을 의미한다. 환류는 정책결정이 된 이전 프로그램을 통하여 이루어지는 정책학습에 의해 다시 정책에 영향을 미친다고 보는 것이다.

둘째, 정치의 흐름은 국가의 분위기, 이익집단의 활동pressure group campaign, 정부 혹은 국회의 변화administrative or legislative turnover로 구성된다. 국가의 분위기는 꽤 많은 사람들이 때때로 분위기에 휩쓸리거나 공통된 여론에 의하여 사고하는 경향을 말한다. 이익집단의 활동으로 정치인들은 그들의 지지나 반대에 민감하다. 정부 혹은 국회의 변화가 정당 이데올로기party ideology의 변화를 유인하여 정책변동을 일으킬 수 있다.

셋째, 정책대안의 흐름은 다른 두 흐름과는 독립적이며 정책대안이 기술적 실행가능성technical feasibility과 가치수용성value acceptability, 통합integration에 의하여 정책대안이 선정된다고 본다.

이러한 세 가지 흐름들은 서로 독립적으로 사회에 흐르고 있다가 우연히 정책의 창policy windows이 열리게 된다Kingdon, 1995: 165-179. 이때 정책혁신가policy entrepreneurs는 그들의 정책선호에 따라 정책의제를 공론화하면서 자신들에게 유리한 정책대안을 결합시키려 한다.

Howlett의 다중흐름모형

개념 및 의의

호울렛Howlett 등2015은 킹돈Kingdon 모형이 의제설정단계에서만 적용된다는 한계를 지적하고, 단계모형과 흐름모형을 결합하여 정책결정단계까지 확대하는 모형을 제안하였다. 특히 호울렛Howlett 모형은 킹돈Kingdon의 세 흐름을 토대로 다섯 흐름 모형을 제시했다는 점에서 의의가 있으며, 이를 통해 의제설정단계와 정책결정단계를 종합적으로 포괄하는 모형을 제시하였다.

방법 및 내용

호울렛Howlett 모형은 의제설정단계와 정책결정단계를 통합하였다. 킹돈Kingdon의 세 흐름을 토대로 하되, 합류 지점 1은 의제설정단계에서 문제, 정치, 정책 흐름의 세 흐름이 합쳐지는 지점이다 〈그림 4-1〉 참조.

그림 4-1 Howlett의 다중흐름모형: 다섯 흐름 모형

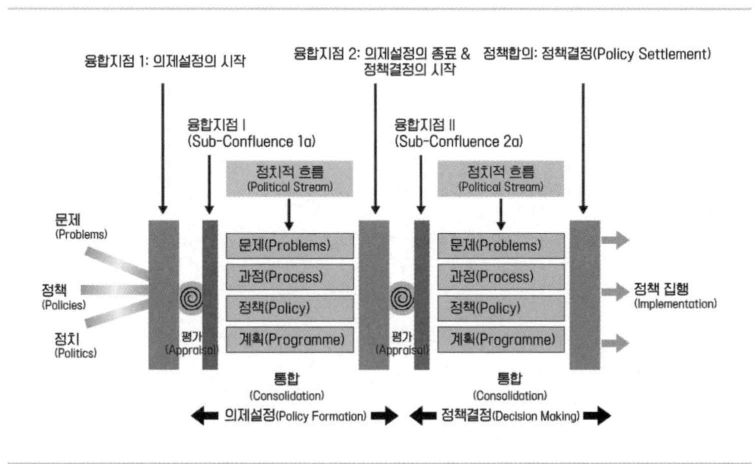

자료: Howlett, M et al(2015: 427).

이 지점은 정책 형성policy formation의 시작점으로서, 이곳에서 초기 전략적 평가가 이루어진다. 이 평가가 끝나는 지점은 하위 융합 지점 I_{1a}로 표시하고, 이 지점에서는 기존의 세 흐름 이외에 과정 흐름process stream과 계획 흐름programme stream이 추가되어 다섯 흐름 모형이 된다. 한편 의제설정이 종료된 이후에는 정책평가 단계가 뒤따르며, 이러한 평가단계는 하위 융합 지점 II_{2a}로 종결되고, 이는 최종적인 정책합의policy settlement에 이르게 된다. 종합하면, 의제설정단계와 정책결정단계를 나누고, 앞의 것은 I_{1a}로 합류하고 뒤의 것은 II_{2a}로 합류하는 등 2개의 정책과정이 병렬적으로 진행된다. 특히 이 과정에서 기존의 세 흐름에 더해 과정 흐름과 계획 흐름을 추가하여 다섯 흐름으로 모형을 완성하였다.

호울렛Howlett 모형은 의제설정단계와 정책결정단계를 통합하였다는 데 의의가 있으나, 다소 복잡하여 간명성rule of parsimony이 떨어진다. 또한 자하리아디스Zahariadis가 제시한 정책혁신가policy entrepreneurs의 역할이 잘 나타나지 않는다는 비판이 있다.

Herweg의 다중흐름모형

개념 및 의의

헤르웨그Herweg 등2015 역시 자하리아디스Zahariadis 모형을 바탕으로 하면서도 의제설정과 정책결정을 결합하는 모형을 제안하였다. 정책의 창을 두 개로 구분하고 의제설정과 정책결정을 결합하는 통합모형을 제시한 것이다. 즉, 의제설정의 창과 정책결정의 창을 두 개로 구분하여 통합흐름모형을 제시하는 한편, 호울렛Howlett 모형이 받았던 비판점을 보완하여 정책혁신가의 역할을 분명하게 하였다.

방법 및 내용

헤르웨그Herweg 모형 역시 의제설정단계와 정책결정단계를 통합하였다. 특히 의제설정단계에서 발생되는 기회의 창을 의제설정의 창agenda window, 정책결정단계에서 발생되는 기회의 창을 정책결정의 창decision window으로 구분하는 한편, 의제설정단계에서 활동하는 정책행위자를 정책혁신가policy entrepreneurs, 정책결정단계에서 활동하는 정책행위자를 정치혁신가political entrepreneurs로 구분하였다.

그림 4-2 Herweg의 다중흐름모형: 두 단계 통합흐름모형

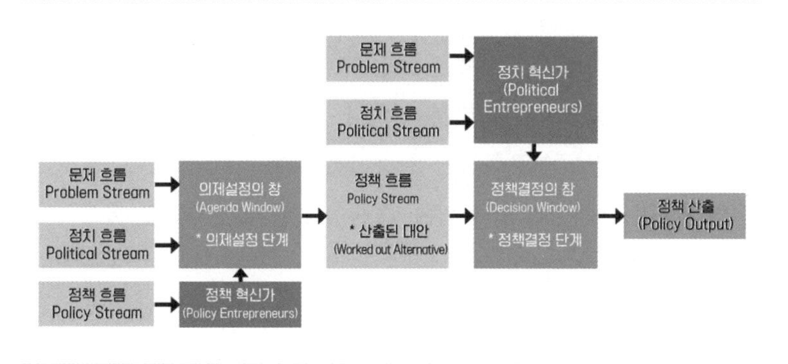

자료: Herweg, N et al(2015: 445).

헤르웨그Herweg 모형 역시 의제설정단계와 정책결정단계를 통합했다는 장점이 있으나, 이 역시 두 개의 과정을 통합하는 과정에서 간명성rule of parsimony이 떨어진다. 또한 모든 정책 이슈들이 의제설정의 창agenda window과 정책결정의 창decision window으로 구분되는 것도 아니며, 따라서 정책혁신가policy entrepreneurs와 정치혁신가political entrepreneurs가 항상 존재해야 하는 것도 아니기에 현실성이 떨어진다는 비판이 있다.

하지만, 호울렛Howlett 모형이나 헤르웨그Herweg 모형 모두 의제설정단계와 정책결정단계를 통합했다는 점에서 그리고 정책현상을 설명하려는 다양한 시도를 했다는 점에서 의의를 찾을 수 있다.

Birkland의 정책학습모형

개념 및 의의

정책학습은 정책과 관련된 이해관계자들이 정책문제를 지각하고 해석하고 정의하는 과정에서 경험으로부터 학습을 하고, 교훈과 지식을 습득하며, 믿음과 지각을 변화시켜 좀 더 세련된 정책을 산출해 나가는 과정이다.[9] 버크랜드Birkland의 정책학습모형은 자연재해나 테러 같이 급격하고, 국민들의 관심이 초점이 되는 재난상황을 정책변동모형으로 만든 것이다. 정책실패와 정책학습에 대해 재난을 사례로 연구하면서 초점사건focusing event을 매우 중요하게 다뤘으며, 특히 이와 관련된 정책학습을 구체적으로 제시하였다Birkland, 2006:15.

킹돈Kingdon모형에서는 극적 사건 혹은 정치적 사건과 같은 점화장치가 교통 및 보건정책의 의제설정agenda setting에 있어서 중요하게 다루어졌다면, 버크랜드Birkland모형에서는 초점사건의 전후에 발생하는 재난사건 전개의 흐름을 좀 더 집중적으로 검토하는 한편, 이를 정책학습수단적 학습, 사회적 학습, 정치적 학습과 연계하여 구체화시켰다는 점에서 그 의의를 찾을 수 있을 것이다.

방법 및 내용

버크랜드Birkland의 사건중심 정책변동모형은 초점 사건focusing event의 발생, 의제에 대한 관심 증가increased agenda attention, 집단동원group mobilization, 아이디어 논쟁discussion ideas, 신규정책 채택new policies adopted, 사회적 학습social learning 등으로 구성된다. 분석모형을 각 단계별 요소에 따라 설명하면 다음과 같다.

첫째, 사회적 주목을 받는 초점사건이 발생하면 언론, 정부, 의회, 시민단체들은 사회적 사건의 의제에 대한 관심이 증가할 것이다.

둘째, 정책의제에 대한 관심이 증가하면 대통령, 정부, 의회, 정책공동체 등 사회 내의 다양한 집단들이 관련 의제에 관한 기존의 정책실패에 대한 변화와 문제해결을 요구하고 동원될 것이다. 그러나 집단동원이 이루어지지 않으면 학습이 거의 이루어지지 않거나 또는 전혀 없을 것이다.

셋째, 새롭게 발생한 정책의제 해결을 위해 집단이 동원되면 동원된 집단들은 다양한 정책아이디어를 제시할 것이다. 초점사건에서 나타난 기존의 정책에 대한 실패를 진단하고 이를 해결하려고 정책개발 및 수정을 위해 격렬한 아이디어 논쟁이 이어질 것이다. 그러나 이들 집단에 의한 아이디어 논쟁이 일어나지 않으면 새로운 정책은 채택되지 않으며, 그럼에도 불구하고 새로운 정책이 채택되었다면 이는 학습 없는 미신적 학습 또는 모방학습일 것이다. 그러나 미신적 학습의 경우라도 미래 정책결정을 위한 학습누적은 가능할 것이다.

넷째, 동원된 다양한 집단들에 의한 아이디어 논쟁의 결과로 정책실패가 파악되고 이를 개선하기 위해 규제적이건, 법적이건 새로운 정책변화가 나타날 것이다. 정책변화가 이루어지지 않았더라도 정치적 또는 사회적 학습은 가능할 것이다.

다섯째, 정책변화가 일어나 신규 정책이 채택되면 수단적 학습 또는 사회적 학습이 가능하게 된다. 그리고 이전 사건들로부터 경험이 축적되어 새로운 초점사건의 발생 시 정책의제에 대한 관심증가로 이어질 것이다.

현대모형들의 융합발전

MSF + ACF 융합모형

개념 및 의의

MSF + ACF 융합모형은 정책흐름모형MSF[10]과 정책지지연합모형ACF의 융합모형이다. 정책이 문제, 대안, 정치의 흐름으로 흐르고 있다가 초점사건이 발생하여 정책의 창이 열리지만, 이때 정책지지연합과 반대연합으로 나뉘어져 정책내용을 놓고 힘겨루기를 하다가 어느 한 쪽이 우세한 방향으로 정책내용이 결정되는 형태이다.

다음 그림을 보라. 이는 MSF + ACF 융합모형을 정책단계 위에 제시하였다. 왼쪽에 킹돈J Kingdon의 정책흐름모형이 제시되어 있고, 세 흐름이 초점사건을 통해 결합coupling이 되면 정책의 창policy window이 열린다. 이때 정책을 지지하는 지지연합과 반대연합의 힘겨루기가 발생하는데, 그 힘의 원천은 신념, 자원, 학습이다. 그러면서 시간이 T1, T2 등으로 흘러간다. 어떤 정책은 성공하고 어떤 정책은 실패한다. 실패한 정책은 다시 학습되어 변동으로 환류된다. 이 융합모형의 특징은 정책흐름모형MSF, 정책지지연합모형ACF 뿐만 아니라 라스웰의 정책 단계모형stage model이 함께 고려되어 있다는 점이다. 시간의 흐름에 따라 의제설정, 정책결정, 정책집행, 정책평가 등으로 진행되며, 이때의 정책의 방향과 결과는 지지연합과 반대연합이 동원할 수 있는 신념, 자원, 학습에 달려 있다.

그림 4-3 MSF+ACF 융합모형

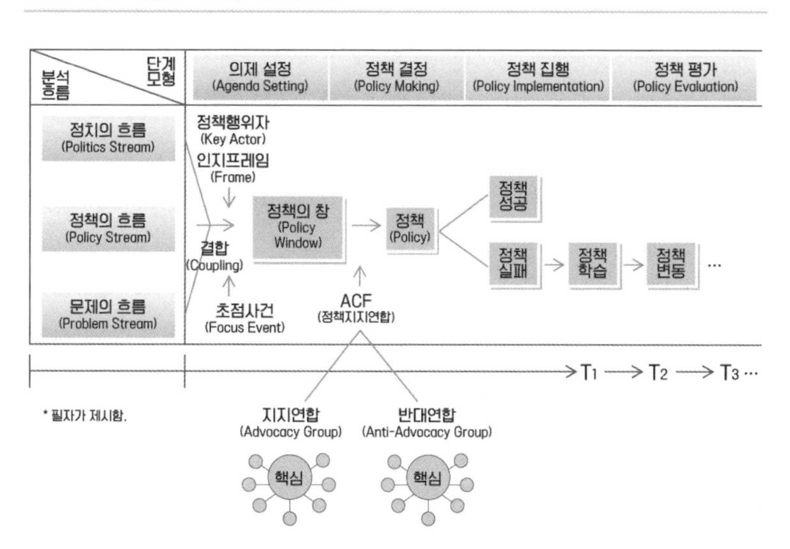

* 필자가 제시함.

여기서 한 가지 주의해야 할 점을 첨언해 두고자 한다. 모형과 모형의 융합은 가능한 일이지만, 무조건 융합해서는 안 된다는 것이다. 각 모형이 설정하고 있는 기본 전제와 가정을 충분히 감안하여 결합해야 한다. 예컨대, MSF+ACF 융합의 경우에도 정책흐름이 세 흐름으로 뚜렷하게 그리고 독립적으로 흐르고 있어야 하며, 서로 다른 이해관계로 대립되는 두 개의 세력 그룹이 존재하되, 그리고 적어도 10년 이상 장기간 해결하지 못하고 표류하는 갈등 구조가 있는 사안이어야 한다.

방법 및 내용

MSF+ACF 융합모형은 정책흐름모형MSF에서 제시하는 정책의 흐름과 함께 정책지지연합모형ACF에서 제시하는 양대 집단 간의 갈등과 타협을 모두 고려할 수 있기에 설명력이 매우 높다.

가령, 우리나라에서 아직도 표류하고 있는 동남권 신공항 건설 사례를 한번 살펴보자. 이 사례는 이명박 정부 이후 10년이 넘도록 해결되지 못하고 있다. 우리나라 부산, 울산, 경남 등 동남권의 물류 증가에 부응하는 새로운 국제공항 건설이 필요하다는 문제 제기는 오래 전부터 있어 왔다. 기존의 부산 김해공항 하나만으로는 새로운 수요에 부응할 수 없었던 것이다. 이에 부산 가덕도와 경북 밀양 신공항 건설이라는 대안을 놓고 해당 지역과 정치권은 물밑 경쟁을 치열하게 해 왔다. 이처럼 문제가 오래전부터 흐르고 있었고 정책 대안과 정치의 흐름도 모두 독립적으로 흐르고 있었다. 경북과 경남의 정치적 경쟁이 너무도 치열했기에 이명박 정부에서는 여기에 대한 결정을 보류하게 된다. 그 뒤 박근혜 정부에서도 어느 한쪽 편만을 들기는 어려워 결국 제3안, 즉 기존의 김해 공항을 확장하는 쪽으로 결론을 내린다.

이런 경우 정책흐름모형MSF으로만 분석할 것인가, 아니면 정책지지연합모형ACF을 결합한 융합모형으로 분석할 것인가?

동남권 신공항 사례의 경우에는 뚜렷한 정책의 세 흐름이 존재하면서도 동시에 경북과 경남이라는 두 세력 간의 신념, 자원, 학습의 대결과 경쟁이 뚜렷하게 존재하고 있어 융합모형의 장점이 잘 나타나는 사안이라 하겠다.

특히 이 사례의 경우 흥미로운 점은 최근 들어 기존의 결정기존의 김해공항을 확장하는 제3의 안으로 가지 않고 다시 가덕도 신공항이 힘을 받고 있다는 점이다.[11] 문재인 정부의 집권세력과 가까운 부산, 울산, 경남이 최근 다시 강력한 정치적 연합세력을 형성하여 가덕도 안을 밀어붙이고 있다는 점이다.

이처럼 신념과 정치적 자원 등으로 인해 힘이 어느 한쪽으로 기울어지는 경우는 정책흐름모형MSF은 기본으로 하더라도 정책지지연합모형ACF이라는 분석 도구가 매우 유용하다. 특히 현재 부산, 울산, 경남의 정치적 자원이 압도적이라는 관점에서 '부울경부산·울산·경남' 3자 연합의 세력의 정치적 자원이 최종 결정에 어떻게 작동할 것인지를 살펴볼 필요가 있고 이를 집중적으로 분석해야 하는 것이다.

MSF + ACF + ICF 융합모형

개념 및 의의

MSF+ACF+ICF 융합모형은 정책흐름모형MSF과 정책지지연합모형ACF에다가 이익집단위상변동모형ICF: Interest Group Standing Change Framework까지 융합한 모형이다. 정책이 문제, 대안, 정치의 흐름으로 진행되고 있는 상황에서 지지연합과 반대연합으로 나뉘어 세력경쟁을 하는 경우 정책지지연합모형ACF은 양대 집단 간 규범핵심, 정책핵심, 이차조건 등 신념, 자원, 학습에 대한 분석을 하게 된다.

하지만 이때 이익집단위상변동모형ICF은 여기에다가 분석도구를 하나 더 추가하여 이슈맥락, 제도맥락에 대해 분석한다〈그림 4-4〉 참조. 예컨대, 양대 집단에서 주장하는 이슈 중 어느 것이 더 설득력을 얻는지이슈맥락, 그리고 대통령, 여당 등 집권세력이 어느 쪽을 더 선호하고 제도적으로 지지하는지제도맥락를 추가적으로 분석하는 것이다.

그림 4-4 MSF+ACF+ICF 융합모형의 분석단위

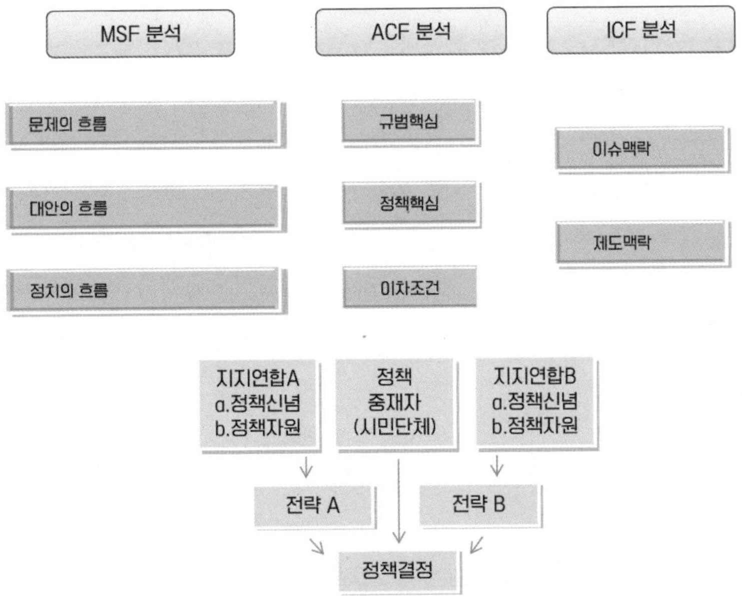

MSF 분석
ACF 분석
ICF 분석
문제의 흐름
대안의 흐름
정치의 흐름
규범핵심
정책핵심
이차조건
이슈맥락
제도맥락
지지연합A
a.정책신념
b.정책자원
정책
중재자
(시민단체)
지지연합B
a.정책신념
b.정책자원
전략 A
전략 B
정책결정

방법 및 내용

MSF+ACF+ICF 융합모형은 정책흐름모형MSF에서 제시하는 정책의 흐름과 정책지지연합모형ACF에서 제시하는 신념, 자원, 학습의 분석에다가 이익집단위상변동모형ICF: Interest Group Standing Change Framework에서 제시하는 이슈맥락, 제도맥락까지 분석하게 된다.

아래 표에서 보듯이 이익집단위상변동모형ICF은 집단의 위상을 결정함에 있어서 이슈맥락과 제도맥락이 중요하다고 본다. 그리고 그 중에서도 특히 제도맥락이 중요하다고 본다. 이슈맥락은 이슈의 내용이나 조건 면에서 어느 쪽의 주장이 더 타당하고 설득력을 얻는지를 말하며, 제도맥락은 사안 발생 당시 권력자 혹은 집권 세력이 어느 편을 지지해 주는지에 대한 분석이다. 그리고 이 둘 중에서 제도맥락이 더 중요하다고 본다. 제도맥락이 유리하면 집단의 위상은 유지되거나 상승할 수 있다. 하지만 제도맥락에서 불리하면 집단의 위상은 저하되거나 쇠락하는 것이다.

표 4-1 ICF 모형: 이슈맥락과 제도맥락의 분석

		제도맥락	
		유리	불리
이슈 맥락	유리	위상의 상승 (fortunes rose)	위상의 저하 (fortunes contained)
	불리	위상의 유지 (fortunes maintained)	위상의 쇠락 (fortunes declined)

동남권 신공항 건설 사례를 다시 한 번 살펴보자. 위에서 우리는 이 사례를 분석하기 위해서는 정책흐름모형과 함께 경북과 경남의 이해관계 충돌에 대한 분석으로 정책지지연합모형이 필요하다고 하였다. 하지만, 이 사례의 경우에는 추가적인 분석도구를 더 필요로 하고 있다. 바로 ICF모형이며, 여기에서 말하는 이슈맥락과 제도맥락이다.

가덕도 안과 밀양 안은 국민 전체의 여론 흐름에서 어디가 더 이슈 내용적으로 타당하고 설득력 있을까? 그리고 무엇보다도 정치권력을 장악하고 있는 대통령과 정부여당은 제도적인 관점에서 어느 쪽에 더 힘을 실어 줄 것인가?라고 하는 이슈맥락과 제도맥락을 분석해야 한다.

앞에서도 언급했듯이, 최근 부산·울산·경남의 3자 연합으로 인해 부산의 가덕도 안이 다시 힘을 얻고 있다고 했는데,[12] 그것은 현재의 집권 여당이 그 안을 제도적으로 지원해 주고 있기 때문이다. 말하자면, 이 사안의 경우 제도맥락이 매우 중요하게 작용하고 있는 것이다. 이처럼 사례에 따라서는 이익집단위상변동모형ICF의 분석도구를 빌려와야만 정책결정의 방향이 명확해지는 경우도 있다.

예를 하나 더 들어보자. 탈원전 사례이다. 문재인 정부는 출범 초기부터 탈원전 정책을 추진해왔다. 하지만 아직도 친원전과 탈원전에 대해서는 국민 의견도 팽팽하게 갈려있으며, 조사에 따라서는 원전을 지지하는 조사가 70% 넘게 나오기도 한다.[13] 그러면 왜 문재인 정부는 탈원전 정책을 추진하고 있을까?

이 문제 역시 킹돈J. Kingdon의 정책흐름모형MSF, 사바티어P. Sabatier의 정책지지연합모형ACF, 무씨아로니G. Mucciaroni의 이익집단위상변동모형ICF을 적용해서 설명할 수 있다. 주지하듯이, 전기는 국가의 생명줄이다. 전기 에너지 없이는 산업도 국민 생활도 돌아가지 않는다. 여름이면 냉방이 필요하고 겨울이면 난방이 필요하다. 값싼 전기를 공급해야 하는 문제는 늘 존재하고 있는 셈이다. 대안과 정치의 흐름도 존재한다. 원전을 통한 공급, 수자원이나 화력을 통한 공급, 그리고 태양광 등 신재생에너지를 통한 공급 등 정책 대안들도 각자의 장단점을 가지고 있으며, 정치권에서도 대안에 대한 선호가 명확하게 갈린다. 민주당과 정의당은 탈원전 정책을 지지하고 있고, 국민의 힘 혹은 보수야당은 친원전 정책을 주장하고 있다. 이처럼 문제의 흐름과 함께 정책대안과 정치의 흐름도 각자 존재하고 있다. 문제, 대안, 정치의 세 흐름이 존재하고, 초점사건[14]도 있는 등 여기까지만 보면 킹돈J. Kingdon의 정책흐름모형MSF이 정답인 것처럼 보인다.

하지만 이 사례의 핵심은 무엇보다도 친원전 그룹과 반원전 그룹의 팽팽한 대립이다. 이 두 그룹은 신념핵심신념, 정책신념, 이차조건, 학습이론, 자원 면에서 서로 완전히 다른 논리로 충돌하고 있다. 친원전 그룹은 원전이야말로 발전단가가 저렴하고 미세먼지·온실가스를 배출하지 않는 친환경 에너지원이라고 주장한다. 또한 외부에 알려진 위험평가는 너무 과장되어 있으며, 무엇보다도 APR-1400 등 한국형 첨단원전기술의 세계경쟁력이 높아 향후 국가발전의 핵심이라고 본다. 반면 반원전 그룹은 원전은 매우 위험하며, 건설비용이나 해체비용을 고려하면 발전단가도 결코 낮지 않으며, 독일 등 유럽 선진국들의 사례에서도 보듯이 신재생 에너지로의 전환 추세는 세계적인 흐름이라는 것이다. 이처럼 양대 그룹은 신념, 이론, 자원 면에서 서로 다른 논리로 대립하고 있어, 사바티어P. Sabatier의 ACF 모형을 통한 분석은 매우 유용해 보인다.

하지만 이것으로 끝이 아니다. 문재인 정부가 탈원전 정책을 선택한 것은 무엇보다도 대통령을 중심으로 하는 집권층의 제도적 선호 때문이다. 대통령과 집권 여당의 제도적 선호 및 지지로 인해 탈원전이 선택된 것이다. 이는 무씨아로니G. Mucciaroni의 ICF 모형을 통한 제도맥락을 분석하지 않고는 설명할 수 없는 부분이다.

동남권 신공항 문제도 그렇고 탈원전 정책도 제도맥락에 대한 분석이 매우 중요한 것으로 나타났다. 그렇다면 여기서 한 가지 의문이 떠오른다. 이 두 사례가 보여주듯이, 무씨아로니G. Mucciaroni의 ICF 모형이 항상 승리자일까?

그렇지 않다. 미국의 911테러나 세월호 참사처럼 극적 사건이 발생하는 경우는 킹돈J. Kingdon 정책흐름모형MSF의 설명력이 높다. 의약분업이나 한·양약분쟁처럼 양대 이익집단이 강렬하게 대립하는 경우에는 사바티어P. Sabatier 정책지지연합모형ACF의 설명력이 높다. 하지만 동남권 신공항 문제라든지 탈원전 정책처럼 대통령 등 핵심 집권세력이 첨예한 관심을 보이는 경우에는 무씨아로니G. Mucciaroni의 이익집단위상변동모형ICF의 설명력이 높게 나타나게 되는 것이다. 말하자면, 대통령을 포함한 집권여당의 관심도에 따라 달라지는 것이다. 한·양약 분쟁처럼 한의사 그룹과 양의사 그룹이 대립하는 사회 집단 간 갈등의 경우에는 대통령이 섣불리 나설 필요가 없을 것이다.

이처럼 모형의 강점은 정책 사안에 따라 다르게 나타난다. 따라서 모형 융합의 필요성도 사안에 따라 다른 것이다. 기존의 모형 하나로는 설명력이 부족할 경우 다른 모형을 융합하여 예측할 필요가 있지만, 모형은 간명parsimony할 때 가장 힘이 있다는 점도 결코 잊어서는 안 된다. 모형은 모름지기 간명해야 '힘'이 있는 것이다. 또한, 다른 모형을 빌려다가 융합하더라도 단순한 절충주의折衷

主義, eclectics에 빠져서는 안 된다. 정책모형을 합칠 경우에는 분명한 이유와 근거를 제시해야만 한다. 각 모형의 논리와 전제를 명확하게 파악한 후 조심스럽게 접근해야 하는 것이다.

다층적 거버넌스 모형

개념 및 의의

다층적 거버넌스 모형은 Hupe & Hill2005의 "거버넌스의 삼층구조분석Three Action Levels of Governance"이라는 논문에서 제시되었다. 그들은 라스웰이 제시한 선형적 단계모형의 한계를 지적하고, 이를 입체적으로 보완하는 모형을 제안하였다. 특히 오스트롬이 제시한 IAD 모형을 기본 토대로 삼아 입체적 거버넌스 모형을 제시했다.

방법 및 내용

Hupe & Hill2005은 오스트롬의 IAD 모형을 빌려와 운영 수준, 집단 선택 수준, 헌법 수준에 상응하는 거버넌스 모형을 제시했다. 그리고 이를 운영적 거버넌스, 명령적 거버넌스, 구성적 거버넌스라고 불렀다. 또한 린Lynn, 1981의 게임이론의 비유를 빌려와 운영적 거버넌스를 하위 게임, 명령적 거버넌스를 중간 게임, 구성적 거버넌스를 상위 게임이라고 명명했다. 그리고 운영적 거버넌스에서 필요한 것은 집행 분석, 명령적 거버넌스에서 필요한 것은 정책결정 분석, 구성적 거버넌스에서 필요한 것은 체제 분석이라고 하였다.

표 4-2 입체적 정책과정 모형: 다층적 거버넌스

게임이론 Lynn(1981)	제도분석 수준(rational choice) Kiser and Ostrom(1982); Ostrom(1999)	다중적 단계 (multiple stages Parsons, 1995)	다중적 거버넌스 (multiple governance) (Hill and Hupe, 2002)
상위 게임 (High game)	헌법 수준 (Constitutional level)	체제 분석 (Meso analysis)	구성적 거버넌스 (Constitutive governance)
중간 게임 (Middle game)	집단 선택 수준 (Collective choice level)	정책결정 분석 (Decision analysis)	명령적 거버넌스 (Directive governance)
하위 게임 (Low game)	운영 수준 (Operational level)	집행 분석 (Delivery analysis)	운영적 거버넌스 (Operational governance)

출처: Peter L. Hupe and Micheal J. Hill, "The Three Action Levels of Governance" 24쪽 인용.

표 4-3 다층적 거버넌스 모형: 분석 단위와 행동 수준

분석 단위 (Level of analysis)	행동 수준(Action levels)		
	구성적 거버넌스 (Constitutive Governance)	명령적 거버넌스 (Directive Governance)	운영적 거버넌스 (Operational Governance)
체제 (System)	제도 디자인 (Institutional design)	전반적인 규칙 설정 (General rule setting)	전략 관리 (Managing trajectories)
조직 (Organization)	상황 맥락 개발 (Designing contextual relations)	상황 맥락 관리 (Context maintenance)	관계 관리 (Managing relations)
개인 (Individual)	전문적인 규범 개발 (Developing professional norms)	상황에 따른 규칙 적용 (Situation bound rule application)	연락 관리 (Managing contacts)

출처: Peter L. Hupe and Michael J. Hill, "The Three Action Levels of Governance" 23쪽 인용.

Hupe & Hill2005은 다층적 거버넌스에서 필요한 것은 운영적 거버넌스, 명령적 거버넌스, 구성적 거버넌스라고 보았다. 운영적 거버넌스의 경우 개인에게 필요한 것은 연락 관리이며, 조직 단위에서 필요한 것은 관계 관리, 체제 단위에서 필요한 것은 전략 관리이다. 명령적 거버넌스의 경우 개인에게 필요한 것은 상황에 따

른 규칙 적용이며, 조직 단위에서 필요한 것은 상황 맥락 관리이며, 체제 단위에서 필요한 것은 전반적인 규칙 설정이다. 그리고 마지막으로 구성적 거버넌스의 경우 개인에게 필요한 것은 전문적인 규범 개발이며, 조직 단위에서 필요한 것은 조직의 상황 맥락이며, 체제 단위에서 필요한 것은 제도 디자인이다.

요약하면, Hupe & Hill2005은 라스웰의 선형적 단계모형을 입체적으로 발전시켰으며, 현실에서 발생하는 다층적 형태의 거버넌스 모형을 제시하였다. 또한 단순한 가설의 형태를 넘어 개념과 분석의 틀framework을 제시하고, 그것이 다시 모형model과 이론theory으로 발전할 수 있는 기반을 마련하였다.

결어: 라스웰 모형의 입체적 진화 및 융합

여기에서는 라스웰의 고전적 정책모형에서 제시한 의제설정-정책결정-정책집행-정책평가라는 선형모형이 지니는 한계를 살펴보았다. 그리고 그 보완적 사유의 연장선상에서 다양한 형태의 입체적 동태모형에 대해서 고찰했다.

문제흐름-정책흐름-정치흐름을 제시한 킹돈J. Kingdon의 정책흐름모형, 외부요인-내부요인, 역동적 요인-안정적 요인, 신념-자원-학습의 동태적 구조를 보여준 사바티어P. Sabatier의 정책지지연합모형, 합리적 행위자-조직과정-관료정치의 3단계 렌즈를 보여준 앨리슨G. Allison의 정책결정모형, 물리적 속성-규칙적 속성-규범적 속성의 구조 하에서 운영 차원-집단선택 차원-헌법 차원의 분석의 수준을 입체적으로 보여준 오스트롬E. Ostrom의 제도분석모형을 살펴보았다.

현대적 정책모형은 이러한 모형들 간의 융합을 통해 더욱 입체적으로 발전하고 있다. 예컨대, 킹돈J. Kingdon의 정책흐름모형MSF: Multiple Stream Framework을 발전시킨 자하리아디스Zahariadis, 호울렛Howlett, 헤르웨그Herweg 등의 다중흐름모형과 버크랜드Birkland의 학습모형이 있다. 킹돈Kingdon이 제시한 정책흐름모형은 원래 보건, 교통 정책 분야에서의 의제설정에 관한 논의였으나, 그 이후 의제설정뿐만 아니라 정책결정까지 결합하여 일반화했으며, 정책혁신가의 역할을 분명하게 정립한 것이다.

한편 이들 모형 간의 융합을 통해 정책모형을 보다 입체적으로 정립하려는 동향도 있었다. 예컨대, 정책흐름모형MSF: Multiple Stream Framework과 정책지지연합모형ACF: Advocacy Coalition Framework을 결합한 MSF+ACF 융합모형, 그리고 무씨아로니G. Mucciaroni의 이익집단위상변동모형ICF: Interest Group Standing Change Framework까지도 함께 결합한 MSF+ACF+ICF 융합모형, 그리고 다층적 거버넌스 모형Three Action Levels Governance 등이 있었다.

이처럼 정책모형 간 다양한 형태의 융합은 필요한 일이다. 다만 주의해야 할 것은, 앞에서도 언급했듯이, 다른 모형을 추가로 결합할 경우 설명력이 늘어나긴 하겠지만, 이는 '간명주의 원리'rule of parsimony에 반하는 일이라는 점이다. 또한 모형의 성립은 원래 서로 다른 가정과 전제하에서 이루어지는 것이기에 본래 각각의 모형은 결합의 대상이라기보다는 대립적 검증의 대상이라는 점도 명심해야 하겠다.

하지만, 이러한 기본적 주의사항을 전제로 하되 조심스럽게 모형을 결합하고 새로운 검증을 시도하는 것은 막을 수 없다. 아니 오히려 권장할 만하다. 미래의 정책현상이 점점 더 복잡해지고 있고 다양한 형태의 '사악한 문제wicked problem'들이 대두되고 있는 현대 정책학에서 정책현실을 보다 과학적이고 체계적으로 서술, 설명, 예측하려는 노력은 다양하게 장려되어야 하기 때문이다.

PART V

정책학의 융합

융합이란 무엇인가?

융합이라는 단어의 사전적 의미는 "둘 이상의 사물을 서로 섞거나 조화시켜 하나로 합하는 것"이다. 그리고 "이를 통해 함께 성장하는 것"이다.

현대 국정관리의 화두는 융합과 통섭이다. 과거 발전행정 시대의 전통적 행정학이 엄격한 계층제의 원리였다면, 현대 거버넌스 시대의 현대 행정학은 신뢰와 네트워크의 원리를 토대로 한다. 상의-하향 형태의 국가 능률지상주의가 아닌 네트워크 형태의 참여와 융합을 지향한다.

라스웰H. Lasswell, 1951, 1970, 1971, 드로어Y. Dror, 1970, 얀취E. Jantsch, 1970로 이어지는 정책학의 주류적 관점도 융합을 옹호한다.

정책학의 창시자 라스웰1951, 1970은 정책학은 과정process과 내용content의 완성을 통해 사회의 민주적 가치 실현을 추구해야 하며, 이를 위해서는 다양한 학문들의 융합과 학제적 접근이 필요하다고 보았다Lasswell, 1970: 11-15. 드로어Y. Dror, 1970, 얀취E. Jantsch, 1970 역시 마찬가지로 연합 학문적 융합과 통섭을 강조했다.

정책학은 미래의 정책을 탐구하는 학문이며 미래의 대안을 창조하는 학문이다. 따라서 정책학은 결국 사회적이고 창조적인 과정이다. 정책학은 국가의 성공에 도움이 되는 새로운 지식과 창조적 대안을 개발하고 융합한다. 이를 위해 정책학은 모형이라는 도구를 창조하여 사회현상을 과학적으로 설명하고 예측하며, 이 과정에서 모형과 모형 간의 융합도 시도한다.

앞에서도 보았듯이, 킹돈J. Kingdon의 MSF모형과 사바티어P. Sabatier의 ACF모형이 융합하고, 더 나아가 무씨아로니G. Mucciaroni의 ICF모형까지도 융합하였다. 또한 킹돈J. Kingdon의 정책흐름모형을 더욱 발전시킨 자하리아디스Zahariadis, 2003, 2007, 호울렛Howlett, 헤르웨그Herweg, 그리고 버크랜드Birkland 모형 등이 모두 융합연구의 대표적 사례들이다.

이제 아래에서는 초점을 바꾸어 경제학, 심리학, 그리고 인문학과의 융합문제를 고찰해 보기로 하자. 먼저, 정책학과 행동경제학, 긍정심리학, 창조심리학의 융합 문제를 살펴보고, 더 나아가 정책학과 자유, 실존, 자아, 향상심, 전체주의, 휴머니즘 등 인문학과의 융합을 살펴보기로 하자.

정책학과 행동경제학

행동경제학이란 무엇인가?

행동경제학行動經濟學, behavioral economics은 주류 경제학의 '합리적 인간'이라는 가정을 부정하고, 실제적인 인간 행동과 그 결과를 심리학, 사회학, 생리학적 배경에 따라 연구하는 학문이다. 아담 스미스A. Smith이래 경제학이 많은 발전을 했지만 실제 현실과 괴리를 나타낸다는 문제의식에서 시작되었다.

이처럼 행동경제학은 주류 경제학의 기본전제인 '경제적 인간homo economicus'에 대한 의심에서 출발한다. 합리적이고, 계산적이면서 모든 정보를 가지고 대안을 고려하는 '경제적 인간'은 현실에선 존재하지 않는다. 주류경제학은 인간이란 변수를 모형 바깥에 두고 분석모형에 계측 가능한 경제변수로만 국한시킴으로써 인간의 행동을 설명하는 데 많은 한계를 노출했다.[1]

반면 행동경제학에선 인간의 합리성은 제한적이며, 실제 행동은 확증편향確證偏向, confirmation bias을 포함한 다양한 편향으로 인해 각종 오류를 낳는다고 봤다. 초창기에 '이것은 경제학이 아니다'란 혹평을 들었던 행동경제학이 이젠 주류를 바꿔가고 있다. 2002년 대니얼 커너만에 이어 리처드 탈러Richard H. Thaler 시카고대 교수가 2017년 노벨 경제학상 수상자로 선정된 것도 같은 맥락이다. 스웨덴 노벨위원회는 "인간의 비이성적 측면을 심층 탐구해 경제학적 의사결정 분석 대상으로 끌어올렸다"고 선정 배경을 설명했다.[2] 그는 국내에서 베스트셀러가 된 ≪넛지Nudge≫의 공동 저자로도 유명하다. 영국 파이낸셜타임스는 리처드 탈러의 수상을 '상식의 경제학이 거둔 승리'라고 평가했다.[3]

넛지 이론의 가장 대표적인 예시로는 소변기에 파리 그림을 그려 넣은 것이다.[4] 네덜란드의 암스테르담 스키폴Schiphol 공항에서는 남자화장실에서 소변을 제대로 조준하지 못해 소변기 및 화장실이 더러워지는 문제가 심각했다. 이에 소변기 안에 파리를 그려 넣음으로써 소변기를 이용할 때 소변을 파리에 조준하게 만들어서 화장실에 청결을 유지할 수 있었다. 이는 화장실에 '소변을 튀지 않게 주의해 주세요'라고 지시적인 문구를 붙여 놓은 것보다 훨씬 효과적인 결과를 불러일으켰다는 것이다.[5]

하지만, 리처드 탈러 교수의 평생 연구는 단순히 '소변기의 파리 그림'으로 한정할 수 없는 광범위한 현실성을 지닌다. '넛지

Nudge'는 '팔꿈치로 슬쩍 찌르다'라는 뜻인데, 이처럼 부드럽게 개입하거나 인센티브를 제공하는 쪽이 경제적 변화에 보다 효과적이라는 내용의 이론이다. 리처드 탈러Richard H. Thaler는 "아이한테 몸에 좋은 과일을 먹이기 위해 햄버거 등 정크 푸드의 유해성을 강조하기보다, 아예 과일을 눈에 잘 띄는 식탁 위에 놓는 행동이 넛지이다"라고 소개했다.

넛지는 사람들에게 어떤 선택을 금지하거나 그들의 인센티브를 크게 변화시키지 않고 예상 가능한 방향으로 그들의 행동을 변화시키는 일이다. 직접 규제나 강압적 개입을 가급적 피하고 부드럽게 개입하거나 심리를 이용하여 인센티브를 제공하는 등 간접적 방식을 쓴다. "똑똑한 선택을 이끄는 힘이나 유도"가 넛지이다. 옆구리를 툭 건드려 원하는 방향으로 이끌어내는 방식이라는 것이다.

하지만 이처럼 긍정적으로만 보이는 넛지 이론에 대한 비판도 존재한다.

직접적인 조종은 아니지만 특정한 방식을 활용하여 인간의 행동을 유도한다는 점, 자신도 모르게 한 선택이 넛지 이론에 입각한 것이라는 것을 알았을 때의 효과 감소, 그리고 이를 악용하는 경우에 대한 비판이 있다.

의의 및 내용

행동경제학은 주류 경제학이 추구하는 계량모형에만 집착하지 않는다. 오히려 허버트 사이몬Herbert Simon이 말한 인간의 '제한된 합리성'과 같은 심리를 깊이 파고들어 행동을 예측하고, 이를 제도와 정책에 반영하여 세상을 흥미롭게 변화시키고자 한다. 이 점에서 행동경제학은 정책학과 매우 밀접한 관련성을 갖는다. 무엇보다도 허버트 사이몬은 행정학에서 말하는 행태주의정치행정 새이원론[6]를 대표하는 학자이며, 만족모형과 제한된 합리성[7]의 창시자로서 우리 정책학자들 귀에 매우 익숙한 학자이다. 그 역시 노벨 경제학상 수상자였다.

인간의 심리적 행동 예측을 '제도와 정책에 반영'한다는 것이 핵심이다. 말하자면 인간의 행동양식에는 비합리적 측면이 있으며, 무심코 선택하는 인간의 심리행태를 깊이 연구하면 공중보건, 비만방지, 흡연규제, 교통안전 등 광범위한 정책 영역에 접목시킬 수 있다는 것이다. 행동경제학은 국가개입 만능주의에 빠진 한국사회에도 적용가능성이 크다. 한국의 정치인과 관료는 국민을 상대로 엄벌, 단속, 발본색원 등 무엇이든 규제와 처벌로 해결하려 든다.[8] 더 나아가 경제문제는 정치실패와 이념과잉으로 인해 더욱 꼬이고 있다. 리처드 탈러Richard H. Thaler가 "잘못된 설계에 대한 최선의 안전장치는 '선택의 자유'를 부여하는 것"[9]이라며 과잉개입을 경고한 것을 귀담아들을 필요가 있다.

또한, 2008년 금융위기가 닥친 것은 부분적으로 사람들이 자신이 맺은 계약에 대해 거의 이해하지 못했으며, 그러한 무지를 이용당했기 때문이라는 것이 행동경제학자의 주장이다. 사전에 적절한 넛지 형식으로라도 제시되었다면 2008년의 금융위기가 없었을 것이라 말한다. 놀랍게도 금융위기가 일어나기 전 리처드 탈러Richard H. Thaler는 그의 책 『넛지』에서 사태를 예견했고, 실제 2008년 2월 금융위기가 발발하자 그의 넛지 이론은 유명해지게 된다.[10]

이론적 함의 및 전망

허버트 사이몬Herbert Simon은 정책학에서 만족모형을 제시했다. 경제학자들처럼 완전 분석적 합리성에 기초한 합리모형이 아니라, '제한된 합리성bounded rationality'에 기초한 만족모형이 정책결정모형으로 더 타당하다고 주장했다. 또한 주류 경제학에서 말하는 시장에서의 수요와 공급 못지않게 조직과 제도가 중요하므로 이들을 고려하여 인간의 행동을 예측해야 한다고 주장했다. 그는 이러한 가정에 기초한 다양한 학술연구를 한 공로로 1978년 노벨 경제학상을 수상했다. 어떻게 보면 일찍이 행동경제학의 토대를 닦은 고전적 공로자라고 볼 수 있다.

이처럼 인간은 "세상의 모든 가능성이 다 제시된 완벽한 상황에서 사는 것이 아니라 '대체로 비어있는mostly empty', 즉 사람과 사물 간의 관계가 서로 느슨하게 연결되어 있는 세상"[11]에서 산다. 모든 정보를 가지고 모든 대안을 예측하며 사는 컴퓨터와 같은 이성이 아니라 자기가 만족할 수 있는 선에서 선택하는 '제한된 합리성'으로 사는 것이다. 때로는 무의식에서 시키는 대로 때로는 자신의 감성이 끌리는 대로 사는 게 인간이다. 완벽한 합리성과 논리성보다는 현재 상황 하에서의 만족성과 충분성이 행동의 선택 논리이다. 완벽한 "최적의 알고리즘algorism이 아니라 제한된 지식과 계산능력 하에서 경험적heuristic 전략"[12]을 사용한다. 이것이 행동경제학에서 가정하는 인간의 인지적 합리성이다.

2002년 노벨 경제학상 수상자 대니얼 카너먼Daniel Kahneman의 연구 역시 이러한 사실을 뒷받침한다. 사실 그는 본격적으로 행동경제학 연구의 기둥을 세운 사람이다. 허버트 사이몬Herbert Simon이

토대를 닦았다면, 대니얼 카너먼Daniel Kahneman이 기둥을 세웠고, 리처드 탈러Richard H. Thaler는 지붕을 장식했다. 대니얼 카너먼Daniel Kahneman은 인간의 판단과 결정에 수많은 오류가 있다는 것을 밝히면서, 인간의 결정은 완전 분석적 합리성이 아니라, 주어진 상황과 인지 능력의 제한 하에서 자신에게 만족을 가져다 줄 수 있는 형태의 결정을 하게 된다고 주장했다.[13]

이러한 학술적 계보school of thought를 이어 리처드 탈러Richard H. Thaler는 마침내 넛지nudge 이론으로 행동경제학 연구의 꽃을 피웠다.[14] 요약하면, 최근의 행동경제학 연구는 인간의 제한된 합리성 혹은 인지적 합리성에 기초한 인간의 행태적 판단과 선택을 연구하고, 이를 제도와 정책에 접목시켜 세상을 변화시키려고 노력한다고 평가할 수 있겠다.[15]

결어: 정책학과 행동경제학의 융합 가능성

행동경제학은 인간의 심리행태를 깊이 연구하므로 공중보건, 비만방지, 흡연규제, 교통안전, 교육 및 광고캠페인, 도시안전설계 등 광범위한 정책 영역에 접목시킬 수 있다. 인간의 심리와 행태를 제도와 정책에 반영하는 것이다. 구체적으로 사람들은 왜, 그렇게 행동하는가? 그리고 그들은 어떤 상황에서 만족하는가? 등에 대한 깊이 있는 연구를 통해 시민행동경제학자들은 이를 '선택설계자'라고 표현한다들의 행동을 예측하고, 이를 실제 제도와 정책에 접목하려고 한다.

행동경제학에서 연구한 선행연구와 이들이 기초한 연구 설문 도구를 한번 간략히 살펴보기로 하자.

표 5-1 넛지 이론의 연구 설계 및 설문 도구

<table>
<tr><th>연구</th><th>항목</th><th>문항</th></tr>
<tr><td>Cass R. Sunstein (2015)</td><td rowspan="2">5점 척도 혹은 7점 척도 사용</td><td>① 연방정부는 체인 레스토랑에 칼로리 라벨 부착을 권고한다(맥도날드 혹은 버거킹 등).</td></tr>
<tr><td>Cass R. Sunstein, Lucia A. Reisch & Julius Rauber (2018)</td><td>② 연방정부는 식품에 대해 "교통 신호등" 시스템을 권고하는데, 이 시스템은 건강에 좋은 식품은 작은 녹색 라벨, 건강에 유해한 식품에 작은 빨간 라벨을 부착한다. 중간적인 식품은 작은 노란색 라벨을 부착하여 판매하도록 한다.
③ 연방정부는 전기 생산자가 고객을 자동으로 " 친환경 " (환경 친화적) 에너지 공급자에 등록하도록 하고(강제는 아님) 만일 고객이 계약을 해지할 경우 이를 탈퇴할 수 있도록 한다.
④ 주정부는 사람들이 운전면허를 취득할 때 장기 기증자가 되고 싶은지 말하도록 권고한다.
⑤ 주정부는 모든 대형 식료품점들이 눈에 잘 띄는 곳에 가장 건강에 좋은 음식을 배치하도록 권고한다.
⑥ 연방정부는 주의 산만 운전과 관련된 사망과 부상을 줄이기 위해 사람들이 운전 중에 문자, 이메일 또는 휴대폰으로 통화하는 것을 막을 필요가 있는데, 이를 위해 고안된 생생하고 때로는 그래픽적인 이야기와 이미지로 구성된 공교육 캠페인을 채택한다.
⑦ 연방정부는 아동 비만을 줄이기 위해 부모들이 자녀들을 위해 더 건강한 선택을 할 수 있는 정보로 구성된 공교육 캠페인을 채택한다.
⑧ 연방정부는 영화관에 사람이 담배를 피우거나 과식하지 못하도록 하는 간접 광고(사람들이 의식적으로 인식하지 못하도록 광고를 빨리 보내는 기법)를 권고한다.
⑨ 연방정부는 항공사들이 탄소배출량을 줄이기 위해 특정 금액을 부과할 것을 요구하고 있다(항공권당 약 10유로). 이 프로그램에 따르면 사람들은 지불을 원하지 않는다고 명시적으로 말할 경우 지불을 중단할 수 있다.
⑩ 연방정부는 "이 제품에는 비정상적으로 높은 수준의 소금이 들어 있어 건강에 해로울 수 있다"와 같이 비정상적으로 높은 소금이 들어 있는 제품에 대한 라벨을 권고한다.
⑪ 연방 정부는 사람들이 세금환급을 받을 수 있다면 50유로 정도는 적십자사(또는 다른 좋은 목적으로)에 기부할 수 있다고 가정한다. 하지만 납세자가 명시적으로 기부를 원하지 않는다고 말하면 중단할 수 있다.
⑫ 연방정부는 사람들이 흡연과 과식을 하지 않도록 하기 위해 공공 교육 광고를 상영할 수 있도록 영화극장에 권고한다.
⑬ 연방정부는 대형 전기 사업자에게 자동으로 소비자를 "녹색"(환경적으로) 에너지 공급자에 등록하고, 원하는 경우 이를 거부할 수 있도록 한다.</td></tr>
</table>

연구	항목	문항
Cass R. Sunstein, Lucia A. Reisch & Julius Rauber (2018)	5점 척도 혹은 7점 척도 사용	⑭ 연방정부는 증가하는 비만 문제를 막기 위해 대형 슈퍼마켓 체인점에 계산대 근처에는 단 것을 두지 않도록 권고한다. ⑮ 연방정부는 공공 보건과 기후 변화 보호를 위해 공공기관(공립학교, 행정기관 등)의 구내식당에 1주일에 1회 고기 없는 날을 갖도록 권고한다.
Lucia A. Reisch, Cass R. Sunstein, Wencke Gwozde (2016)	공공교육 메세지	① 연방정부는 아동 비만을 줄이기 위해 부모들이 자녀들을 위해 더 건강한 선택을 할 수 있는 정보로 구성된 공교육 캠페인을 권고한다. ② 연방정부는 영화관에 개인이 흡연과 과식을 하지 않도록 하기 위해 고안된 공교육 메시지를 상영할 것을 권고한다.
	규정된 정보의 넛지	① 연방정부는 체인 레스토랑에 칼로리 라벨 부착을 권고한다(맥도날드 혹은 버거킹 등). ② 연방정부는 "이 제품에는 비정상적으로 높은 수준의 소금이 들어 있어 건강에 해로울 수 있다"와 같이 비정상적으로 높은 소금이 들어 있는 제품에 대한 라벨을 권고한다. ③ 연방정부는 식품에 대해 "교통 신호등" 시스템을 요구하는데, 이 시스템은 건강에 좋은 식품은 작은 녹색 라벨, 건강에 좋지 않은 식품은 작은 빨간 라벨을 부착한다. 중간적인 식품은 노란색 라벨을 부착하여 판매하도록 한다.
	기본 규칙과 양식	① 주정부는 모든 대형 식료품점들이 눈에 잘 띄는 곳에 가장 건강에 좋은 음식을 배치하도록 권고한다.
	선택 편집	① 연방정부는 공공 보건과 기후 보호를 위해 공공 기관(공립학교, 지자체, 행정기관 등)의 구내식당에 1주일에 1회 고기 없는 날을 갖도록 권고한다.
	간접 광고	① 연방 정부는 영화관에 사람이 담배를 피우거나 과식하지 못하도록 하는 간접 광고(사람들이 의식적으로 인식하지 못하도록 광고를 빨리 보내는 기법)를 권고한다.

이처럼 넛지이론의 연구 도구는 시민의 행동에 관하여 질문하고 있다. 이는 심리적 작은 징표가 행동 결과에 영향을 미칠 수 있음을 의미한다.

〈표 5-1〉에서 보듯이 행동경제학의 정책학적 응용 가능성은 매우 광범위하다. 몇 가지 사례를 살펴보면 다음과 같다. 건강한 유기농 식품과 유해 식품을 구별하여 음식에 "교통신호등"처럼 건강한 식품에는 녹색을, 위험한 식품에는 빨간색을 붙이도록 권고한다. 맥도날드나 버거킹과 같은 체인점에 염분, 나트륨이나 칼로리 함유량을 명기하도록 한다. 정부는 대형 슈퍼마켓에 건강식품을 가장 눈에 띄는 곳에 배치하도록 한다. 부주의한 운전이나 음주 운전과 같은 행태로 인해 교통 사망 사고를 줄이기 위해 정부는 눈에 띄는 생생한 그래픽이나 광고 이미지를 붙여 놓는다. 어린이들의 비만을 줄이기 위해 부모들에게 합리적 선택을 할 수 있도록 효과적인 교육 캠페인을 벌인다. 얼마나 위험한지 어떻게 예방할 수 있는지 슬쩍 간접광고 효과를 사용한다.

정부는 극장 등에서 최첨단 간접광고기법을 활용하여 흡연이나 과식 혹은 비만의 위험성을 알린다. 정부는 공중보건이나 기후변화를 막기 위한 저탄소 소비를 위해 공공기관공립학교, 지자체, 행정기관 등 구내식당에 일주일에 한번은 고기 없는 날 캠페인을 벌인다. 이들은 몇 가지 예시에 불과하다. 이처럼 행동경제학은 인간의 무의식적 심리행태를 공중보건, 비만방지, 흡연규제, 교통안전, 교육 및 광고캠페인, 도시안전설계 등 광범위한 정책 영역에 접목시킨다.

한편 행동경제학은 스마트 시티 연구에도 많은 도움을 준다. 가령 스마트 시티를 설계함에 있어서 주민들의 삶의 방식이나 문화 혹은 시설 선호는 성별, 연령, 사회경제적 계층 등에 따라 다를 수 있다는 점에 착안하여 이들에 대한 선호조사 결과를 도시 설계에 접목시킬 수 있다. 이는 스마트 시티 입주자들의 선호도 및 만족도를 제고할 수 있는 것이다.

또한 스마트 시티는 추상적 단어이며, 따라서 다의적 함의를 지닌다. 예를 들어, 울산이나 포항과 같이 국가 산업 단지의 생산 근로자들이 많이 주거하는 형태도 있지만, 용인과 같이 부유한 고령자들이 사는 곳도 있다. 송도처럼 미래 인텔리전트 시티를 추구하는 유형도 있으며, 김포처럼 스마트 안전에 중점을 두는 유형도 있을 것이다. 분당이나 일산, 동탄 신도시는 또 어떤가? 서울 인근의 구리나 청라지구처럼 젊은 직장인들이 모여 살면서 도심으로 출퇴근하는 유형도 있을 것이다. 이처럼 '스마트 시티'라는 단어 속에는 다양한 형태의 도시 유형이 혼재되어 있는 바, 이들에 대한 유형 분류와 함께 거주 주민들의 선호도를 반영한 정책이 필요하다. 이때 행동경제학의 연구나 설문도구는 많은 도움을 줄 수 있다. 초기의 작은 '개입'행동경제학자들은 이를 '넛지'라고 표현한다이 최종적인 정책효과에 큰 변화를 가져오게 되는 것이다.

정책학과 긍정심리학

인간의 존엄성이란 무엇인가?[16]

정책학의 궁극적 목적은 인간 존엄성을 충실히 실현시키는 것이다Lasswell, 1951. 이러한 목적을 위해 정책학은 "인간이 사회 속에서 봉착하는 근본적인 문제", 즉 문명사적 갈등, 시대사적 사회변동, 세계적 혁명추세, 체제질서 차원에서 일어나는 문제 등의 해결에 초점을 맞추게 된다.

앞에서도 언급했지만, 정책학의 태동은 정책의 윤리성에 대한 특별한 관심에서 비롯하였다. 가치중립적이고 추상적 목적을 제시하는 다른 학문과는 달리 정책학은 특정한 내용의 윤리적 목적을 명백히 표방하며 탄생하였다허범, 1992: 165-168; 허범, 2002: 297. 논리적 실증주의가 풍미하던 당시에 가치중립성을 포기하고, '인간의 존엄성 구현'이라는 가치를 공개적으로 명확하게 선언한 학문체계이다W. Ascher, 1987: 365. 즉, 인간의 존엄성이라는 윤리적 기초와 주관적 극대화와 실천적 이성이라는 행태적 기초를 문제지향성, 맥락지향성, 연합학문지향성이라는 실용주의적 접근에 접목시킨 가치지향적 학문 패러다임이다.

인간의 존엄성에 이르는 단계

초기 인본주의 심리학

1960-1970년대에 유행했던 인본주의 심리학은 인간의 건강하고 창의적인 긍정적 측면에 대해 깊은 관심을 보였는데, 그 대표적인 학자가 우리에게 널리 알려진 아브라함 매슬로우Abraham Maslow이다. 매슬로우1954는 『동기와 성격Motivation and Personality』이라는 책에서 '긍정심리학을 향하여Toward a Positive Psychology'라는 제목의 글을 썼다권석만, 2014.

인간의 존엄성이란 인간이 다른 동물과 달리 최고로 존엄한 존재라는 의미를 지님과 동시에 인간은 자아실현self-actualization과 영적 성장spiritual growth을 부단히 추구한다는 의미를 내포하고 있다. 따라서 인간이 존엄한 사회가 되기 위해서는 생리, 안전, 인정, 자기존중을 넘어서 자아실현을 통해 자신의 행복을 추구할 수 있는 사회가 되어야 한다. 매슬로우가 이를 생리적 욕구, 안전 욕구, 사회적 욕구, 자기존중, 자아실현으로 불렀다면, 조직학자 앨더퍼Alderfer,

1969는 이를 ERG이론이라 하여, Existence생존욕구, Relatedness관계욕구, Growth성장욕구라고 불렀다.

그동안 우리 행정학은 효율성과 민주성이라는 양대 이념에 천착해 온 측면이 없지 않다. 거시적으로만 본다면 정치행정 이원론, 일원론, 새이원론, 새일원론, 정책학의 탄생, 신행정학, 신공공관리론, 뉴거버넌스론에 이르기까지 한번은 효율성이 강조되었다면 또 다른 한번은 민주성이 강조된 변증법적 반복의 역사였다. 앞으로는 효율적 생산, 제도로서의 민주성을 넘어서 보다 본질적인 이념이 보완되면 더 좋은 결과를 낳을 수 있을 것으로 생각하는데, 필자는 이를 성찰성이라고 부르고자 한다권기헌, 2010: 43; 2012: 133-136.

제3의 이념으로서의 성찰성

찰스 앤더슨의 제3의 이성: 실천적 이성

찰스 앤더슨Charles Anderson, 1993: 215-227은 정책학이 추구해야 할 이성으로서 제3의 이성을 제시했다.

그는 인간의 보편적 이성을 설명하는 세 가지 틀을 먼저 제시했는데, 그것은 1) 공리주의적 경제모형utilitarian calculation, 2) 자유주의적 정치모형liberal rationalism, 3) 실천적 이성에 기초한 숙의모형practical reason and deliberative democracy이다. 제1의 이성으로서의 공리주의적 경제모형과 제2의 이성으로서의 자유주의적 정치모형으로는 한계가 있다고 주장하면서, 실천적 이성에 기초한 숙의모형이야말로 민주주의 정책학을 실현하는 중요한 정책이념이라고 강조했다권기헌, 2007: 198. 이는 경제학적 효율성, 정치학적 민주성을 넘어선 제3의 이성으로서의 실천적 이성을 의미한다.

정책학에서 성찰성도 효율성과 민주성을 넘어선 제3의 이념이라는 점에서 실천적 이성과 맥락을 같이하고 있다. 이렇게 본다면 '성찰성'이라는 개념은 정책학 이론의 뿌리에 해당되는 것임을 알 수 있다. 카힐과 오버만A. Cahill & S. Overman의 후기 합리주의적 정책분석, 드라이잭J. Dryzek의 숙의적 정책분석, 피셔F. Fischer의 정책적 탐구, 하버마스J. Habermas의 숙의모형 등도 모두 정책학의 성찰성과 궤를 같이하는 개념들이다.

마이클 샌델의 제3의 정의기준

마이클 샌델M. Sandel 역시 같은 통찰을 보여주고 있다. 그는 『정의란 무엇인가』라는 책에서 정의를 이해하는 세 가지 방식을 제시했는데, 그것은 1) 공리, 2) 자유, 3) 미덕이다. 이어서 그는 '최대다수의 최대행복'의 기준으로서 경제학적 공리주의 접근, '자신이 하고 싶은 일을 마음대로 할 수 있게 하는' 기준으로서 정치학적 자유주의 접근만으로는 정의를 설명할 수 없다고 주장했다. 즉, 효율성이라는 경제적 잣대, 민주성이라는 정치적 잣대만으로 '올바른 사회,' '정의로운 사회'를 설명할 수 없다는 것이다. 예컨대, 고대 로마 콜로세움에서 노예를 맹수와 경기하게 하면서 다수의 대중들이 쾌락을 즐기는 행위를 '공리주의' 관점에서 정당화할 수 없으며, 자신의 장기라고 하여 함부로 매매하는 장기매매나 대리모의 문제를 볼 때 '자유주의' 역시도 정당화될 수 없다는 것이다. 정의란 결국 '공동선으로서의 미덕'이며, 이를 위해서는 민주사회의 시민들의 숙의와 토론을 통한 실천적 이성이 필요하다고 주장했다.

이 대목이 바로 정책학과도 맞닿은 지점이다. '무엇이 옳은가?', '무엇이 바람직한 삶의 방식인가?'에 대한 문제의식을 토대로 무엇이 정의이고 무엇이 최선의 삶인지를 고민하는 공적 토론의 활성화가 필요하다. 이러한 관점에서 정책학은 어떠한 정책대안들이 우리사회의 근본문제를 해결하는데 바람직한 것인지를 분석하여 제시할 책무를 지닌다.

정책학과 긍정심리학의 융합

최근 들어 긍정심리학이 확산되면서 '행복'이라는 주제가 사회과학 연구의 화두가 되고 있다. 긍정심리학의 창시자인 셀리그만 M. Seligman, 2002; Rashid, & Parks, 2006은 다음과 같은 세 가지 측면에서 행복한 삶의 조건을 제시하였다. 그것은 1) 즐거운 삶pleasant life, 2) 열정적인 삶engaged life, 3) 의미 있는 삶meaningful life이다.

긍정심리학은 마틴 셀리그먼Martin E. P. Seligman 교수가 1996년 미국 심리학회 회장에 당선되면서 제창한 심리학의 새로운 연구주제이다. 이는 그동안 심리학 연구주제의 주종을 이루었던 우울증, 질병, 장애와 같은 부정 정서에 대한 연구에서 벗어나 인간의 미덕과 행복에 관한 연구를 통해 우리 안에 있는 최선의 덕성을 고양시켜야 한다는 것을 강조한다. 이어서 그는 2002년에 『진정한 행복Authentic Happiness』을 발간하여 몰입연구로 유명한 칙센트미하이 M. Csikszentmihalyi 등과 함께 긍정심리학의 토대를 다졌는데, 특히 다음과 같은 세 가지 연구방향을 강조했다. 그것은 1) 긍정심리 상태positive states에 관한 연구, 2) 긍정심리 특성positive traits에 관한 연구, 3) 긍정제도positive institutions에 관한 연구이다.

긍정심리학의 이러한 연구방향을 고찰해 볼 때 정책학과의 융합 가능성은 매우 높을 것으로 사료된다. 그 방향성은 다음과 같다.

첫째, 긍정심리 상태나 특성에 관한 연구는 행정학의 조직, 인사, 정책 분야에서 HRD 혹은 동기부여 등을 연구함에 있어서도 매우 중요한 함의를 지닌다. 특히 정부 내의 구성원들의 어떤 긍정심리 상태나 특성이 조직몰입으로 이어질 수 있는지에 대해서 연구해야 한다. 또한 정책학적으로도 어떤 인사정책이나 성과보상이 조직 내 긍정심리를 확산시킬 수 있는지에 대해 연구해야 할 것이다.

둘째, 더 나아가 우리사회 내에 긍정심리 자본과 같은 '보이지 않는 자본'이 확산될 수 있는 정책적 방안이나 전략에 대해서도 연구해야 한다. 단순한 갈등관리 방안에 대해서만 연구하는데 그치지 말고 어떻게 하면 사회적으로 긍정심리를 확산시킴으로써 국가의 갈등비용이나 거래비용을 줄일 수 있는지에 대해서 연구해야 한다. 최근 연구에 따르면, 갈등이 없음이 곧 긍정심리가 많은 사회가 아니라고 한다. 갈등을 조정하는 것도 필요하지만 사전적으로 긍정심리 자본이 풍요로워질 수 있는 정책방안을 연구해야 할 것이다.

셋째, 긍정제도와 관련하여 정책학은 특히 관심을 기울여야 할 것으로 본다. 가정, 학교, 사회단체 등을 연계하여 어떻게 하면 우리 사회에서 긍정심리 자본을 효과적으로 확산시킬 것인지에 대한 정책연구가 필요하다. 아울러 정책분석이나 평가기준에 대한 연구를 통해 '보이지 않는 자본'이나 '보이지 않는 노력'이 조직성과에 미치는 긍정적 영향에 대해서도 보상해 줄 수 있도록 해야 한다. 효율성이나 계량적 실적과 같은 보이는 성과뿐만 아니라 보이지 않는 노력이나 미덕을 통해 조직화합에 미치는 긍정적 성과에 대해서도 평가해야 하며, 이들을 적극적으로 발굴하여 보상과 격려를 해 주어야 한다. 이와 관련하여 정부업무평가의 성과 기준을 합리적으로 개선해야 한다.

'보이지 않는 자본'으로서의 긍정심리 자본

최근 서울대학교 융합과학기술대학원 손욱 원장은 한 강연에서 '보이지 않는 자본'의 중요성을 강조했다. 과거 산업사회의 제1의 자본, 경제적 자본economic capital과 제2의 자본, 인적 자본human capital을 넘어 제3과 제4의 자본으로 나아가지 않으면 국가가 발전할 수 없다는 것이다.

다음 그림을 한번 보자. 이 그림은 앞에서 언급한 바 있는 긍정심리학의 모형을 수정하여 다시 가져온 것이다. 이 그림에서 제3의 자본은 사회적 자본social capital으로서의 신뢰, 규범, 네트워크이며, 제4의 자본은 긍정심리 자본positive psychological capital으로서 긍정, 몰입, 창조, 기쁨이다.

여기에 필자는 이론의 완성을 위해 제5의 자본을 추가하였다. 제5의 자본이란 제3과 제4의 자본이 심화된 경지로서 영적 자본

spiritual capital을 말한다. 이는 사랑, 지혜, 헌신, 초월과 같은 인간 최고 차원의 정신적 표현이다. 앞에서도 언급했듯이, 매슬로우가 욕구 단계이론에다가 '인식적 욕구', '심미적 욕구', '초월적 욕구'를 추가하여 욕구 8단계 이론을 완성했는데, 이때의 초월적 욕구에 상응하는 단계이다Huitt, 1988: 1-4.

그림 5-1 지식창조시대의 '보이지 않는 자본'의 중요성

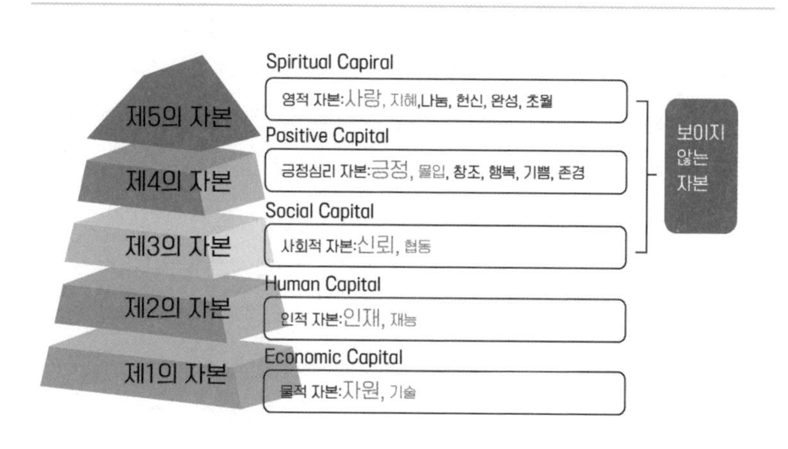

* 자료: 손욱 원장, "공공부문리더의 체계적 양성"에서 제5의 자본 추가.
긍정심리학 창시자 마틴 셀리그먼(U Pen), 칙센트 미하이(Chicago)교수 이론에 기초함.

거시경제이론에 따르면 GDP가 3000달러 벽에서는 노사분규를 극복해야 하고, 1만 달러 벽에서는 이기주의 갈등을 넘어서야만 긍정심리를 토대로 한 경제성장으로 도약할 수 있다고 한다. 우리나라는 국민 행복 수준이 OECD국가 중 하위권에 머물고 있다. 긍정심리가 바닥이라는 의미이다. 현재 우리나라는 국민소득 3만 달러를 넘긴 했지만 아직도 우리 사회 도처에는 정부와 국민 간의 불신의 벽, 노사갈등, 사회자본의 고갈 등 긍정심리를 확산시

키기에는 넘어야 할 장벽이 많은 형편이다.

국정관리의 견인차의 역할을 담당해야 할 정책연구는 어떻게 하면 우리 사회에 긍정심리를 확산시킬 수 있을지에 대해서 연구해야 한다. 이를 위해서 다음 두 가지 사항을 우선적으로 제안하고자 한다.

첫째, 정책결정-분석-집행-평가의 기준에 대한 연구이다. 창조적 대안을 마련하는 과정에서 정책분석의 기준에 대한 연구로서 이제는 기존의 효과성이나 능률성을 넘어서야 한다. 즉, 당해 정책대안이 우리 사회 혹은 지역공동체에 얼마나 사회적 자본을 확산하고 긍정심리를 확산시킬 수 있는지에 대한 검토가 필요하다. 기존에 정책학자 윌리엄 던W. Dunn이 제시한 소망성에는 시대적 가치에 대한 적합성, 시간과 정도에 대한 적정성 등이 포함되어 있는데, 시대적 가치에 대한 적합성으로서 현시대에 적합한 요구사항인 사회적 자본, 긍정심리 자본을 중요한 분석의 기준으로 포함시켜야 한다.

둘째, 정책평가가 매우 중요하다. 현재 정부업무평가 등 실제적인 정책평가를 시행함에 있어서는 계획수립의 적절성, 집행의 효과 달성도, 성과목표의 확산 정도 등 적정성, 효과성 등 '가시적 성과'만 주로 강조되고 있다. 앞으로는 정부업무평가에 있어서 '보이지 않는 자본' 역시 중요한 기준으로 포함시켜야 한다. 보이지 않는 자본으로서의 미덕과 노력이 조직의 화합과 성과에 미치는 영향도 매우 중요하다. 이들을 발굴하여 보상과 동기부여에 포함시켜야 한다.

결어: 민주주의 정책학을 넘어서

정책학은 좀 더 본질적인 이슈인 '인간의 존엄성'이라는 목적함수에 천착해야 한다. 효율성, 제도나 절차로서의 민주성을 넘어 보다 근본적인 이슈를 지향해야 한다. 앞으로 정책학이 단순한 제도로서의 민주주의 정책학에서 성찰적 정책학으로 창조적 발전가능성을 염두에 두면서 민주주의 정책학에 내재된 '성찰적 요소'들에 대해서도 주목할 필요가 있을 것이다. 그러한 요소들은 다음과 같다권기헌, 2012: 191-192.

1) 정책학은 사회공동체에 대한 이상을 강조한다. 정책학이 인간의 존엄성과 실천적 이성을 강조하는 이유도 우리 공동체를 좀 더 완성시켜 지혜와 덕행이 구비된 성찰적 공동체를 실현시키려는 정책학적 꿈과 이상이 있기 때문이다.

2) 정책학은 인간의 존엄성을 지향한다. 정책학에서 강조하는 인간의 존엄성은 국가이익에 기초한 국가의 존엄성을 뛰어넘는 인류공동체적인 휴머니즘에 기초한 인류의 보편적 존엄성이다.

3) 정책학은 실천적 이성을 강조한다. 실천적 이성에 기초한 숙의민주주의 모형practical reason and deliberative democracy이야말로 민주사회의 보편적 시민이라면 누구나 다 가지고 있는 인간 내면의 실천적 이성에 기초한 성찰적 정책모형이다.

4) 정책학은 정책대상집단을 배려하는 가슴 따뜻한 학문이다. 정책학은 정책이 시행되는 정책대상집단과의 '소통'communication과

'배려'consideration를 특히 강조한다. 정책학은 효율성 분석 이전에 정책수요 측면에 대한 고려와 정책 공급자의 동기 분석을 중요하게 다루어야 하며, 이러한 정책분석모형에 있어서 정책결정자가 견지해야 할 핵심가치는 성찰성이 되어야 한다.

5) 정책학은 민주주의의 완성을 추구한다. 참여, 숙의, 합의가 지켜지는 민주주의란 주로 민주주의의 제도적, 절차적 측면이 강조된 것이다. 이러한 법과 제도적 여건 이외에 정책수요자에 대한 배려와 마음이 있을 때 우리 사회는 한차례 더 성숙해질 수 있을 것이다. 이러한 관점에서도 절차적 민주주의가 내용적 측면에서까지도 꽃필 수 있게끔 정책수요, 정책공급, 정책환경을 모두 고려하는 성찰적 정책모형에 대해서 연구해야 할 것이다.

이러한 고려를 전제로 향후 미래 정책학이 긍정심리학과 융합할 수 있는 핵심 주제들은 다음과 같다.

1) 정책학과 긍정심리학의 접점 모색 및 향후 연구 방향의 설정
2) 인간의 존엄성 및 행복에 대한 연구와 정책학과의 연계 모색
3) 정책분석 및 정책평가 기준으로서 보다 형이상학적Metaphysical '상위차원' 및 '성찰성'에 대한 연구 그리고 이들의 실천 기준으로서 평가 매뉴얼을 개발하는 연구
4) 제3세대 정부모형인 후기-NPM 모형들에 대한 융합 연구, 예컨대, 공공가치모형PVM: Public Value Model, 신공공서비스모형NPS: New Public Service, 네트워크 거버넌스모형Network Governance의 융합
5) 이를 위한 질적 연구와 양적 연구의 통합적 연계 모색

정책학과 창조심리학

창조성이란 무엇인가?[17]

창조성, 'creativity'의 어원인 'create'는 '앞으로 나아가게 하다', '성장하다'의 의미를 지니고 있다. 이는 곧 '보다 높은 가치'를 추구하는 것이다. 일본학자 사사키 겐이치는 『미학사전』2002에서 창조성은 항상 '새로움'과 함께 한다고 하였다. 즉, 창조성이라는 개념은 '앞으로 나아가게 하다', '보다 높은 가치를 지향', '새로움을 내포한 품격'이라는 뜻을 지니고 있다.

정책학에서도 '창조성'은 최고의 목적가치를 지닌다. 정책학이 인간의 존엄성 실현을 추구하는 학문이라고 할 때, 그 존엄이란 인간의 창조성 실현을 의미하는 것이다. 창조성이란 인간 영혼의 가장 신성하고 고결한 가치이기 때문이다. 우주가 당신을 사랑하고 신성은 당신이 하는 모든 일에 영감을 불어넣어 준다고 할 때, 그 영감이란 창조성을 의미한다. 따라서 인간의 존엄이라고 할 때 그 존엄의 최고의 가치는 창조성인 것이다.

인간에 대한 이해와 창조성

우주The All에는 하나의 정신The Nous이 있으니, 그 정신은 모든 개별 영혼The Soul들이 공유하고 있다. 그것은 초월성과 동시에 내재성을 띤다. 그 우주적 정신은 사랑인데, 그 사랑은 다시 지혜intelligence와 선善과 아름다움美으로 나타난다. 개별 영혼들은 그들 깊은 내면에 이러한 정신을 함유하고 있는데, 그 정신은 지혜와 사랑을 갖고 있으며 창조로 표현된다. 인간이 존엄한 이유는 이러한 정신을 갖고 있기 때문인데, 이러한 정신은 창조성創造性을 통해 최고의 품격品格을 나타내는 것이다.

고대 그리스의 후기 철학자, 플로티노스Plotinos, 205~270는 3세기에 플라톤 철학을 그리스도 정신과 결합하여 신플라톤주의를 완성했다. 플로티노스의 가르침은 세 개의 실체를 제시했는데, 그것은 일자the One, 정신the Nous, 영혼the Soul이다. "일자the One"에서 '누스the Nous', 즉 신적 정신이 나오고, 또 다시 "영혼들the Soul"이 나온다. "일자"에서 나온 '누스'는 다시 "일자"에게로 돌아가서 "일자"를 바라봄으로써 존재로 충만하게 되는 것이다. 개개인들의 영혼은 '우주 혼'의 일부로서 육신의 요구에 굴복하지 않고 육신을 지배하게 된다면 보편 영혼에 합쳐져서 '누스'에게로 올라간다. 거기에서 다시 '누스'와 결합한 후 "일자"를 바라볼 수 있다.[18] 이때의 "일자"는 무한자이며 유일자이며 보편자이다. 성부이며, 참된 자아이다. 모든 영혼의 뿌리이며 근본인 것이다.

인간의 욕구는 다양한 단계성을 지닌다. 앞에서도 언급했듯이, 매슬로우A. Maslow, 1954 이론의 보완에 따른 욕구 8단계 이론은 세 가지 상위 차원의 욕구가 추가되었는데, 그 세 가지 욕구는 '인식적 욕구', '심미적 욕구', '초월적 욕구'이다Huitt, 1988: 1-4. 이는 곧 인간 정신이 상위 단계에 이르면 인식적 성취, 심미적 이해와 같은 정신적 창조성을 추구하게 된다는 것을 의미하며, 하위 욕구로부터 초월하여 상위 차원의 정신적 가치를 추구하게 된다는 것을 말한다. 즉, 인간은 생리적, 안전적, 물질적 욕구로부터 인정, 명예, 존중 등과 같은 사회적 욕구를 거쳐 아름다움과 미덕, 정의와 같은 정신적 창조성眞善美을 지향하는 존재인 것이다. 이처럼, 창조라는 정신적 가치는 인간 자아실현의 최상위적 품격에 해당되는 것이며, 인간의 존엄성을 실현하고자 하는 정책학의 관점에서도 창조성은 최고의 목적가치를 지니는 것이다.

'보이지 않는 자본'으로서의 창조성

최근 긍정심리학이 유행하면서 사회적 자본을 넘어서 긍정심리자본이 강조되고 있다. 앞에서도 언급했지만, 과거 산업사회의 제1의 자본, 경제적 자본economic capital과 제2의 자본, 인적 자본human capital을 넘어, 제3의 자본, 제4의 자본, 제5의 자본으로 나아가지 않으면 국가가 발전할 수 없다는 것이다.

제3의 자본은 사회적 자본social capital으로서 신뢰, 규범, 네트워크를 의미하며, 제4의 자본은 긍정심리 자본positive psychological capital으로서 긍정, 몰입, 창조, 기쁨을 의미하며, 제5의 자본은 영적 자본spiritual capital으로서 사랑, 지혜, 헌신, 초월과 같은 최고 차원의 정신적 자본을 의미한다.

창조적 거버넌스

인간의 창조성은 보다 고품격의 가치인 문화, 교육, 도시 디자인과 같은 창조자본과 융합될 때 더 큰 꽃을 피울 수 있다. 단순한 산업이나 물류나 경제, 기술 등 물질에 국한되는 문제가 아닌 것이다. 말하자면, 정신적 가치와 연결되는 것이다. 따라서 인간의 창조성에 기반한 문화, 교육, 예술, 디자인들 간의 거버넌스 구축은 진정한 의미의 창조성을 실현하기 위해 꼭 필요한 일이다. 인간 정신이 지니는 창의성은 무한하다는 것을 잊어서는 안 될 것이다. 이를 실증연구로 보여준 학자가 하워드 가드너H. Gardner였다.

창조적 재능과 창조심리학

하버드 대학 창조심리학자 하워드 가드너H. Gardner는 그동안 사람들이 지적능력Intelligent이라 불렀던 지능검사는 인간의 지능이라는 개념을 매우 협소하게 보고 있다고 생각했다. 그는 과학적 실증연구를 토대로 인간의 지능이라 부르는 인지능력과 재능, 예술과 공간지능을 통합시키려고 노력했다. 사람들은 타고난 저마다의 능력과 소질이 다르다. 올림픽 챔피언이나, 세계적인 피아니스트, 훌륭한 체스 선수들은 인지능력 외에 다양한 체육과 예능의 소질을 가지고 있는 것이다. 이에, 하워드 가드너의 다중지능이론은 언어적 지능Linguistic Intelligence, 논리-수학적 지능Logical·Mathematical Intelligence, 음악적 지능Musical Intelligence, 공간적 지능Spatial Intelligence, 신체-운동적 지능Bodily·Kinesthetic Intelligence, 인성 지능Personal Intelligence 등으로 구분했다.

이러한 다중지능을 분해하면 다음과 같다. 먼저, 첫 번째 범주는 언어, 논리, 수학, 음악처럼 인지적 개념이나 기호에 기초한 지능이다. 두 번째 범주는 공간, 신체, 운동과 같은 물리적 객체에 기초한 지능이다. 이와는 달리 세 번째 범주는 인간을 파악하는 능력과 관련되어 있다. 이러한 인성지능Personal Intelligence은 두 가지가 있는데, 사람들을 구별하고 그들의 동기를 알아내고 효율적으로 협력하는 개인 간 지능Interpersonal Intelligence과 함께 자신의 내면을 향해 성찰하는 개인 내 지능Intrapersonal Intelligence이 있다.[19] 최근에 가드너는 그의 『각성의 순간』이라는 책에서 아홉 번째 지능인 영성지능 혹은 실존지능이 존재할 가능성에 대해 깊이 숙고했는데, 이는 개인 내 지능Intrapersonal Intelligence과 깊은 관련이 있다. 즉, 이것은 "나는 누구인가? 우리는 왜 여기에 존재하는가? 우리는 죽으면 어떻게 되는가? 왜 죽으며, 이 모든 것은 결국 무슨 의미일까?"[20]와 같은 근본적인 문제를 제기하고 성찰하는 인간의 정신적 능력을 말한다.

이처럼 하워드 가드너는 인간의 실존적, 창조적 재능에 주목했다. 인간은 모두 역할을 수행할 수 있는 잠재력을 가지고 있고, 한 분야에서 숙달한 일을 다양한 방법으로 적용시킬 수 있는 비범함을 가졌다는 것이다. 비범성은 환경에 의해서 나타나고, 창조적 능력은 여러 가지 방법으로 나타나는데, 이러한 비범성의 탐구는 개인적 소질person, 적성에 맞는 분야domain, 그리고 그의 업적을 인정해주는 사회field를 함께 고려해야 한다는 것이다.

하워드 가드너는 『창조적 인간의 탄생』에서 누구나 창조적 능력을 발휘하는 사람이 될 수 있다고 주장했다. 이는 인간만이 가진 위대한 특징이다. 창조적 능력을 가진 사람이 되기 위해서는 다른 인물과 경쟁할 필요는 없으며, 다만 자신만의 교육방식대로 비범성을 만들어 가면 된다는 것이다. 그러기 위해서는 자신이 어떤 특성을 가지고 있는지, 어떤 사물과 대상에 관심을 가지고 있는지, 그리고 '언어, 색깔, 음계, 논리 등' 어떠한 상징체계에 특별한 관심이 있고 능숙한지를 알아야 한다. 그리고 타고난 특성들이 사회 환경적인 조건에 따라 어떻게 변화하는지를 살펴보아야 한다. 이러한 과정을 통해 인간은 누구나 자신만의 스토리story를 가진 대가大家나 창조자創造者가 될 수 있다는 것이 그의 주장이다.

결어: 차이와의 공존을 인정하는 창의적 정책학

하워드 가드너의 다중지능이론이 정책학 자체에 주는 시사점은 매우 크다. 먼저, 정책을 만들 때 집단보다는 개인, 대중적인 측면보다는 개성과 같은 인간의 특성적인 측면을 좀 더 면밀히 파악할 필요가 있다. 사회적 구성이론이 시사하듯이, 정책대상집단이라고 하여 획일적인 단일집단이 아니다. 수혜집단과 주장집단, 의존집단과 이탈집단과 같이 다양한 특성적 집단으로 구분할 수 있으며, 그 안에 포함된 개인들의 심리적 상태도 각기 다른 것이다.

또한 사회문제를 해결하는 데 있어서 기존의 전통적인 관료제적 행정절차만으로 해결하려는 것에 대한 반성이다. 신공공관리 혹은 네트워크 거버넌스 등의 다양한 해결수단을 고려할 필요가 있다. 최근에는 인사정책분야에서도 다중지능이론을 접목하고자 하는 움직임이 있다. 조직 구성원이 가지고 있는 지능에 대해 폭넓게 이해함으로써, 개인지능, 직무몰입, 직무성과를 연계하여 조직의 성과를 높이고자 하는 것이다.

하워드 가드너의 고민은 인간의 존엄성을 실현하고자 하는 정책학의 목표와도 닮아있다. 하워드 가드너는 획일적인 시스템 속에서 인간이 평가받는 것을 불공정하다고 여기며, 개성과 개인의 뛰어난 특성에 따라 교육을 받아야 한다고 강조했다. 이러한 하워드 가드너의 노력은 '차이와의 공존', '다름을 인정하는 창의적 정책학'을 구성하려는 노력과 일치한다. 비유컨대, 인간에게는 9개의 다양한 지능이 있다는 것을 인정하는 순간, 정책학 역시 인간의 다양한 지능과 소질을 고려해서 다차원적으로 접근될 필요가 있다는 점을 시사해주고 있는 것이다.

PART VI

정책학과 인문학

정책학과 인문학에서는 인간의 존엄을 강조하는 정책학에서 인간이 '인간'되기 위한 기초적 조건에 관해 탐구하고자 한다. 이름하여, 자유, 실존, 자아, 향상심, 전체주의, 미래학 그리고 휴머니즘이다.

대표적으로 자유주의자 에리히 프롬, 실존주의자 하이데거와 니체의 철학, 프로이드의 자아, 괴테의 향상심, 한나 아렌트의 전체주의와 악의 평범성, 미래학과 휴머니즘, 휴머니즘과 인간의식의 깊은 성찰 등을 통해 정책학과 인문학의 융합 문제를 논의하고자 한다.[1]

정책학과 자유

자유란 무엇인가?

자유自由의 사전적 의미는 "남에게 구속을 받거나 무엇에 얽매이지 않고 자기 뜻에 따라 행동하는 것"이다.

자유自由의 의미를 철학적으로 살펴보면, 먼저 헤겔F. Hegel은 '절대정신'의 속성이라고 보았다. 토마스 아퀴나스T. Aquinas는 인간의 모든 사유와 행위는 예정되어 있고, 신의 의지에 따른 것이지만, 신이 자유롭기 때문에 인간의 예정에도 자유가 부여된다고 주장했다. 스피노자B. Spinoza는 자유란 자기 본성의 필연성을 따르는 것이며, 자신의 의지에 의해서만 행동하는 것이라고 했다. 신神은 절대 무한의 존재자이며, 영원하고 무한한 본질을 표현하는 실체이므로 신의 본성은 자유이고 영원이라고 말할 수 있는 것이다. 이처럼 자유라는 개념은 신적 본성으로부터 출발하는 신성한 것이다. 요약하면, 자유自由는 인간이 가장 본질적으로 희구하는 가치이며, 이에 정책학자 찰스 앤더슨C. Anderson은 인간 내면에 존재하는 제1의 이성이라고 주장했다.

에리히 프롬의 진정한 자유로움

에리히 프롬Erich Fromm은 우리 내면에는 진정한 자유로움을 추구하는 본성이 있다고 보았다. 이것은 이미 초월적, 선험적으로 주어진 본질적 속성과도 같은 것이라는 것이다. 하지만, 이러한 자유가 방해받게 되는데, 그 이유는 사회의 구조적 제약 때문이라고 주장했다.[2]

에리히 프롬이 말한 이 초월적·선험적 본성은 우리의 존재 바탕인 참 성품을 의미한다. 참 성품의 속성은 진정한 자유로움이다. 따라서 우리는 참 성품과 하나가 되었을 때 비로소 내면의 완전한 그리고 진정한 자유로움을 맛볼 수 있는 것이다.

하지만 말한 것처럼 우리의 진정한 자유로움은 사회적, 구조적으로 제약되어 있다. 누구나 우리 본성의 가장 깊은 본질적 내면에는 초월적 본성이 있음을 알고 있다. 그리고 누구나 의식하든 못하든 진정한 자유로움을 추구하고 있다. 어쩌면 사람들이 돈을 많이 벌고자 하는 이유도, 사회적 지위를 추구하는 이유도 그 근본적 이유를 따져보면 결국은 '진정한 자유로움'을 얻기 위함일 것이다.

그렇다면 '진정한 자유로움'이란 무엇인가?

이념에 갇혀 있으면 자유롭지 못하다. 경제의 제약이 있어도 자유롭지 못하다. 이념도 경제적 제약도 떠나 순수한 자신에 머문다면 그는 자유로울 수 있을 것이다. 자신이 가장 잘하는 일을 찾아 사회에 헌신하면서 그는 존중받고 존경받는다. 순수한 자유로움을 느끼고 빛나는 삶으로 마무리할 수 있게 된다.

하지만, 언급했듯이, 우리의 자아는 사회적으로 그리고 역사적으로 구조화된 자아이다. 내가 속한 사회적 관계가 있으며, 내가 존재해온 시간적 맥락이 있다. 내가 부양해야 할 가족이 있고 나만의 가족사도 있다. 오늘 당장 해야 할 일들이 있고, 사회적으로 기대되는 나의 역할도 있다. 쉽게 벗어나기 어렵다. 말하자면, 현대 자본주의의 매트릭스matrix 속에서 나는 사회적으로, 구조적으로 제약制約받고 있는 것이다.

사회의 구조적 제약망制約網에는 여러 요인이 있겠지만, 그 핵심을 '돈'으로 보는 사람도 있다. '잔인한 천재'로 불리는 실존주의 작가 도스토옙스키이다. 그는 평생 '자유'라는 주제에 천착했는데, 자유를 본질적으로 위협하는 건 바로 '돈'이라고 보았다. 하지만 그 자신은 역설적으로 평생 돈에 시달렸다고 한다. 그의 대표작, 『죄와 벌』에서 주인공 라스콜리니코프가 전당포 노파를 살해한 이유도 돈 때문이었다.

하지만 '돈'만 해결되면 자유로울까? 건강문제 혹은 막연한 불안감은 어떤가? 가족과 직장 등 인간관계에서의 감정적 얽힘은 또 어떤가?

인생이라는 고해苦海를 건너는 동안 각자가 겪는 실존적 어려움은 다양할 것이다. 어쩌면 죽기 전까지 원천적으로 해방될 수 없을지도 모른다. 하지만 개인적 문제는 논외로 치더라도 우리가 주목하는 부분은 바로 사회적, 구조적인 문제이다. 우리 사회를 보면 아파하는 사람들이 많이 있고, 그 중 많은 원인은 제도와 정책의 잘못과 연계되어 있다. 제도와 정책을 연구하는 정책학이 이러한 문제에서 자유로울 수 없는 이유이다. 정책학은 보다 창조적인 대안과 제도를 연구해서 그 책무성을 다해야 할 것이다.

인간의 진정한 자유로움을 추구하는 정책학

정책학이 인간의 존엄을 강조한다면 존엄의 본질부터 알아야 한다. 존엄의 본질은 바로 자유로움이다. 정책학이 사회 속에서 인간의 존엄성을 외치는 학문이라면, 그 구조적·본질적 문제를 외면해서는 안 될 것이다. 그렇다면, 다음과 같은 본질적 질문에 답할 수 있어야 한다.

국가의 근본적 정책설계政策設計와 같은 본질적 문제의식 없이 점진적·개량적 정책만으로 인간의 존엄성은 실현가능할 것인가?

나의 자유로움을 가로막고 있는 사회적 제약망制約網을 하나씩 풀어주기 위해, 그리하여 인간의 존엄을 다시 회복하기 위해 정책학은 학문으로서 어떤 역할을 해야 할 것인가?

정책학 내면에 존재하는 인간의 존엄과 신뢰 그리고 성숙한 공동체를 강조하는 이념인 성찰성省察性은 정책철학의 관점에서 어떤 역할을 해야 할 것인가?

정책학과 제3의 이성

앞에서 찰스 앤더슨이 말한 인간의 제1의 이성은 자유라고 했다. 그가 말한 제2의 이성은 경제적 풍요이다. 말하자면, 인간이면 누구나 자유와 풍요를 추구하는 것이다. 전자가 정치적 이성에 해당한다면, 후자는 경제적 이성에 해당한다.

그렇다면, 제3의 이성은 무엇일까? 그것은 자유와 풍요를 넘어서는 실천적 이성이다. 민주사회의 보편적 시민이라면 누구나 지니고 있는 이 실천적 이성은 인간의 이성을 공간적으로 그리고 시간적으로 적용한 개념이다. 공간적으로는 공동체, 그리고 시간적으로는 미래로 확장한 개념이다. 그리하여, 자신이 속한 공동체와 미래의 공동선共同善을 향해 보다 바람직한 삶을 구현하려는 인간의 내면적 이성을 말한다.

훌륭한 정부란 바로 이러한 시민들의 실천적 이성이 활성화될 수 있는 조건과 환경을 만들어주는 정부를 말한다. 그리하여 공간적으로는 신뢰와 사회자본이 확대되고, 시간적으로는 미래 세대의 지속 가능성을 고려하는 정책을 펼쳐야 한다. 이러한 맥락에서 성찰성이란 개인 차원에서는 인간의 존엄이 지켜지고, 공동체 차원에서는 신뢰받고 성숙한 공동체를 만들어가는 정책학의 이념을 의미한다. 훌륭한 정부가 지켜나가야 할 이념적 좌표인 것이다.

정책학과 실존

실존이란 무엇인가?

'실존'이란 인간의 실제적 존재와 삶을 강조하는 단어이다. 사전적 의미로는 "19세기 합리주의 관념론에 반대하여 개인으로서 인간의 주체적 존재성을 강조하는 철학"이라고 되어 있다. 헤겔의 변증법과 같은 형이상학적 관념론에 반대하여 중요한 것은 추상적 관념이 아니라 구체적인 나의 삶과 현실적 존재라는 것이다. 말하자면, 매일매일 겪어야 하는 나의 삶과 또 시시각각 다가오는 죽음이라는 현실 앞에서 나의 주체적 삶과 존재를 어떻게 보존하고 추구해 나갈 것인가 하는 문제를 가장 중요하게 보는 것이 실존주의 철학이다.

'홀로 신 앞에 선 단독자'라고 하여 하나님의 신앙이라는 경건한 종교적 실존을 찾으려고 노력한 키에르 케고르1813-1855나 '신은 죽었다'라고 선언하고 땅에 충실해야 한다고 강변한 니체1844-1900 모두 인간적 실존의 참다운 모습을 찾으려고 노력했다는 점에는 모두 실존주의에 충실한 철학자였다.

하이데거1889-1976 역시 독일의 대표적인 실존주의 철학자였다. 그의 대표작은 ≪존재와 시간≫Sein und Zeit, 1927이었다. 존재는 시간의 한정된 제약 속에서 더욱 의미가 부각된다는 것이며, 인간은 자신의 존재를 올바르게 인식함으로써 각자가 자신의 세계를 만들어가야 한다는 것이다. 인간의 시간은 유한하기 때문에 대중 속에서 자기를 잃어버리지 말고 진정한 자신의 삶을 만들어가야 한다고 주장했다.

인간만이 실존한다. 사물들은 존재하지만 실존하는 것은 아니다. 인간만이 자신의 실존에 대해 인식하기에 마침내 다가올 수밖에 없는 '유효시간'의 한계 속에서 자신의 삶을 지향해야 한다. 이처럼 하이데거는 존재 자체에 초점을 맞추어 그만의 철학세계를 구성했으며, 자신의 의식 세계에 던져진 도구적 존재들에 대한 적극적 해석과 의미를 부여함으로써 자신만의 실존 세계를 구축하였다.

정책학과 하이데거

하이데거는 인간이 자신의 존재를 올바르게 인식함으로써 각자가 자신의 세계를 만들어가야 한다고 주장했다.[3] 인간의 시간은 유한하기 때문에 대중 속에서 자기를 잃어버리지 말고 진정한 자신의 주체적 삶을 만들어 가야 한다는 것이다. 하이데거는 또한 인간이 '그들-자기'Man-selbst가 아닌 '고유한' 자기 자신을 발견해야 한다고 주장했다muss sich finden.

그렇다면 이러한 하이데거의 존재에 대한 본질적 탐구가 정책학에 주는 시사점은 무엇인가?

정책학은 수치화된 과학만이 절대 진리이며, 가시적 존재에 대한 인식, 규칙, 시스템만이 현대사회를 올바르게 운용할 수 있는 기반이라고 믿는 경향이 있다. 특히 정책설계에 있어서도 빅데이터, AI, 통계학 등 더 높은 기술성을 토대로 한 계량적 측면의 증가가 두드러지고 있다. 하이데거의 관점에서 보면, 이러한 현대사회의 과학에 대한 맹신, 기술 합리성에만 천착한 정책설계는 비본래적 실존에 해당하는 것으로 필연적으로 현대사회의 인간소외를 초래할 수밖에 없다. 실존하는 나는 세계-내-존재로서, 세계는 몇 개의 가시적 계량적 상황이나 숫자로만 표현될 만큼 그리 간단하지 않다. 이를 간과하고 수치, 기술 합리성만을 추구하는 현상에의 접근은 존재에 대한 왜곡, 실존의 근본문제에 대한 도피로 이어질 수 있으며, 결과적으로 인간 본연의 행복 추구라는 정책학의 근본적인 목적을 실현할 수 없게 만든다.

따라서 반드시 정책의 타당성 분석에는 규범적 정책분석이 선행되어야 한다. 논리적, 규범적, 철학적 뿌리에 바탕을 두고, 주체에 대한 관심을 통해 현 시대가 요청하는 근본적 정책문제를 찾아 나서야 한다. 그리고 보다 나은 방향으로의 방향성을 명확하게 논의한 뒤 정책설계가 이루어져야 하며, 효율성이나 수단적 도구에 대한 논의는 그 다음의 문제이다. 본서에서 누차 강조하는 성찰성과 같은 규범적 정책이념이 중요한 이유도 여기에 있다.

정책학과 니체

힘과 생명력 넘치는 긍정의 철학

니체는 보다 본질적인 처방을 제시했다. 하이데거가 "의식에 던져진 것들"과 도구적 실존을 넘어서는 주체적 실존을 강조했다면, 니체는 보다 구체적인 긍정의 철학을 제시했다.

니체는 '나'와 '창조'를 잃어버린 사람들을 위해 '생동감 넘치는 긍정의 철학', '아모르 파티運命愛' 등을 처방으로 제시하였다.[4]

생동감 넘치는 긍정의 철학

니체는 세상을 무겁게 바라보고 너무 진중하여 자꾸 밑으로 가라앉는 사람을 '중력重力의 영靈'이라고 불렀다. '중력의 영'은 다양한 규율과 도덕으로 우리 삶을 무겁게 하고 옭아매어 밝고 경쾌하지 못한 사람을 비유한 것이다. 이러한 '중력의 영'은 사람들을 날지 못하게 하고 침체되고 어두운 삶으로 빠져들게 한다. 니체의 철학은 삶에 대한 사랑과 함께 자신을 긍정하라는 것이며, 낡은 관습과 선입관, 낡은 도덕의 틀을 깨고 새로운 가치를 창출하라는 것이었다.

아모르 파티

니체는 '신이 죽었다'고 선언하였다. 신의 죽음으로부터 새로운 존재의 탄생을 제안했는데, 그 존재가 '초인'이다. 초인은 '인간을 넘어섬'이라는 뜻이다. 생존과 쾌락에만 연연해하는 병약한 인간이 되지 말고, 힘과 의지, 생동감이 넘치는 존재, 생명력이 고양된 존재, 즉 '고귀하고 기품 있는 인간'이 되라고 주문했다.[5] 운명을 수긍하고 사랑하면서아모르 파티; 運命愛, "낙타에서 사자로, 사자에서 아이로 생동감 넘치는 삶을 살면서 너만의 꽃을 피우라"고 외쳤다.[6]

힘과 생명력 넘치는 새로운 정책학

니체가 말하고자 하였던 '힘과 생동감'은 정책학에서의 실천적 이성과 많이 닮아있다. 실천적 이성이란 '민주사회 시민이라면 누구나 가지고 있는 공동체의 공공선公共善과 보다 창조적인 미래를 추구하는 인간 내면의 의지意志'를 뜻하는 것이다. 또한 정책연구에 있어서 필요한 정신은, 합의에 이를 때나 또는 합의에 이르지 못할 때나, 인간 내면에 존재하는 실천적 이성에 기초한 숙의 민주주의가 필요하다는 것이다. 이는 현상유지 및 안일과 쾌락에만 의존하는 삶을 타파하고, 보다 생동감 있게 활력이 넘치는 삶을 개척하라는 니체의 사상과 일맥상통한다. 특히 이러한 관점에서 인간의 존엄성을 중요시하고, 인간 자체를 목적으로 하는 정책학의 태생적 의미를 새롭게 재조명할 필요가 있을 것이다.

정책학과 자아

자아란 무엇인가?

자아自我란 "생각, 감정 등을 통해 외부세계와 접촉하는 행동의 주체"로서 '작은' '나'를 말한다. 혹은 "자신이 자기에 대해 스스로 지각된 전체"를 의미한다.[7]

'나'는 두 차원으로 구성되어 있다. 우리 내면의 가장 안쪽에는 순수한 정신으로서의 핵이 있고 그를 둘러싼 생각, 감정, 오감이 있다. 내면의 핵은 순수한 정신으로서 깨어있는 지각과 인식으로 존재한다. 그 바깥에는 순수한 정신으로부터 파생하는 생각, 감정, 오감으로 이루어진 작은 자아들로 이루어져 있다. 깨어있는 정신의 바탕으로서 '전체'가 있는가 하면, 그로부터 파생하는 그리고 살아가면서 축적되는 수많은 겹들로 이루어진 작은 '에고'들이 있다. 이는 비유컨대, 순수한 정신인 참된 정신Self을 개체적 에고ego가 둘러싸고 있는 형국이다.

순수한 정신은 우리 마음의 근원이며 청정한 본성으로서의 참된 존재이다. 그것은 고요한 가운데 알아차리고 있는 순수 의식이다. 고차원까지도 확장되어 뻗어있으며 전체와 연결되어 있다. 아래에서는 개체성을 지니고 있으나 위로 올라갈수록 개체성은 사라지고 전체와 합일된다.

한편, 개체적 에고는 부정적인 감정이나 좁고 이기적인 생각들로 이루어진 저차원의 파동이다. 이는 우리를 집착하게 만들고 불행하게 만든다. 작은 에고들이 사라지는 것에 비례하여 고차원적 정신은 확장되므로 에고들과 순수한 정신은 대칭을 이룬다.

우리의 자아自我는 이처럼 진동과 주파수로 이루어져 있다. 낮은 차원에서는 저주파의 생각과 에너지가 나오고, 높은 차원에서는 고주파의 생각과 에너지가 나온다. 낮은 단계의 에고들을 극복하면 높은 단계의 의식이 발현된다.

마음의 의식이 올라가면 에너지 상태가 고조된다. 에너지 상태가 높아지면 진동과 주파수가 높아진다. 에너지 파동이 높아지면 순수한 정신이 확장된다. 우리의 참된 본성인 순수의식에 가까워지면서 창조적 지혜와 직관의 고차원적 파동이 발현되는 것이다. 자신의 안목이 열리면서 지혜와 직관이 높아지는 것이다.

프로이드의 자아

프로이드S. Freud는 자아를 원초아, 자아, 초자아로 나누었다.[8] 인간의 행동은 항상 이 세 요소 간의 상호작용의 결과로 이루어진다Carver & Scheier, 1988; Hall & Lindzey, 1980. 아래에서 보듯이, 자아는 양심이라는 초자아과 원초아의 본능이라는 양극단 속에서 자아의 목적을 추구해 나간다는 것이다.

첫째, 원초아id는 인간 성격의 가장 원초적인 부분으로 신생아가 가지고 있는 최초의 상태이다. 선과 악을 구분하지 못하고, 실현할 수 있는 것과 불가능한 것을 구분하거나 억제할 수 없다. 인간은 출생 시부터 삶의 본능eros과 죽음의 본능thanatos을 가지고 있으며, 삶의 본능이 가지고 있는 에너지를 리비도libido라고 한다.

둘째, 인간의 참된 만족을 위해서는 현실세계와의 접촉이 필요한데, 이러한 접촉으로 인해 성격의 두 번째 요소인 자아ego가 형성된다. 자아는 행동을 통제하고 반응해야 할 환경의 특징을 선택하여, 어떤 본능을 어떤 방법으로 만족시킬 것인가를 결정하기 때문에, '성격의 집행자'라고도 불린다. 원초아는 주관성을 추구하지만 자아는 객관성을 추구한다. 즉, 자아의 목적은 원초아의 욕망을 영구적으로 막는 것이 아니라, 원초아의 욕망이 적절할 때 적절한 방식으로 만족할 수 있게 하는 것이다Arlow, 1989; 이희영 외, 2013.

셋째, 초자아superego는 사회의 가치를 구체화한 것으로, 옳고 그름을 결정하며 쾌락보다는 완성을 향해 노력한다. 초자아는 양심conscience이라는 하위체계를 가지고 있다.[9] 따라서 자아는 양심이라는 초자아와 원초아의 본능이라는 제약 속에서 자아의 현실적 목적을 추구해 나간다.

인간 자아에 대한 깊은 성찰과 인간의 존엄성 실현

프로이드S. Freud는 인간의 행동이 무의식적인 동기 및 욕구에 의해 나타나며, 많은 사람들은 자신이 가진 욕구를 충족시키기 위해서 행동한다고 말한다. 프로이드의 이론은, 정책학의 존립 근거인 '인간의 존엄성'을 본원적 관점에서 다시 한 번 생각해 보게 한다. 즉, 인간의 자아와 무의식을 파악하는 과정을 통해, "인간이란 무엇일까?", "인간의 자아는 어떻게 구성되어 있을까?" 그리고 "인간이 존엄하다는 것은 무엇일까?"라고 하는 근본적 문제를 성찰해보게 된다.

프로이드의 이론은 정책학의 선구자인 라스웰에게도 영향을 미쳤다. 이런 관점에서도 프로이드와 라스웰의 연결고리를 발견할 수 있다. 라스웰은 프로이드의 정신분석이론을 정책학 연구에도 활용했는데, 예컨대, 정치 지도자들의 어린 시절의 무의식적 본능에 대한 연구를 통해 정치인들이 왜 급진적이나 보수적으로 되는지, 어떤 정치인들은 왜 혁명적이거나 과격한지를 경험적으로 탐구했다.

이처럼 인간의 자아 형성 혹은 본질에 대한 지식이 정책학 연구에도 큰 시사점을 주는 것이다. 아울러 이러한 리더십 연구 이외에도 정책학이라는 학문이 인간을 보다 깊이 있게 이해하기 위해서는 프로이드의 무의식 연구에 대한 본질적 고찰이 필요할 것으로 사료된다.

정책학과 향상심

향상심이란 무엇인가?

향상심向上心은 괴테가 제시한 화두이다.[10] 향상심이란 확고한 비전과 미래를 향하는 뜨거운 의욕을 가지고 자신감 있는 태도로 충만한 마음을 말한다. 그리고 무엇보다도 인생을 긍정하고 사랑하는 마음을 말한다.

괴테J. W. Goethe는 독일이 낳은 세계적인 문호로서 한평생 뜨겁게 타올랐던 불꽃이었다. 그는 젊은 시절 많은 방황을 통해 향상심을 깨달았는데, '존재론적 향상심'만이 지금보다 나은 내일을 만든다는 것이다. 이를 깨달은 괴테는 자신의 깨달음을 그의 문학작품에 고스란히 담아 세상 사람들에게도 깨달음을 전했다.

이 세상을 고난 없이 산 사람이 몇이나 될까? 역사 속의 천재들은 대부분 고난에 시달렸다. 종교적 박해 속에 살다간 선지자들은 말할 필요도 없거니와, 보에티우스[11], 단테[12], 미켈란젤로[13]와 같은 천재들의 삶은 고난의 연속이었다. 우리나라도 마찬가지였다. 조선의 3대 천재 정도전, 조광조, 정약용[14]은 물론이고, 성리학의 대가 퇴계 이황조차도 그 당시 몰아친 사화史禍의 광풍狂風[15]으로부터 결코 자유롭지 못했다.

하지만 이상하게도 괴테의 삶은 큰 고난이 없었다. 젊은 시절의 비애나 슬픔은 있었을지언정 큰 시련이나 박해는 없었다. 아니 오히려 그는 문학에서도 정치에서도 화려하고 빛나는 삶을 꽃피웠다. 『젊은 베르테르의 슬픔』, 『파우스트』와 같은 세계문학사에 길이 남을 작품을 완성했을 뿐만 아니라, 과학에 관한 저서만도 14권에 이를 정도로 괴테는 르네상스 거장다운 다재다능함과 뛰어남을 보여주었다.

어쩌면 '향상심'은 그의 이러한 평탄한 환경 속에서 탄생했는지도 모른다. 매일매일을 실존주의적으로 노력해가며, 하나하나를 빛과 성취로 장엄莊嚴하는 가운데 그만의 인생관이 탄생했을 것이다.

괴테가 깨달은 향상심은 당연해 보이지만 사실은 위대한 것이었다. 그것은 괴테가 겪었던 실연의 아픔이나 압박감, 고통 등에서 오는 에너지를 긍정의 에너지로 승화시켜 문학이나 정치, 과학 분야에 기여한 것이다.

괴테는 '내 인생에서 보다 나은 삶을 살기 위해 무엇을 해야 하는가?'라는 물음에 다음과 같이 답한다. "지금 무엇을 하는 어떤 사람이건, 삶을 발전시키는 최고의 자산은, 지금보다 더 나은 내 일을 만들려는 '향상심'이라는 점을 명심해야 한다."[16]

괴테의 존재론적 향상심과 정책학

존재론적 향상심은 모든 분야에서 중요한 가치이지만, 특히 정책학에서도 중요한 가치이다. 정책학이 인간의 존엄성을 향상시키는 학문이라고 할 때, 인간이 지니는 '향상심'이라고 하는 본질적 덕목은 인간의 존엄성을 보다 더 깊이 있게 이해하게 해 준다.

최근에는 전 세계적으로 경제가 어렵고, 양극화가 심해지고 있다. 국가의 이익과 민족 우선주의와 함께 지역 분쟁도 극심해지고 있다. 이러한 상황에서 괴테의 향상심은 더욱 중요한 의미를 갖는데, 예컨대, 개인적으로 일자리를 찾지 못하고 실의에 빠진 젊은 이들에게 던지는 긍정의 메시지는 큰 의의를 갖는다고 하겠다.

정책학과 전체주의

전체주의란 무엇인가?

전체주의란 인간의 자유를 억압하는 정치체제를 말한다.[17] 나치즘, 파시즘과 함께 공산주의처럼 1당 독재로서 개인의 자유를 허용하지 않는 정치체제를 말한다.

전체주의 연구로는 한나 아렌트H. Arendt의 공헌이 손꼽힌다. 그녀는 세상을 향한 사랑과 휴머니즘의 본질을 제시했다. 여성이며 유태인 지식인이었다는 점에서, '제2의 로자 룩셈부르크'라고 불리기도 한 그녀는 정치 철학자로서 현대 민주주의에 대해 탐구하였다. 이 점에서 그녀는 존 롤스, 위르겐 하버마스와 비견되기도 한다.

"인간이란 어떤 존재이며, 정치의 본질은 무엇인가?"

한나 아렌트H. Arendt는 위의 물음에 답하기 위해 필생을 바쳤다. 그녀는 대학시절부터 세계적 철학자 하이데거와 야스퍼스의 제자로서 이러한 문제를 토론하며 지적 영감을 불러일으키는 한편, 학문적 역량을 집중시켜 『전체주의의 기원』, 『악의 평범성』 등 놀라운 학술 업적을 남겼다.

한나 아렌트: 정치적인 것의 복원과 사유의 힘

한나 아렌트H. Arendt는 전체주의의 태동 경로를 분석하여, "전체주의라는 괴물 정치체제는 독재자가 아니라 생각 없는 대중에 의해 태동하고 만들어졌다"[18]는 관점을 제시했다. 특히, 홀로코스트를 주도한 독일 나치 친위대 중령인 아돌프 아이히만의 재판 과정을 취재하며, '악의 평범성banality of evil'이라는 개념을 제시했다. 아이히만이 엄청난 범죄자가 되게 한 것은 그의 '어리석음'이나 '사악함'이 아니라 자신의 행동의 의미를 '사유'하지 않았기 때문이라는 것이다.

한나 아렌트는, "인간다운 방식으로 정치적, 사회적 또는 경제적 고통을 완화하는 일이 불가능해 보일 때 전체주의는 강한 유혹으로 다시 나타날 것"[19]이라고 경고했다. 그리고 인간이 전체주의에 대항하는 유일한 길은 인간이 끊임없이 사유하고 가능한 한 모든 것에서 공공성을 확보하는 것이며, 이를 통해 악이 일상 안에 뿌리내리지 못하도록 미연에 방지해야 한다고 역설했다.

적극적으로 사유하고 성찰하는 정책학

한나 아렌트H. Arendt는 “정치의 존재이유는 자유이고, 이 자유는 기본적으로 행위 속에서 경험된다”[20]고 말했다. 이처럼 우리는 공동체 내에서 타인을 인정하고 소통하며 공적 가치를 실현하려는 활동을 영위해야 한다. 이를 위해 공공영역에서 자유에 기반을 둔 토론과 공적담론을 활성화시켜야 하며, 이를 통해 공동선共同善을 향해 나아가야 한다.

또한 전체주의는 과거의 역사가 아니라 앞으로도 언제든 다시 나타날 수 있는 것이라는 한나 아렌트의 경고를 기억하며, 어떤 이념과 사상 또는 지도자를 맹목적으로 칭찬하며 따르기보다는, 스스로 생각하고 행동하는, 즉 주체적이고 능동적으로 ‘사유’하는 성찰적 시민이 되도록 노력해야 한다.

정책학과 미래학

미래학이란 무엇인가?

미래는 '상상력'이 펼쳐지는 공간이다. 『드림 소사이어티Dream Society』의 저자, 롤프 옌센Rolf Jensen은 "기업인들은 이제 브레인스토밍Brain storming을 넘어 하트스토밍Heart storming을 해야 한다"고 주장했다. 고객이나 10년 뒤 기업 모습을 그리면서 꿈과 열정이 담겨 있는 '정말 이거다' 싶을 정도의 확신과 느낌, 즉 감성을 제품에 담아내야 한다는 것이다.

미래는 또한 '가치'가 담긴 내일이다. 미래학未來學은 이러한 미래의 가치를 연구하며, 더 나은 미래를 상정하고 이를 기저로 하는 세계관에 대해 연구하는 학문이다. 미래의 발전을 예측하기 위해 현재의 경향을 연구하는 사회과학의 한 분야라고 할 수 있는 것이다.

정책학은 바람직한 미래의 가치를 창조하는 학문이므로 정책학과 미래학은 함께 성장하는 관계이다. 특히 미래예측Foresight은 과거 데이터의 연장선상에서 이루어지는 단순한 예보Foresee하거나 예언Predict 혹은 예견Forecasting과는 다르다. 미래의 다양한 가능성을 전망하면서 창조적 의지를 실천적 열정으로 담아내는 것이다. 이 지점에서 미래예측은 정책분석과 그 궤를 같이 한다.

미래학을 창시한 하와이대학의 짐 데이토J. Dator 교수도 "미래는 예보Foresee하거나 예언Predict하는 것이 아니다. 다양한 가능성을 전망Prospect하는 것"이라고 하면서, 미래학은 "앞으로 있을 지적 관점의 선구자가 되어야 한다"고 주장했다.

정책학과 미래학

정책분석의 대가, 윌리엄 던W. N Dunn은 미래예측이란 사회의 미래 상태에 대한 객관적인 정보를 이끌어 내는 학문이라고 정의했다Dunn. William, 1981: 204. 즉, 정책은 미래가 있기에 정책의 미래지향적 탐색이 가능하게 되고, 국가의 미래지향적 가치를 그리면서 정책을 가치 창조적으로 형성해나갈 수 있는 것이다.

라스웰H. Lasswell, 1951, 1970, 1971, 드로어Y. Dror, 1970, 얀취E. Jantsch, 1970 등으로 이어지는 정책학의 주류적 관점에서도 미래와 정책은

불가분의 관계를 맺고 있다. 라스웰H. Lasswell, 1951, 1970은 정책학 분야에서 미래학을 개척하였는데, 정책연구의 문제해결을 위해서 미래예측이 매우 중요하다고 보았다. 라스웰의 제자, 드로어Y. Dror, 1970 역시 미래예측을 강조했는데, 그는 미래학 분야에서 대표적인 저널인 'Futures'지의 초대 편집자를 지냈다. 그는 정책연구의 초점을 1) 정책분석policy analysis, 2) 정책전략policy strategy, 3) 정책설계policy design에 두어야 한다고 주장하면서, 정책의 미래지향적 연구를 강조했다. 얀취E. Jantsch 역시 마찬가지이다. 미래예측과 정책기획이 정책연구에 핵심적인 역할을 담당해야 한다고 주장하면서, 정책분석은 국가의 미래를 기획하고 설계하는 국가의 최상위 차원의 창조행위라고 보았다.

이처럼 미래학과 정책학은 탄생 초기부터 깊은 연관관계가 있다. 우선 미래와 정책이라는 단어가 어원적으로도 매우 긴밀한데, 이는 미래라는 '시간'의 축과 정책이라는 '공간'의 축은 유기적으로 연결되어 있기 때문이다. 또한 정책을 이해함에 있어서 미래라는 인식이 도입되지 않는다면 정책은 단지 선례답습적인 도구로 전락하게 되는 것이다.

미래학과 휴머니즘

문명은 인간의 삶에 대한 열정의 표현이다. 인류는 역사 속에서 치열한 삶의 열정을 표현해왔다. 그것은 내면의 창조적 이성을 토대로 전개된 것이었다. 미래라는 화두를 생각해 볼 때 미래의식future consciousness과 미래예측future foresight은 또 하나의 중요한 학술사적 의미를 지닌다. 4차 산업혁명과 디지털 변혁기digital transformation에 직면하여 인간의 정체성을 고민해야 하는 시점에서 미래학의 가치는 단순히 분석적 가치를 뛰어 넘는 휴머니즘을 다시 생각해 보게 하는 것이다.

미래학은 '인간, 문명, 창조'에 대한 상상력을 요구하고 있다. 인간에 대한 미래연구가 인간의 열린 소통과 정신문명에 대한 인문학적 탐구를 의미한다면, 정책학은 '미래, 대안, 분석'이라는 키워드를 중심으로 창조적 정책대안을 탐구해 나간다. 이처럼 미래학과 정책학은 많은 정신적 가치를 공유하고 있다. 특히 1) 미래의 인문학적 과제에 대한 창조적 탐구와, 2) 미래의 정책학적 과제에 대한 창조적 처방이 매우 중요한 바, 이를 위해 두 학문은 학제적 융합과 통섭적 자세가 필요하다. 몇 가지 창조적 연구 과제를 제시하면 다음과 같다.

첫째, 라스웰H. Lasswell, 1951, 1970이 제시했던 인간의 존엄성Human Dignity이라는 궁극의 가치를 실현하기 위해 인간과 사회human and society, 정신과 문명spirit and civilization, 미래의 대안적 가치에 대한 고민이 필요하다. 이 과정에서 미래학과 정책학의 긴밀한 융합이 필요하다. 특히 미래future, 미래대안future alternative, 미래의식future consciousness이라는 화두가 정책학에 어떻게 반영될 수 있을지에 대해서 고민해야 한다.

둘째, 인간의 존엄성을 실현하는 정책학적 처방으로서 과학기술, 첨단산업, 정보통신, 미래도시, 보건의료, 사회자본 등 다양한 분야에서의 정책역량 제고를 위한 미래학 연구가 필요하다.

셋째, 정책학과 미래학은 언제나 "누구를 위한, 무엇을 위한" 학문인가 하는 근본적 질문을 던져야 한다. 미래의 국정 관리는 보다 근본적인 정책분석과 정책설계를 지향해야 하며, 이 과정에서 창조적 혁신creative innovation이 필요하다. 다양한 미래의 시나리오를 그려 나가면서 다양한 정책 행위자들의 열린 사고와 창조적 이성을 토대로 숙의 민주주의를 발전시켜 나가야 한다.

미래학의 미래

미래학의 미래는 정책학과 맥을 같이 할 것으로 사료된다. 미래학의 미래를 엿보기 위해서는 우선 미래학의 과거를 살펴보아야 한다. 전통적 미래학자인 토플러는 인류 모두가 미래학자라고 갈파했다. 인류의 의식은 모두 미래를 지향하고 있기 때문이다. 유네스코 미래학 부의장인 밀러Miller, 2018는 인류의 뇌가 예측 시스템으로서 기능한다고 보았다. 인류는 그 진화과정에서 패턴 인지를 통해 미래를 예보하는 능력을 키워왔다는 것이다.

현대 미래학은 1980년대까지 계량적 접근에 치중했다. 유럽의 미래연구소를 중심으로 계량적 미래예측Forecasting을 통해 미래의 불확실성을 제거할 수 있을 것으로 믿었다. 미래학은 영어로 퓨처롤로지미래학, Futurology 혹은 퓨처스 스터디스미래연구, Futures Studies라고 하는데, 퓨처롤로지Futurology의 지적 전통은 계량적인 미래예측을 통해 미래에 대한 지식을 만들려는 경향이 비교적 강했다.

하지만 1980년대 이후 미래의 불확실성을 제거하여 미래를 예보하거나 예언하려는 시도는 실패한 것으로 판명되었다. 1970년대의 오일쇼크 가능성을 미래 시나리오로 제시했던 로열더치쉘Royal Dutch Shell의 미래 시나리오 팀은 그 이후 미래를 예보하거나 예언하는 데 이렇다 할 성과를 보여주지 못했다. 미래에 대한 예보와 예언 및 미래를 통제할 수 있다는 믿음 하에 유행했던 경영전략학파 중 계획학파도 쇠퇴하기 시작했다. 미래는 예보와 예언의 대상이 아님이 궁극적으로 밝혀진 것이다. 미래학의 대부, 짐 데이토Jim Dator 교수도 컴퓨터 시뮬레이션을 이용하여 미래를 예측하려는 시도를 했으나 실패했다. 이후 데이토 교수는 미래학의 정의를 분명히 하여, "미래는 정해지지 않았으며, 따라서 예언할 수 없다"고 천명하였다. 미래는 "예보Forecast하거나 예언Predict하는 것이 아니라, 다양한 가능성을 전망Prospect하는 것"이라는 점을 분명히 한 것이다. 이후 미래학은 이러한 지적 전통의 연장선상에서 비판적 미래연구Slaughter, 1989, 참여적 미래예측Voros, 2008, 후기구조주의적인 계층적 인과분석Inayatulla, 1998과 통합적 미래연구Slaughter, Courtis, 2008 등으로 발전을 거듭하고 있다윤기영, 2019.[21]

이러한 지적 전통은 미래예측이 규범적이라는 것을 재확인시켰다. 미래예측Foresight은 미래에 대한 불확실성을 제거하고 중립적이고 탈규범적으로 미래를 예보하거나 예언하는 것이 아니다. 미래예측은 '가능한 대안 미래를 만들기 위한 사회적 과정'이며, '바람직한 미래를 만들기 위해 정책을 수립하는 과정'이다. 또한 '바람직한 미래를 만들기 위한 인적 네트워크'다. 따라서 바람직한 미래예측은 참여적이어야 하며, 전체적이고 통합적으로 미래를 전망해야 하며, 복잡한 미래에 대한 대화에 기초한 사회적 과정이어야 한다.

최근 미래학계의 이러한 지적전통과 미래예측Foresight에 대한 정의는 정책학과 매우 밀접한 관련이 있다. 즉, 미래예측Foresight은 참여와 변혁을 강조하며 미래를 단순히 예보하거나 예언하는 게 아니라 보다 적극적으로 미래의 창조적 대안들을 기획한다. 미래기획과 정책설계를 통해 미래의 비전을 창출하는 것이며, 무엇보다도 구체적인 정책기획 속에서 실제적인 대안들을 행동으로 실천하는 것이다권기헌, 2008: 13.[22]

21세기의 미래학은 디지털 기술을 보다 적극적으로 활용할 것이다. 또한 참여적 미래예측이 더욱 강조될 것이다. 미래를 향해 급속하게 전개되는 첨단기술의 동향들을 파악하고, 이에 따른 정치, 경제, 사회 및 문화의 변화를 전망하게 될 것이다. 이에 따라 새로운 정치 경제 시스템을 상상하고 대안을 만드는 것도 미래학의 역할이다. 이처럼 21세기 미래학의 방향성은 정책학의 방향성과 그 궤를 같이 하게 될 것이다. 그 과정에서 정책학과 미래학의 연결고리는 더욱 강화될 것이다.

미래를 창조하는 정책학

21세기의 과학기술은 인간의 수명을 극단적으로 늘릴 것이다. 유전자 가위기술CRISPR과 인공지능Artificial Intelligence 등의 디지털 기술

발달로 인류가 새로운 생명을 창조하는 데까지 이르렀다. 인공지능AI, 드론Drone, 사물인터넷IoT, 가상현실VR 및 증강현실AR 등의 디지털 기술은 지식 생명 주기의 변화를 가져올 것이고, 노동의 의미와 일하는 방식을 변화시킬 것이다. 가상현실과 동시통역 기술의 발달은 개인의 세계화를 급진전시켜, 일자리에서부터 결혼 및 종교에 이르기까지 영향을 미친다. 그리고 환경오염과 기후변화 그리고 대안적 에너지 기술 개발은 현재의 정치경제시스템에 상당한 도전이 될 것이다윤기영, 2019.[23]

정책학은 미래를 적극적으로 창조하는 역할을 해야 한다. 과거와 현재의 문제를 해결하는 것에 스스로의 역할과 기능을 제약해서는 안 된다. 플랫폼 경제의 확대로 다수의 노동자가 전통적 노동법의 보호에서 제외될 것인데, 정책학은 이들에 대한 대안을 준비해야 한다. 기대수명의 극단적 증가는 교육제도, 연금제도, 가족제도, 은퇴 개념에 대한 변화를 요구한다. 교육 시스템의 경우 그 변화 요구를 선행적으로 수렴하고, 교육 시스템을 둘러싼 다양한 이해관계자의 목소리를 조정하는 데 정책학이 그 역할을 다해야 한다. 또한, 국가 에너지 문제에 있어서도 정책학이 그 역할을 다해야 한다. 정확한 과학과 사실을 전하고, 때로는 시민들이 불편해 하더라도 진실을 전해야 한다. 그 중심에 정책학이 서 있어야 한다.

21세기는 어느 시대보다 기회와 위험으로 가득 차 있다. 과거에도 기회와 위험은 존재했다. 하지만 과거의 것은 폭이 좁고 깊이도 얕았다. 국지적인 것이었고, 인류 전체의 생존까지 위협하는 것은 아니었다. 이에 반해 21세기의 기회와 위험은 전 지구적이며, 인류의 생존과 정체성을 송두리째 바꿔버릴 수 있다. 바람직한 미래가 무엇인지를 고민하고 미래의 위험 요인을 막아 내는 데 정책학이 앞장서야 한다. 정책학은 미래를 창조하는 학문이 되어야 하는 것이다. 그것이 정책학의 사명使命이다.

정책학과 휴머니즘

휴머니즘이란 무엇인가?

우리가 사는 시대는 과연 어떤 시대일까?[24]

과학기술적으로는 4차 산업혁명이 진행되면서 인공지능, 스마트 로봇, 드론과 무인자동차 기술 등의 디지털 혁명과 생명공학 기술 및 나노물질기술 혁명 등이 압축적으로 그리고 지수 함수적으로 팽창하고 있다. 또한, 인간의 수명연장과 영생의 추구 등 트랜스 휴먼trans-human과 포스트 휴먼post-human에 대한 담론이 한창 진행 중이다. 국제 정세로는 미국과 중국이 충돌하고 있고 한국과 일본이 무역 분쟁을 벌이고 있다. 기독교와 이슬람의 충돌 속에서 전쟁의 위험이 고조되고 있는가 하면, 원자폭탄, 탄도미사일 등의 핵 실험 속에서 우리나라의 안보 위험도 심각해지고 있다.

이처럼 4차 산업혁명 혹은 문명의 충돌이라고 불리는 큰 물결 앞에서 우리가 휴머니즘을 외치는 이유는 무엇일까?

철학의 빈곤과 문명의 한계점이 자명해졌기 때문이다. 현대문명의 병폐가 여실히 드러나고 있다. 그리고 인간은 주체성을 잃어가고 있다.

휴머니즘과 인간의 존엄성

휴머니즘은 중세의 신본주의에 대칭되는 개념이며, 인간이 세상에 주어진 존재자 가운데 가장 중심적인 위치에 있다고 보는 세계관이다. 이는 존재자 가운데서 인간에게 근본적인 지위를 부여하는 철학관인데, 이러한 휴머니즘 사상 속에서 인간의 존엄성이란 개념이 탄생된다.

휴머니즘에서는 인간이 가장 근본적이며 주체적인 존재이므로 인간의 존엄성은 자연스러운 것이다. 하지만, 설사 신본주의神本主義라 하더라도 인간은 동물이나 무생물 혹은 심지어는 다른 차원의 영혼들과는 구별되는 자유의지를 지닌 인격의 존재이기 때문에 인간의 독립성과 주체성은 여전히 보존되는 것이다.

휴머니즘의 미래

인류는 "첨단 과학기술의 발전에 힘입어 바야흐로 자신의 진화 방향을 스스로 결정할 수 있는 미증유의 시대를 맞이하고 있다. 호모 사피엔스와 구분되는 포스트 휴먼의 출현 가능성을 목전"[25]에 두고 있는 것이다.

포스트 휴먼이란 기존 호모 사피엔스의 육체와 정신적 한계를 뛰어넘도록 만든 무한 능력의 인간을 말한다. 포스트 휴머니스트들은 생명과학과 신생기술과 같은 첨단과학이 그런 조건들을 가지고 있다고 기대하고 있다. 이러한 포스트 휴머니즘post-humanism에 의해 탄생한 신인류가 바로 포스트 휴먼이다.

트랜스 휴머니즘trans-humanism도 이와 비슷하다. 즉, 과학과 기술을 이용하여 인간의 육체와 정신적 능력과 성질을 개선하려는 학술 문화적 운동으로 볼 수 있다. 이처럼 포스트 휴머니즘과 트랜스 휴머니즘은 첨단과학의 힘을 빌려 인간의 제반 한계를 초월하려는 새로운 철학적 사조를 의미한다. 첨단기술의 발달에 따라 사람과 기계가 한 몸에 공생하는 사이보그 인간이 자연 인간을 심신 양면에서 압도적으로 능가하게 되므로 이를 포스트 휴먼이라고 부르는 것이다. 그런데 점차 유발 하라리처럼, 호모 사피엔스가 트랜스 휴먼이나 사이보그 인간에게 지구의 주인 자리를 내주게 될 운명이라고 주장하는 학자들이 점차 늘어나고 있다.[26]

인간 의식에 대한 깊은 성찰

이쯤 되면 지금 우리에게 정말 문제가 되는 것은 단순히 기술의 문제가 아니라는 각성이 온다. 오히려 "인간이란 어떤 존재인가"[27]에 대한 자기이해와 함께 인류애에 기초한 사랑의 마음이 무엇인지를 사색하게 된다.

창조주가 인간에게 연약한 육체와 무지함을 준 것은 어쩌면, 인간들 스스로 더 성찰하고 성숙하라는 깊은 뜻이 담겨있을지 모른다. 즉, 시련과 아픔에 취약한 조건을 통해 다른 사람의 고통에 공감하고 동정심을 통해 사랑을 배워나가라는, 그리하여 마침내는 더 큰 의식으로 성장하라는 깊은 뜻이 담겨 있는 것은 아닐까? "내가 맞으면 아프기 때문에 남을 때리지 않고, 먹지 못하면 배고프기 때문에 배고픈 사람에게 동정심을 갖는다. 영원히 살 수 없기에 겸손한 마음을 가지며 욕심을 내려놓을 수 있게 된다. 인간에게 약점이 없다면 인생에서 배울 수 있는 교훈이 얼마나 될까? 인간은 삶 속에서 고통을 통해 인격이 단련되는 것이다."[28]

인류가 진정 이 세계를 바람직하게 관리하면서 지속가능한 발전을 이루기 위해서는 무엇보다 인간 의식의 성장이 필요하다. 인간 스스로 돌아봄을 통해 '인간성'을 개선시키려는 노력이 필요하다. 이는 기술의 힘으로 해결될 일이 아니다.

인간은 정신과 육체의 존재이며, 특히 정신은 육체를 주도해 나간다. 육체와 기술이 정신과 의식을 대신할 수 없다. 인간 의식의 핵심에 해당하는 신성근원 의식에 대한 더 깊은 고찰이 필요하다. 정책학의 관점에서는 인간의 실천 이성이 과학 기술을 통제하고 선도할 수 있어야 한다. 결국 문명의 목적은 과학과 기술의 진보에 있는 것이 아니라 인간의 진보에 있는 것이다.

성찰적 기부운동: 슈워츠먼이 가르치는 '돈 잘쓰는 법'

지난달 19일 미국의 억만장자 스티븐 슈워츠먼Stephen Schwarzman, 72이 아무런 연고도 없는 영국의 옥스퍼드대학교에 1억 5,000만 파운드한화 약 2,208억 원라는 거액을 기부해 세상을 놀라게 했습니다. 옥스퍼드는 물론 영국 내에서 이제껏 찾아볼 수 없던 최고액수의 기부라고 합니다.

슈워츠먼과 옥스퍼드의 인연이라곤 십대 시절 한 번 대학교 캠퍼스를 찾아본 것밖에 없다고 합니다. 2년 전 부인 크리스틴과 함께 다시 방문하면서 학교에 대한 신뢰를 확인한 것인지도 모르겠습니다.

정말 눈길을 끄는 것은 대학 측에 대한 슈워츠먼의 주문입니다. "인공지능AI과 연결된 사회 문제를 해결하기 위한 인문학 연구에 써 달라." 급속한 기술의 변화가 사회에 이로운 방향으로 진행될 수 있도록 대학이 그 윤리적 구조를 세우는 데 기여해야 한다는 게 그의 기대요, 믿음인 것입니다.

슈워츠먼은 "AI는 우리 시대에 가장 중요한 이슈다. 이전과는 전혀 다른 성격의 기술이다. 그러나 대부분의 정부들이 이 분야를 어떻게 다루어야 할지 전혀 준비되어 있지 않다. 기술이 단지 어떤 것을 가능하게 한다는 이유로 허용되어서는 안 된다. 나는 그것이 인류 사회에 긍정적이고 생산적이기를 바란다."고 말합니다. 실제로 일부 경제학자들은 AI의 확장이 작업의 자동화로 인한 일자리 감소 등 사회에 심각한 영향을 줄 수 있다고 우려합니다. '제4차 산업혁명'의 격랑을 경고하는 사람들도 있습니다.

옥스퍼드대학교는 슈워츠먼의 뜻에 따라 새로운 인문학센터를 건립하고, AI 윤리 연구에 언어에서 철학에 이르는 다양한 인문학자들을 참여시킬 계획입니다. 마침 지난 5월 옥스퍼드대학교는 지나치게 사립 명문교에 우호적이라는 비판을 받아들여 신입생 선발에 일대 변혁을 예고했었습니다. 대학의 문이 잠재력을 가진 모든 학생에게 공평하게 열려 있어야 한다는 전제로 2023년까지 신입생의 4분의 1을 사회적 빈곤층에 할애한다는 계획입니다. 슈워츠먼 인문학센터는 이런 변화와 함께 옥스퍼드의 더 큰 발전과 사회에 대한 기여의 탄탄한 뒷받침이 될 것으로 기대됩니다.

국내에서도 남다른 열정으로 후학 지원에 앞장섰던 고 김정식 회장1929~2019, 대덕전자 창업자의 선행이 여러 번 화제에 올랐었습니다. 6·25동란의 고통과 뼈저린 가난 속에 힘겹게 젊은 시절을 보냈던 그는 "가난 때문에 공부 못 하는 아이들이 있어서는 안 된다"며 30년 동안 전국 이공계 대학에 장학금과 연구비를 지원했습니다. 김 회장은 특히 지난해 10월 MIT의 AI 연구센터 건립을 위한 슈워츠먼의 거액 기부에 크게 감명, 올 2월 모교 서울대학교에 AI 연구비로 500억 원을 기탁하고 세상을 떠났습니다. 선행은 그렇게 또 다른 선행을 부르는가 봅니다. 슈워츠먼이 세상에 '돈 잘 쓰는 법'을 전파하고 있는 셈입니다.

* 자료: 방석순, 「슈워츠먼이 가르치는 '돈 잘 쓰는 법'」, 『자유칼럼그룹』, 2019. 7. 3에서 수정 인용.

PART VII

정책학과 리더십

세상을 바꾸는 리더십

변혁적 리더십

세상을 바꾸는 리더십은 어떤 것일까?[1]

리더십에도 본질적 차원과 수단적 차원이 있다. 전자가 본질과 목적을 중시한다면, 후자는 수단과 기능을 강조한다. 가령, 거래적 리더십은 수단과 기능적 차원이다. '주고받기give & take'에 기초한 수단적 리더십이다. 이에 비해 변혁적 리더십은 본질과 목적을 강조한다. 사랑과 영적인 에너지를 바탕으로 나와 남, 우리 모두를 이롭게 하는 목적론적 방향성을 가지고 있다. 인간의 존재론에 근거한 휴머니즘을 바탕에 두고 있다.

변혁적 리더십은 지도자의 도덕이나 품격 같은 보다 상위차원의 리더십이다. 도덕성, 책무성과 함께 통합과 포용이라는 상위차원의 역량을 요구한다. 요즘과 같이 변동성과 불확실성이 높은 시대에는 통합과 포용이 특히 요구된다. 소통과 책임responsive and responsiblity을 통해 우리 사회를 휴머니즘으로 이끄는, 그러면서도 전체적으로 목적론적 방향성을 잃지 않는, 변혁적 리더십 말이다.

변혁적 리더십은 에너지energy, 내적 동원mobilization, 자발성spontaneity을 강조한다. 변혁적 리더십은 카리스마를 가지고, 영감을 이용하며, 조직구성원의 지적 발전을 위한 자극을 준다. 또한, 변혁적 리더십은 조직구성원 개인적 성향에 관심을 가지며, 조직구성원들의 잠재력을 고양시킨다B. M. Bass, 1990. 예수의 리더십은 종교와 신앙차원에서 거론되지만, 제자와 사람들의 내면을 변혁시켰다. 미온적 성격의 사람이 그를 만나면 한 가지 일만 파고드는 불같은 열성가로 바뀌는 사례는 셀 수도 없거니와 그의 그리스도 의식은 "영혼의 고양高揚을 통해 내재된 광휘光輝"[2]를 발휘케 만들었다.

세상을 바꾸는 리더들의 공통점

그렇다면 세상을 바꾸는 리더들의 공통점은 무엇일까?

하버드 대학 조세핀 교수는 세상을 바꾸는 리더의 특징으로 1) 담대한 태도, 2) 폭넓은 관점, 3) 사람을 이끄는 힘을 꼽았다. 이들은 주위 환경이나 상황들을 큰 그림의 일부분으로 보기 때문에 정서적인 안정감이 매우 높다. 그리고 '세상과 시대에 큰 영향을 미치는' 리더라는 공통점을 지닌다. 영성지능과 실존지능이 높은 것이다.

세계적 심리학자, 하워드 가드너는 한걸음 더 나아가 교육적인 관점에서도 영성지능과 실존지능을 길러야 한다고 주장한다. 그는 "우리는 왜 이 세상에 태어났는가? 나는 누구인가? 이 세상을 보다 좋은 곳으로 만들기 위해 나는 무엇을 할 수 있는가?"와 같은 근본적 고민을 하도록 가르쳐야 한다고 역설한다. "인간의 본질에는 사람을 사람답게 살게 할 근본적 질문이 내재되어 있으며", "인생은 결국 그 답을 찾으려는 허기짐과 노력의 연속"[3]이다. 따라서 특히 리더가 되려는 사람은 이러한 실존적 능력을 길러야 한다.

조선의 선비들도 이러한 사상을 강조했다. 가령, 율곡栗谷은 인간이 학문과 교육을 통해서 인성人性이 도야되고 인격人格이 향상되어야 비로소 사람다운 사람이 될 수 있다고 주장했다. 인간은 천지만물 가운데 유일하게 가장 높은, 지통지정至通至正한 기氣를 얻었기 때문에 가장 영명한 존재이며, 마음속에 허령불매虛靈不昧한 지혜를 갖추고 있다. 하지만 인간의 기질에 가려진 왜곡된 본성이 문제이다. 이러한 기질적 한계를 주체적인 자기 혁신, 학문과 교육 등을 통해 타파해야 한다. 그래야 세상을 바꿀 수 있는 리더가 될 수 있다는 것이다. 이것이 바로 수기치인修己治人의 정신이다.[4]

그런데 이러한 교육은 인간을 자발적이고 적극적이며 창조적인 무한한 가능성을 지닌 존재로 이해하는 데서 출발해야 한다. 인간을 무엇보다 내적 생명력의 존재로 이해하는 데서 자기 자신을 스스로 교육하는 '자기 주도적 학습'과 성장의 내적인 충동과 열정을 발견할 수 있다. 인간의 내적 생명력의 발로를 위해 동기를 부여하며, 자기 발전을 향한 내적 가능성을 자극함으로써 스스로 자기 발전을 이루도록 돕는 것이다.[5]

통합과 포용의 리더십

세상을 바꾸는 리더는 '공동체의 가치를 아는 사람'이다. 진정한 휴머니즘에 기초한 통합과 포용의 리더이며, 성찰과 공감의 리더이다.

하벨 체코 전 대통령이 제대로 지적했다. "정치는 권력의 기술을 조작하는 정치가 되어서는 안 된다. 인간을 인공 두뇌적으로 지배하는 정치, 공리와 책략의 기술로서의 정치가 되어서는 안 된다. 인생의 의미를 탐구하고 지키고, 인생의 의미에 봉사하는 정치가 되어야 한다."[6]

국민의 행복을 생각하고 대의를 생각하는 정치를 말하고 있다. 계산에 발 빠르고 유권자의 인기에 영합하는 대중주의나 인기영합주의에 빠지는 포퓰리즘 정치는 국가를 망하게 한다.

또 다른 예로는 남아프리카의 넬슨 만델라 대통령을 들 수 있다. "용서한다, 하지만 결코 잊어서는 안 된다." 만델라 대통령을 진정으로 위대하게 만든 것은 그의 포용성에 있었다. 사람들은 그가 27년간 굴욕적인 옥살이를 하고 나와서 당연히 보복이 있을

걸로 생각했다. 하지만 만델라는 달랐다. 흑인과 백인의 인종의 차이를 떠나서 모두를 감화시키는 그의 품격에 전 세계인들은 감동받았다. 이처럼 내편 감싸기, 편 가르기의 정치가 아닌 덕의 정치, 포용의 정치에서 우리는 진정한 지도자의 모습을 보게 된다.

정책학의 시대정신과 리더십

정책학의 성찰

정책학은 철학을 지닌 학문이다. 단순한 기능적 학문이 아니라는 의미이다. 관료제의 도구로 전락하거나 수단적 효율성에 빠져서는 안 된다. 정책학의 본질은 '인간의 존엄성', '목적론적 이상', '휴머니즘'을 강조한다.[7]

정책학은 '인간의 존엄성'이라는 학문적 이상을 실현하고자 한다. 정책현상에 대한 과학적 규명과 탐구를 목적으로 하면서도 그 철학적 지향점은 휴머니즘 구현에 있다. 따라서 정책학의 인문학적 사유의 기반과 지평이 넓고 깊어질수록 정책학의 본래 목적체계에 한 걸음 더 다가서게 되는 것이다.

정책학은 '인간'과 '존엄'에 대한 이해를 소중히 여긴다. 그 학문적 출발 자체부터 인문학과 목적의식을 공유하고 있는 것이다.

정책학의 인문학적 사유, 철학적 이해, 인식론적 깊이를 제공해주는 학문적 노력이 필요하다. 그렇게 할 때, 우리나라의 신뢰와 사회 자본은 축적되고, 그 토양 위에서 인간의 창의성에 기반을 둔 보다 높은 가치의 문화와 산업이 꽃피울 수 있게 될 것이다.

정책학의 이상

정책학은 사회공동체에 대한 이상理想을 강조한다. 미래에 대한 탐구를 강조하고, 미래 공동체의 꿈과 이상을 강조한다. 그리고 그러한 이상은 인간의 부단한 실천적 이성의 산물인 지식과 탐구를 통해 실현된다.

정책학에는 이상이 있다. 정책학이 인간의 존엄성과 실천적 이성을 강조하는 이유도 바로 그것이다. 우리 공동체를 좀 더 완성시켜 사랑과 지혜가 구비된 보다 성숙한 공동체를 실현시키고자 하는 꿈이 있기 때문이다.

정책학과 인간의 존엄성

정책학은 인간의 존엄성 실현을 목표로 한다. 우리 사회에서 소외된 자, 아픈 자, 핍박받는 계층을 배려하는 가슴 따뜻한 학문이 정책학이다. 정책학은 인간의 존엄성이라는 가치를 명시적으로 표방하면서 탄생했다.

정책분석에 있어서도 정책학은 정책이 최종적으로 전달되는 정책대상집단과의 '소통communication'과 '배려consideration'를 강조한다. 효율성 분석 이전에 정책수요와 공급, 그리고 환경에 있어서 정책대상집단에 대한 성찰성 분석이 필요하다. 이처럼 정책분석에 있어서 정책결정자가 명심해야 할 핵심 가치는 성찰성이다.[8]

정책학과 민주주의의 완성

라스웰H. Lasswell은 자신이 제창한 정책학을 민주주의 정책학이라 불렀다. 그 이전의 정책학이 소수의 군주 혹은 제왕의 이익에 봉사하는 독재자의 정책학policy science for tyranny이었다면, 1951년 이후 탄생한 정책학은 인류 보편의 이익에 봉사하는 민주주의 정책학policy science for democracy이다.

따라서 정책학은 민주주의와 밀접한 관련이 있으며, 민주주의의 완성을 추구한다. 민주주의라 함은 절차적 측면과 내용적 측면이 모두 포함된다. 민주주의의 제도와 절차가 구비되었다고 해서 내용적 측면까지 성숙된 것은 아니다. 정치적 선거로서의 제도나 법적 요건 이외에 상대방에 대한 배려, 공동체에 대한 배려가 있을 때 우리 사회는 한차례 더 성숙해질 수 있다. 즉, 절차적 민주주의procedural democracy가 내용적 측면에서까지 성숙한 성찰적 민주주의reflexive democracy가 되어야 한다.

이를 위해서 정책학은 참여정책분석participatory policy analysis이 필요하고, 숙의민주주의deliberative democracy와 성찰적 거버넌스reflexive governance가 필요하다. 정책대상집단들의 참여를 통한 소통과 대화가 필요하고, 이들의 충분한 숙의를 통한 정책결정이 중요한 것이다. 또한, 현대 정책과정에 있어서 복잡 다양한 정책 이해관계자들 간의 소통과 숙의에 기초한 성찰적 거버넌스가 필요한 것이다.

보수의 정신

보수의 정신이라고 불리는 영국의 에드먼드 버크E. Burke 경은, 보수의 역할은 자유민주주의라는 기본 질서 속에서 문명이라는 더 큰 헌정체제를 보존하는 것이라고 했다. 결국 그가 고민하였던 것도 당시 미국의 독립전쟁1776, 프랑스 대혁명1789, 인도경영과 관리부실1780 등 굵직굵직한 세계 문명사적 이슈 속에서 당시 영국 정부가 "어떻게 하면 인간의 고귀함과 존엄성을 바르게 구현할 것인가?" 하는 문제였다. 만일 당시 영국에 에드먼드 버크 경과 같은 살아있는 보수의 정신이 없었다면, "영국이 세계경영을 바르게 할 수 있었을까? 세계사는 과연 어떠한 방향으로 진행되었을까?" 하는 문제를 한번 생각해 보게 된다.

에드먼드 버크는, "정부는 개인적 자유와 사유재산을 지켜주되 점진적 개혁을 통해 합리적 지속가능성이 추구되어야 한다고 했다. 개인이나 공공의 삶은 전통과 지혜에 따라 이루어져야 하며, 인간은 지혜와 미덕의 성장을 통해 더 나은 질서세계로 나아갈 수 있다"는 것이다. 이에 "국가가 경솔하게 거짓 관념과 헛된 기대를 불어넣어선 안 되며, 모든 국민의 자유, 법 앞의 평등, 품위 있게 살 수 있는 기회를 제공해 주는 데 집중해야 한다."[9]고 주장했다.

칼 포퍼Karl R. Popper는 이렇게 말했다. "평등한 사회에서 검소하고, 자유로운 삶을 누릴 수만 있다면 얼마나 좋을까? 하지만 어느 정도 시간이 지난 뒤에야, 나는 이것이 기껏해야 환상에 불과하다는 사실을 깨달았다. 즉, 자유는 평등보다도 더 중요하다. (기계적) 평등을 실현하려는 시도는 자유를 위협할 수 있다. 그로 인해 결국 자유가 상실된다면, 자유롭지 못한 사람들 사이에서 평등이 있을 리 없다."[10]

칼 포퍼의 『열린사회와 그 적들』1945이 출간된 지도 반세기가 훨씬 넘는 세월이 흘렀다. 하지만, 열린사회에 대한 적들에 대한 경계는 아직도 유효하다. '열린사회'를 비판을 수용하는 사회, 진리의 독점을 거부하는 사회, 인간의 존엄을 추구하는 사회라고 볼 때, 아직도 우리 사회에는 열린사회와 대립되는 닫힌 사회주의적 요소, 가령 대중주의포퓰리즘, Populism, 패권주의, 전체주의로 옷을 갈아입은, 이성理性에 대한 반역反逆이 활개를 치고 있다. 열린사회의 신념이 약화될 때 그들은 언제든지 다양한 모습으로 부활할 가능성이 높다.

지적 우월주의나 독단주의는 열린사회의 또 다른 적이다. 이것 역시 닫힌사회로 가는 길목이 된다. 그러기에 칼 포퍼는, 열린사회의 시금석은 진실의 검증가능성testability 혹은 반증가능성falsifiability이라고 강변하였다.

> 내가 잘못되었을 수 있다. 그리고 당신이 옳을 수 있다. 그리고 우리가 노력하면 우리는 진리에 더 가까이 갈 수 있을 것이다.[11]

이러한 지적 겸손과 다른 사람의 견해에 대한 친절, 열린 태도야말로 열린사회를 지켜주는 인식론적 기반이다. 마치 아인슈타인이 닐스 보어에게 그랬던 것처럼,[12] 분별력은 지니지만 반증 가능성을 열어두는, 마치 속세를 떠난 듯한 순수성으로, 때론 어린아이와 같은 때묻지 않은 단순성으로, 솔직함과 친절과 지혜를 가지는 것이다.

4차 산업혁명 시대의 리더십

4차 산업혁명과 인간의 존엄성

4차 산업혁명은 단순히 '산업'혁명이 아니다.[13] 과학기술과 산업적 영역뿐만 아니라 장생사회, 문화예술, 미래도시, 라이프스타일 등 인간 생활의 모든 영역을 터치하고 있다. 이는 하나의 문명사적 변혁이며, 나아가 인간의 존재 자체의 정체성 이슈에 도전하고 있다. 클라우스 슈밥Klaus Schwab은 "4차 산업혁명은 우리가 일하는 방식what we are doing에만 영향을 주는 게 아니라, 우리의 존재성 그 자체what we are에 영향을 준다"고 역설했다. "나는 누구인가? 그리고 인간은 무엇인가?"라고 하는 정체성 문제 속에서 인간수명의 연장, 영생의 구현, 인간과 로봇의 경계 소멸과 같은 다양한 제도적, 윤리적 문제들이 등장할 것으로 보았다.

캐나다 쥐스탱 트뤼도Justin Trudeau 총리 역시 “기술만으론 우리 미래를 예측할 수 없다. 리더십이 우리 미래를 결정할 것이다. 진정한 리더는 급격하게 변화하는 세상에서 모든 사람들이 기회를 찾을 수 있는 방향을 알려줘야 한다”고 강조했다. 인간성에 기반을 둔 휴머니즘의 구현, 즉 인간의 존엄성을 강조한 것이다.

4차 산업혁명과 하버드 대학의 미래사회연구소

미국 하버드 대학 케네디 스쿨은 정책학 교육 및 연구로 세계적 명성을 보유하고 있다. 그들은 최근 “새로운 프론티어 정신”이라는 기치를 내세우며, 미래사회연구소Future Society를 세웠다.

다음 그림은 이를 보여 준다. 앞에서도 잠깐 언급한 바 있는 그림인데 이를 수정하여 다시 가져와 보았다. 즉, 하버드 미래사회연구소에서는 먼저 NBICNBIC: Nano, Bio, Information, Cognitive Technology가 내세우는 나노, 바이오, 정보, 인공지능 등의 융합적 발전이 지수적인 발달exponential growth 추세를 보이고 있다는 점에 주목하고 있다. 그리고 이러한 생명과학기술의 지수적 발달, 우주기술 및 나노물질 기술의 융합과 같은 세계적 트렌드에 대비하여 본질적이고 윤리적인 연구가 필요하다고 보고 있다. 이에 따라 첨단기술에 부응하는 정책연구와 함께 여기에 수반되는 윤리적인 문제들의 창조적 정책대안crucial ethical questions & policy choices에 대해 연구하고 있다. 이는 또한 제3세대를 뛰어넘는 제4세대 정부모형에 대한 연구를 의미하는 것이다.

그림 7-1 하버드대학 NBIC와 제4세대 정부모형

On the Edge of a New FrontieHarvard Kenndy School's Future Society

On the Edge of a New Frontier

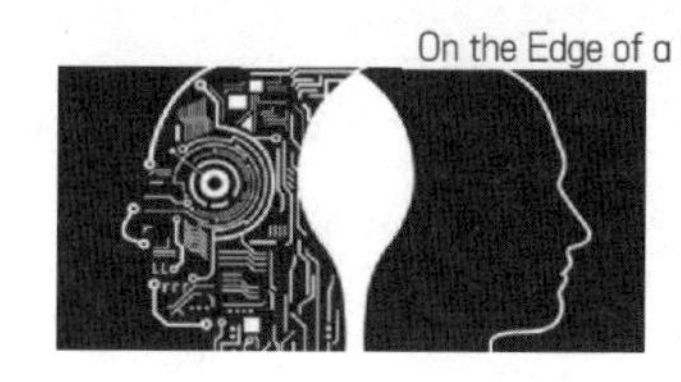

Our world is undergoing a technological explosion. Echoing J.F. Kennedy's famous vision, it truly seems that "we stand today on the edge of a New Frontier". Since the turn of the 21st century nanotechnology, biotechnology, information technology, and cognitive sciences (NBIC) are converging and changing the elementary building blocks of matter and machines, our bodies and brains, and even our societies and environment. As our understanding and control over these elements dramatically increases in the coming decades, our societies will be confronted with an array of crucial ethical questions and policy choices.

- 지수적 발달에 대한 NBIC(Nano, Bio, Information, Cognitive Tech)의 대응
- 본질적인 도덕적 변화에 대응하고 정책 대안 수립의 의무(crucial ethical questions and policy choices)

4차 산업혁명과 리더십

다보스 포럼에서는 최근 "소통과 책임의 리더십responsive and responsible leadership"을 강조했다. 4차 산업혁명 시대를 선도할 리더는 불확실성으로 인해 불안감과 좌절감을 느끼는 사람들에게 진솔하게 반응하는 소통의 리더가 되어야 한다는 점과 공정하고 지속적인 성장이 가능한 대안을 제공하는 책임감을 가진 리더여야 한다는 점을 강조한 것이다.

이처럼 새로운 시대에 부응하는 리더의 역량은 단순한 전술이나 기술적 능력이라기보다는 도덕성과 통찰력에 기초한 종합적 안목이며 책임감이다.

4차 산업혁명과 정부모형

그렇다면 4차 산업혁명을 맞이하여 정부는 어떤 방향으로 운영해야 할 것인가?

국정의 최고 리더가 방향을 잡고 전략을 제시한다면, 정부는 그 방향 하에서 유능한 집행자가 되어야 한다. 다보스 포럼은 『정부의 미래: 세계 각국으로부터의 교훈The Future of Government: Lessons Learned from around the World』이라는 학술대회를 통해 4차 산업혁명 시대에서의 정부모형은 FAST GovernmentFlatter, Agile, Streamlined, Tech-savvy: 더 수평적이고, 더 민첩하며, 더 슬림화되고, 더 기술에 유능한 정부여야 한다고 강조했다.

4차 산업혁명 시대에서 정부는, **1) Flatter더 수평적인 정부**: 수평적인 정책결정 구조를 기반으로 사회문제를 신속하게 해결하는 정부, **2) Agile더 민첩한 정부**: 다양하게 자원, 조직, 프로세스 등을 조직화시킬 수 있는 민첩한 정부, **3) Streamlined더 슬림화된 정부**: 기술발전 및 노동시장의 재편을 통해 슬림화된 정부, **4) Tech-savvy더 기술에 유능한 정부**: 미래지향적 기술역량을 갖춘 유능한 정부가 되어야 한다.

이처럼 4차 산업혁명 시대에는 행정 서비스 공급 주체가 정부에 한정되지 않으며, 정부와 민간의 긴밀한 협력적 거버넌스가 강조된다. 또한, 급변하고 불확실한 사회문제 해결을 위해 '즉시성', '기민성', '수평성', '슬림화' 등이 중요하다. 이를 위해 정부는 4차 산업기술을 활용할 수 있는 첨단기술 인프라를 구축하는 등, 기술 인프라 역량을 강화할 필요가 있다.

PART Ⅷ

한국 정책학 연구

한국 정책학 연구란 무엇인가?[1]

정책학은 라스웰H. Lasswell, 1951의 제안으로 그의 동료들과 함께 발전시켜온 독창적인 학문 체계이다. 그동안 많은 학자들의 연구를 통해 독자적인 학문체계를 이루며 발전하였고, 우리나라에 들어와서도 많은 발전을 이루었다. 그러나 그 '발전'이 단순한 외형적 성장인지 혹은 그 안의 질적인 기조를 핵심으로 유지한 채 일구어낸 발전인지에 대해서는 많은 비판적 지적이 존재한다허범, 2002: 305; Ascher, 1987: 371; Brunner, 1991: 65-66. 예컨대, 라스웰Lasswell이 주창한 정책학의 이상과 기조 그리고 정책이론의 패러다임은 한국에 들어와 제대로 착근着根·발전發展되고 있는가? 또한 과연 미국에서 제안된 여러 이론과 모형은 실제 한국의 정책에 잘 적용할 수 있는가? 만약 그렇지 않다면 이론과 모형이 틀린 것인가 아니면 한국의 상황적 맥락에 맞게 수정될 수 있는 것인가?

한국 정책학 연구에 대한 논의는 이와 같은 문제의식에서 출발한다. 정책학 연구가 '한국화' 되기 위해서는 먼저 다음과 같은 세 가지 관점에 대해서 검토해야 한다.

첫째, 외부 학문의 선진성을 인정한다. 따라서 후발국은 이들을 수입하는 동시에 이들의 유용성을 검증할 필요가 있다.
둘째, 외부 학문의 선진성을 인정하기 어렵다. 학문 연구란 자아 준거성과 주체성을 가지고 자아의 실존적 욕구에 따라, 또 그러한 필요를 제대로 충족시키기 위해 그에 합당한 지식을 추구하는 과정일 뿐이다.
셋째, 선진성, 후진성을 논의할 필요는 없다. 오직 상호작용성이 있을 뿐이다. 즉, 외부 학문과 내부의 실제현상 간에 상호작용이 일어나면서 변화되고 소용所用되는 과정으로 보아야 한다안병영, 2005: 6-8.

한국 정책학 연구에 대한 논의는 이 중 두 번째와 세 번째의 관점에서 출발한다. 즉, 단순하게 외부의 학문을 그대로 답습, 수용하기보다는 현재의 당면한 정책현실에서 자아 준거성과 주체성을 가지고 이에 합당한 지식을 추구하는 과정이 정책학 연구의 '한국화'이다.[2] 따라서, '한국화'란 학문적 국수주의나 폐쇄성을 정당화하는 개념이 아니며, 서양학문의 우월성을 강조하는 개념도 아니다. 서양이론의 학문적 보편성에 빠져 한국 현실의 자아 준거성을 상실해서는 안 되는 것이다. 자아 준거성이 축적되고 상호작용이 이루어지는 과정을 거쳐 최종적으로 '학문적 보편성'이라는 큰 그림이 완성될 수 있을 것이다.

한국 정책학 연구의 비판적 성찰

도구주의적 함몰

허범2002: 308은 한국 정책학 연구의 본질적 발전을 위해 정책학의 이상과 목적론적 구조를 분명하게 할 필요가 있다고 주장한다. 이를 위해서는 다음과 같은 과제가 검토될 필요가 있다.

첫째, 탈실증주의에 기초한 맥락지향적 정책연구, 단순한 효율성 분석을 넘어서서 보다 심층적으로 정책윤리 및 가치문제를 분석하려는 노력이 필요하다. 근본적으로 중요한 문제의 탐색과 함께 인간의 존엄성을 실현하는 정책연구가 강조되어야 한다.

둘째, 도구적 합리성, 기술 관료적 지향성, 분석적 오류를 넘어선 민주주의 정책학이 필요하다. 좁은 의미의 인과구조를 넘어선 탈실증주의 정책학이 강조되어야 하며, 정책연구와 정책형성에서 '참여와 숙의deliberation', '토론과 논증argumentation'이 강조되는 실천적 참여정책분석participatory policy analysis과 숙의민주주의deliberative democracy가 강조되어야 한다Deleon, 1990; Durning, 1993; Forester, 1993; Fisher, 1998; Hajer, 2003.

이와 유사한 관점에서 이종범2003은 행정 및 정책학자들이 학문연구에 있어서 미시적 부분을 등한시하는 경향이 있음을 지적하였다. 조직이나 행정 속의 한 개인은 특정 환경 맥락 하에서 행동하기에 정책현상의 설명은 맥락 지향적 연구를 해야만 이론의 적실성이 확보될 수 있다는 것이다이종범, 2003: 20; 윤견수, 2005: 2.

윌리엄 아셔W. Ascher1987: 365는 정책이란 정책이 형성되고 적용되는 과정에서 만들어진 사회적 구성물을 파악하는 것이 중요하다고 강조한다. 따라서 상황적 맥락이 중요하며, 통계적 방식만으로는 변수들 간에 얽힌 복잡한 연결성과 인과구조를 파악하기 어렵다. 이러한 관점에서 정책의 복합성을 제대로 연구하기 위해서는 문제해결 및 맥락 지향적 접근이 필요하며, 인간행태에 관한 일반법칙을 추구하기보다는 실제 현실맥락에 적합한 타당한 지식을 추구해야 한다. 정책학 태동의 실용주의 철학을 제공한 존 듀이J. Dewey, 1916 역시 행태주의가 갖는 피상적 인과성은 위험하며, 사회과학의 풍부한 이론과 맥락에 토대를 둔 실용주의적 접근이 필요하다는 점을 강조하였다.

계량주의적 편향

정책학 연구에 있어서 주로 사용되는 방법들은 통계를 활용한 계량분석이 주된 경향을 이루고 있다. 한국정책학회보에 실린 연구논문의 편향을 분석하면, 2019년 기준으로 지난 10년간 계량을 사용한 논문과 사용하지 않은 논문의 게재 비율은 57 : 43로 통계 논문의 비율이 훨씬 더 높은 것으로 나타났다.

윤견수2005: 10-14는 행정학 분야에서 양적연구의 편향성 원인은, 행정학의 학문적 성격, 행정학의 교육 내용과 방법, 학술논문 평가 기준과 평가 방식, 타학문 분야와의 미흡한 교류 등에 기인한다고 지적한 바 있다. 이러한 지적은 정책학 분야에도 유사하게 적용될 수 있다. 이를 좀 더 분석해 보면 다음과 같다.

첫째, 연구대상의 복잡성complexity으로 인해 오히려 양적연구로의 편향성bias이 발생할 수 있다. 정책문제는 연구주체와 연구대상 간의 상호의존성을 전제하기 때문에 이를 둘러싼 맥락을 통해 총체적이고 전반적으로 다루어져야 하지만, 이것이 사실상 쉽지 않기 때문에 일견 손쉽게 계측가능하고 평준화된 단위에 기초한 계량연구로 치우치는 경향이 있다. 이는 한국적 맥락과 같은 연구대상의 개별성·다양성·복잡성을 포착하는 것을 저해한다.

둘째, 시장 논리와 경쟁을 염두에 둔 학술논문의 평가 기준과 방식이 국외의 새로운 이론적용 및 검증에 중심을 두는 양적연구로의 편향성bias을 발생시켰다. 즉, 변수를 양적으

> 로 계량화될 수 있고, 평가될 수 있는 것을 중시하는 신자유주의적 사회분위기가 이런 경향을 부추킨 것이다. 결과적으로 단기간에 실적을 보여줘야만 하는 '시장논리'로 인해 상대적으로 많은 시간과 비용이 소요되는 깊이 있는 논의와 질적 연구는 상대적으로 퇴조할 수밖에 없었다.

이러한 한국정책학 연구에서의 계량주의적 편향은 '문제지향성', '맥락지향성'을 통해 보다 현실 적합적 문제해결을 추구하는 라스웰의 정책학 패러다임과도 배치背馳된다. 한국적 정책맥락에 맞는 인간의 속성에 대한 깊이 있는 이해와 연구보다는 단기적인 성과위주에 치중하는 것이기 때문이다. 또한, 한국의 정책현실에 기초한 풍부한 경험을 가지고 있는 실무진의 지식을 학계로 잘 접목시키기 어렵게 만든다. 그 결과, 한국 사회의 현실에 기초한 폭넓은 맥락을 고려하지 않는 순수 계량주의적 경향은 라스웰H. Lasswell이 강조한 근본문제의 탐구와 창조적 대안 제시를 어렵게 하며, 그 결과 라스웰 패러다임이 강조한 '과정과 내용of & in' 정책연구 및 한국적 맥락에 맞는 정책문제 해결을 위한 합목적적 지식knowledge in the policy process을 위축시키는 결과를 초래할 수 있다Lasswell, 1970: 3.

한국 정책학의 연구의 발전 방안

방법론적 다각화

정책현상의 복잡성과 동태성을 제대로 포착하기 위해서는 외견상 계측 가능한 관찰 포인트에 대한 일반적·계량적 연구만으로는 한계가 있다. 정책현상의 맥락에 기초한 동태적·정성적 노력이 필요하다. 정책학 연구의 한국화 담론 역시 한국의 특수한 정책현상에 대한 보다 심층적인 탐구가 필요하다는 문제의식에서 출발한다. 따라서 한국 정책학 연구의 심도 있는 발전을 위해서는 한국 정책현상의 복잡성·동태성에 기초한 맥락 지향적 연구가 필요하며, 이를 위해서는 계량연구를 포함한 방법론적 다각화가 요구되는 것이다.

한국 정책학 연구에 있어서 통합연구를 지향하고, 정책학 본연의 문제를 해결하기 위한 노력이 없었던 것은 아니었다. 최근까지도 연구방법에 있어서 다각화된 통합연구 방법과 정책학 본연의 성질을 다루기 위한 여러 방법론적 제안 등이 있어 왔다. 다만 그 노력이 매우 미약하였다. 정책학 연구 분야에서 현재 이루어지고 있는 방법론적 노력에는 신제도주의의 방법론적 적용과 통합적 연구방법론의 지향 등을 들 수 있다.

이명석2006: 1은 '네트워크 사회의 정책학'에서 정책학이 정책학 태동 초기의 정책학 패러다임을 이탈하였는데, 이는 사회문제가 발생하는 맥락에 대한 정확한 이해를 어렵게 하는 정책학의 방법론에 있다고 주장했다. 그는 라스웰 정책학 패러다임이 네트워크 사회에서 보다 더 적실성 높게 구현될 수 있는 방법론으로써 신제도주의를 거론했다. 그리고 신제도주의의 분석방법의 하나인 제도분석틀이 문제해결을 위해 사용될 다양한 방법론의 통합을 실현할 수 있을 것으로 보았다. 즉, 오스트롬이 제시한 제도분석틀 IAD: institutional analysis and development framework은 맥락과 개인 모두를 포괄할 수 있는 사회현상의 요소로서 물리적 속성환경, 규칙적 속성정책, 공동체 속성규범, 행동의 장, 행위자 등 제도와 맥락을 총체적으로 다루는 장점이 있다는 점을 강조한 것이다.

우리는 앞에서 정책학은 모형으로 연구하는 학문이며, 단선적 모형에서 입체적 모형으로 진화하고 있다는 점을 살펴보았다. 특히 Hupe & Hill2005이 제안한 다층적 거버넌스 모형은 오스트롬의 제도분석틀을 토대로 발전된 것임을 언급한 바 있다. 이런 관점에서도 오스트롬의 IAD모형이 지니는 다차원적 맥락성과 입체적 유용성은 긍정적으로 평가할 수 있겠다.

한편, 김성배2005: 21는 신제도주의 정책연구의 활용가능성을 신제도주의 경제학의 관점에서 찾았다. 그는 정책연구에 활용가능성이 큰 접근법으로 '비교제도분석법'comparative institutional analysis을 제시하는데, 이는 단일제도의 이상적인 형태를 비교하기보다는 주어진 상황에서 여러 가지 대안적 제도들의 상대적 역량을 비교해야 한다고 강조했다. 특히 정책결정관련 제도의 작동에 참여하는 참여자들을 중심으로 그들의 동기부여, 정보, 상호작용 그리고 제도적 환경과의 작동 과정을 총체적인 맥락에서 분석할 필요가 있다고 주장했다. 이러한 접근법 역시 우리가 위에서 제기한 한국 정책현상의 복잡성·동태성을 포착하는 맥락 지향적 연구 방향의 좋은 예시가 될 수 있을 것으로 본다.

심준섭2006:1은 사회과학에서 양적 방법론quantitative methodologies과 질적 방법론qualitative methodologies 사이에서의 격론으로 인해 연구방법에 있어서 이분법을 낳았다고 주장한다. 그리고 이것이 방법론의 융합이나 바람직한 연구를 위한 토대를 마련하는 데 많은 어려움을 초래했다고 보았다. 따라서 향후에는 양 방법론 간의 특징을 비교한 후 이러한 방법론들을 통합해 나가려는 노력이 필요하다고 주장한다.

하버드대 마이클 샌델 교수 역시도 유사한 인식을 보여주었다. 그는 『정의란 무엇인가』에서 사회정의 역시도 보편적인 도덕원리로써 설명하는 것보다는 다양한 사례를 통해 맥락 지향적으로 접근되어야 한다고 주장했다.

이상의 논의들은 정책이란 다양한 사회적 맥락 속에서 형성되고 집행되는 것임에도 불구하고 정책학이 계량 주의적 연구에만 집착한다면 사회로부터 탈맥락화될 수 있는 위험성이 있다는 점을 시사해주고 있다. 계량적 연구는 특정한 가설을 기반으로 현장에 대한 방문조사, 심층면접 혹은 심리학과 인류문화학적 접근의 통합보다는 '탁상연구desk research'를 통해 과학적 통계를 구축하고 객관적 사실을 파악하는 방식으로 진행되기 때문이다. 또한, 이러한 단순한 통계주의적 분석은 복잡한 정책현상 속에 담긴 다양한 가치와 이해관계의 충돌을 포착하기 어렵게 만든다Woodhouse, 1996; 김은성, 2010: 405-406.

한국 정책현상을 제대로 파악하고 이에 대한 심도 깊은 접근을 위해서는 정책현상에 근저하고 있는 사회체계 내의 문화유전자DNA에 대한 깊이 있는 이해를 필요로 한다. 이러한 관점에서 한국 정책연구에는 심층적 인지학적 접근, 문화인류학적 고찰, 그리고 심리학적 접근이 필요하다. 이런 관점에서 문상호·권기헌2009: 1-27은 한국적 정책맥락에서의 정책수용성을 높이기 위해서는 사회적 구성주의에 기초한 성찰적 정책모형이 개발될 필요가 있음을 주장했다. 즉, 정부정책을 신뢰하지 못해서 발생한 쇠고기 파동과 같은 사례는 미국의 정책이론 혹은 경제이론의 도구적 적용만으로는 한국인의 정서에 기초한 근원적인 사항을 파악하기 어렵다는 점을 보여 주었다.

정책사례의 축적

정책현상에 대한 훌륭한 사례개발이 필요하며, 이러한 사례의 축적을 통한 한국 정책학 이론의 개발이 필요하다. 이는 한국의 행정학과 정책학 공부를 통해 정부나 공공기관으로 진출하려는 학생들에게 실용적으로 유익할 것이다. 또한 행정학 및 정책학 공부를 통해 보다 심화된 이론연구를 지향하는 학문후속 세대들에게도 큰 도움이 될 것이다. 더 나아가 향후 보다 한국화에 초점을 맞춘 정책연구의 축적은 한국 상황에 부응하는 정책이론이나 정책모형의 연구를 촉진시킬 것이다.

결어: 한국 정책학 연구의 보편성과 특수성

정책학 연구의 '한국화'가 정책학 이론이 지향하는 '보편성' 추구 노력을 저해하는 것은 아니다. 정책학은 맥락 지향적 관점에서 '한국 정책학 연구'를 발전시켜 나갈 수 있다. 학문적 국수주의나 폐쇄성에 빠지지 않으면서도 자아 준거성과 주체성을 가지고 외국의 이론들과 열린 상호작용을 해 나갈 수 있을 것이다. 이를 통한 한국 정책연구의 축적은 정책이론이 추구하는 '일반성'과 '보편성'을 한 차원 더 높게 발전시킬 것이다.

라스웰H. Lasswell이 정책학이라는 독창적인 학문체계를 주창한 지도 반백년이 넘었다허범, 2002: 293. 그 뒤 정책상황의 변화도 다양하게 전개되었지만, 과연 라스웰과 그의 동료들이 주창하고 발전시켜온 맥락에 토대를 둔 정책학 패러다임의 목적과 이상이 한국의 정책연구에 제대로 착근하고 있는지에 대해서도 한번 반성해 볼 필요가 있다.

한국의 정책현상을 보다 현실성 있게 '설명'하고 '예측'하는 '근거이론Grounded Theory'으로 발전시켜나가려는 노력과 함께 외국에서 개발된 정책 이론 및 모형을 한국의 정책현상에 접목시키려는 노력이 필요하다. 이를 통해 한국 정책학은 한국의 맥락에 맞는 창조적 정책대안을 제시할 수 있을 것이다. 그리고 이를 통해 정책학 이론이 본래적으로 지향하는 '학문적 보편성'을 완성하는 데에도 크게 기여할 것이다.

PART

IX

정책학의 새로운 패러다임

대한민국의 위기와 사회변화[1]

대한민국은 현재 저성장 시대에 진입하면서 성장엔진이 힘을 잃어가고 있으며, 사회 곳곳에서 희망의 사다리가 무너지고 있다. 특히 1) 경제상황 악화, 2) 인구구조 악화, 3) 사회적 불평등 등으로 이어지는 삼중고三重苦에 직면하게 되었다. 하지만 4차 산업혁명이 도래하면서 기술혁신 등의 노력에 박차를 가하면 위기는 곧 기회로 전환될 수도 있는 등 정책 환경은 실로 다차원적으로 진행되고 있다.

첫째, IMF는 최근 2019년 세계경제전망WEO보고서에서 미국과 중국의 무역 갈등을 위험 요인으로 지목하면서 최대 1000억 달러약 113조의 자금이 신흥국에서 빠져 나갈 수 있다고 전망했다. 2008년 글로벌 금융 위기와 맞먹는 위기가 닥칠 수 있다고 예측했다.

둘째, 저출산 인구감소의 문제가 심각한 사회문제로 대두되었다. 2019년 한국의 출산율은 0.97명으로 OECD국가 중 부동의 1위를 달리고 있다.

셋째, 사회적으로 양극화와 불평등의 수준이 임계점에 도달하고 있다. 특히 학력, 노동, 소득 등의 양극화가 심화되고 있는 상황이다.

마지막으로, 한편 지금 전 세계는 미국, 독일 등 선진국을 중심으로 제4차 산업혁명이라 불리는 새로운 환경에 직면해 있다. 4차 산업혁명의 키워드는 초연결성, 초지능성, 초예측성이다. 산업과 산업 간의 초연결성Super Connectivity을 바탕으로 초지능성Super Intelligence을 확보하며, 이를 완전한 미래예측Future Foresight으로 연결시키겠다는 것이며, 이는 위기이자 기회로 다가오고 있다.

정책학의 새로운 패러다임에 대한 요구

정책학의 패러다임이라는 관점에서 이러한 문제들은 어떻게 봐야 할 것인가? 총체적 격변의 시대age of turbulence에서 정책학은 어떤 역할이 필요한가?

정책학의 궁극적 목적은 인간 존엄성을 충실히 실현시키는 것이다Lasswell, 1951. 정책학은 "인간이 사회 속에서 봉착하는 근본적인 문제", 즉 문명사적 갈등, 시대사적 사회변동, 세계적 혁명추세, 체제질서 차원에서 일어나는 문제 등을 근본적으로 찾아 이를 해결하는 학문이다.

정책학의 테제thesis는 우리 국가와 사회가 직면한 근본적 문제를 찾고search, 그 근본 해결책solution을 제시하는 것이다. 그 과정에서 우리나라 맥락에 맞는 최적 대안을 연합 학문적으로 찾는 것이다.

그렇다면 우리 사회가 직면한 근본적 문제는 무엇인가? 우선 중요성과 시급성을 기준으로 살펴보자.

첫째, 북한 핵문제와 한미일 동맹 약화 등으로 인해 현실적으로 다가오고 있는 대한민국의 체제 위기에 대해 근본적으로 대처해야 한다.

둘째, 경제, 외환, 무역위기 등의 경제위기 속에서 산업 구조개편, 노동개혁 등 한국 경제의 창조적 혁신과 변혁에 대해 근본적으로 고민할 필요가 있다.

셋째, 4차 산업혁명으로 대변되는 첨단기술과 고용문제의 험난한 도전 속에서 우리에게 주어진 위기와 기회는 무엇인지 점검하고, 우리나라가 글로벌 경쟁 속에서 4차 산업 강국으로 도약할 수 있는 방안을 모색해야 한다.

넷째, 불공정과 정의, 소득격차의 심리적 좌절을 딛고 희망의 사다리를 복원시킬 수 있는 인재양성과 교육정책에 대해서도 연구해야 한다.

정책학 패러다임의 새로운 지향성

정책학도들은 이러한 근본적 문제들에 대해 학술적 담론을 형성하고 창조적 대안을 찾아야 한다. 그 과정에서 관련 부처의 공무원, 언론, 지자체 혹은 공공기관 등 핵심 이해관계자들과 머리를 맞대고 실질적이고도 효과적인 대안을 모색해야 한다.

창조적이고도 실질적 대안들을 찾고 논의하는 과정에서 정책학의 패러다임이 놓치지 말아야 할 근본가치나 핵심이념들은 어떤 것들이 있을까?

인간의 존엄성: 정책학의 목적구조의 명확화

먼저, '인간의 존엄성'에 대한 가치이다.

라스웰H. Lasswell이 주창한 정책학 패러다임은 '인간의 존엄성'이라는 목적가치를 처음부터 분명하게 선언했다. 요즘 심심찮게 들리는 단어들이 행정의 도구적 합리성, 편협한 실증주의, 수단 가치에의 매몰, 영혼 없는 공무원 같은 것들이다. 이런 현실 속에서 정책의 목적 가치에 대한 분명한 정립은 그 어느 때보다 중요하다. 이는 캄캄한 밤바다, 망망대해茫茫大海의 항구나 등대와 같은 역할을 할 수 있을 것이다.

성찰적 정책학

앞으로 정책학에게 요구되는 이념은, 이러한 맥락에서, 효율성과 민주성에 더해 인간의 존엄과 같은 상위 차원의 철학적 성찰을 요구하고 있다.

오늘날처럼 복잡한 사회문제 해결에 있어서 단순히 효율성에 치우친 기계적인 접근방식으로는 한계가 있다. 복잡하고 어려운 사회문제가 더 많아지고 치열해질수록 인간의 본연의 문제와 존엄과 같은 근본적인 문제에 관심을 가져야 한다. 정책학 본연의 목적가치에 대한 분명한 정립, 그리고 그에 따른 대안과 우선순위 분석이 필요한 것이다.

이는 정책학 본연의 패러다임에 내재된 '성찰적 요소'들 때문에도 더욱 그러하다. 이러한 논리와 사유의 근거는 다음과 같다권기헌, 2012: 191-192.

첫째, 정책학은 사회공동체에 대한 이상理想을 강조한다. 정책학이 인간의 존엄성과 실천적 이성을 강조하는 이유도 우리 공동체를 좀 더 완성시켜 지혜와 덕행이 구비된 성찰적 공동체를 실현시키려는 꿈과 이상이 있기 때문이다.

둘째, 정책학은 인간의 존엄성을 지향한다. 정책학에서 강조하는 인간의 존엄성은 국가이익에 기초한 국가의 존엄성을 뛰어넘는 인류공동체적인 휴머니즘에 기초한 보편적 존엄성이다.

셋째, 정책학은 실천적 이성理性을 강조한다. 실천적 이성이란 민주사회의 보편적 시민이라면 누구나 다 갖추어야 할 인간 내면의 이성이다. 정책학은 대화와 토론을 통해 공공선과 보다 창조적인 미래를 추구하는 인간 내면의 실천적 이성에 기초하고 있다.

넷째, 정책학은 정책대상집단을 배려配慮하는 가슴 따뜻한 학문이다. 정책학은 정책이 시행되는 정책대상집단과의 '소통' communication과 '배려'consideration를 강조하는 가슴 따뜻한 학문이다. 정책학은 효율성 분석 이전에 정책수요 분석과 함께 정책대상집단의 동기의 적합성에 대해 분석해야 한다. 이러한 정책분석에 있어서 정책결정자가 견지해야 할 핵심가치는 성찰성이며, 이러한 분석모형을 성찰모형이라 고 한다.

다섯째, 정책학은 민주주의의 완성을 추구한다. 하지만 민주주의 정책학이란 주로 절차적 측면과 제도적 측면이 강조된 것인 바, 이러한 제도적 조건 외에 상대방에 대한 배려와 마음, 공동체에 대한 마음이 있을 때 우리 사회는 한차례 더 성숙해질 수 있을 것이다. 절차적 민주주의가 내용적 측면에서까지 꽃핀 상태가 성찰적 민주주의이며, 따라서 민주주의 정책학은 성찰적 정책학으로 완성되어야 한다.

정책학과 긍정성의 연계

정책학이 '인간의 존엄성'이나 '성찰성'과 같은 상위차원의 이념에 충실하려면 정책에 담긴 미래가치와 긍정성에 좀 더 주목할 필요가 있다.

우리사회의 많은 문제점 중의 하나는 타인에 대한 배려가 줄어들고 있으며, 긍정성보다는 배타성, 양보보다는 독선, 지나친 이기주의 등이 팽배해 있다는 점이다. 신자유주의에 따른 성과주의 문화가 확산하면서 언제부터인가 지나친 경쟁의식, 승자독식, 성과에 대한 지나친 집착이 만연하고 있다. 또한 이에 따라 우리 편에 대한 무조건적 '편들기'와 상대편에 대한 '배제' 등의 진영논리가 만연하다.

창조성은 협소한 배제심리 속에서는 꽃피지 않는다. 긍정성의 문화, 타인에 대한 이해와 배려하는 넓은 마음속에서 생긴다. 그리고 직무에 몰입할 수 있을 때 생긴다.

앞으로 정책학은 이러한 긍정심리의 정책학에 대해 보다 많은 관심과 연구가 필요할 것이다.

증거기반 정책분석의 강화

증거기반 정책Evidence-Based Policy이란 과학적이고 객관적인 최선의 증거를 근거로 삼는 정책을 말한다Solesbury, 2001; Davies, 2004. 이는 검증되지 않은 개인적·집단적 사견에 근거한 정책Opinion-Based Policy과 대비되는 것이다. 즉, 편의적인 증거 선택 또는 이데올로기적 시각과 편견 등에 기초한 정책과 반대되는 것이다Gray, 1997.

특히, 오늘날 정부활동에서는 정치적 이념이나 편견에 따른 정책분석과 집행, 그리고 평가가 빈번하다. 그러나 정책형성과 집행 및 평가의 과정은 최대한 과학적인 방식으로 수행되어야 하며, 그 타당한 근거가 확보되어야 한다Schwandt, 1997. 즉, 정책 정당성의 원천을 객관적 증거evidence에 둠으로써 정치적 이념 및 편견에 따른 의사결정을 지양해야 한다.

타학문과의 연계 강화: 외교안보, 행동경제학, 4차 산업혁명 등

정책학의 특성 가운데 하나인 통섭 혹은 연합학문지향성은 복잡하고 다양한 정책문제를 해결하기 위해 인접학문들과의 연계하는 것을 의미한다. 라스웰H. Lasswell의 세 가지 접근방식은 문제지향성, 맥락지향성, 연합학문지향성이다. 정책지향의 완성을 위해 'of & in'을 강조했는바, 하나는 정책과정이고 다른 하나는 정책내용이다. 하지만 정책지향의 완성을 위해서는 연합 학문적 접근이 필요하다. 즉, 정책학은 정책과정의 합리성이나 정책내용의 전문성 강화를 위해 정치학, 경제학, 사회학은 물론이거니와 외교안보, 긍정심리학, 행동경제학, 4차 산업혁명과도 긴밀히 연계해 나가야 한다.

예컨대, 행동경제학 기반 정책설계는 인간의 제한된 합리성 혹은 인지적 합리성에 기초한 근본적인 심리와 행태를 제도와 정책에 접목시킨 것이다. 앞에서도 언급했듯이, 최근 행동경제학에서 제시된 넛지는 옆구리를 툭 건드려 원하는 방향으로 이끌어내는 방식이다. 넛지는 사람들에게 어떤 선택을 금지하거나 그들의 인센티브를 크게 변화시키지 않고 예상 가능한 방향으로 그들의 행동을 변화시킨다. 무심코 선택하는 인간의 심리행태를 깊이 연구하여 이를 음식소비, 교통안전, 교육캠페인뿐만 아니라 도시안전설계, 스마트 도시 건설 등에 접목시킨다. 이러한 넛지 이론은 초기 정책의 작은 변화에도 시민들의 행태가 크게 변화될 수 있음을 잘 보여주고 있다.

새로운 정부모형에 대한 탐구: Agile 거버넌스 모형

마지막으로 강조하고 싶은 논점은 4차 산업혁명 시대에 걸맞은 새로운 정부모형에 대한 연구이다. 4차 산업혁명 시대에는 급격하게 변화하는 상황변화를 민감하게 모니터링하고, 상황변화에 효율적으로 대응하는 유연하고 신속한 '민첩한 정부'agile governance가 필요하다. 이때 민첩한 정부란 수요자가 양질의 서비스를 원하는 분야에는 과감하게 자원을 집중하는 '유연성'과 수요자의 요구를 중심으로 대응하는 '반응성', 이를 빠르게 실현하는 속도의 '신속성' 등 세 가지 요소가 갖춰진 정부를 말한다.

민첩한 정부를 구현하기 위해서는 무엇보다도 첨단 인프라가 필요하며, 이를 위해서는 AI와 로봇, 그리고 나노, 바이오 등 4차 산업혁명의 핵심을 이루는 첨단과학과의 연계가 필요하다. 첨단기술을 단순하게 개발만 하는 게 아니라, 실제 우리 삶의 영역에 접목되어 보다 풍요롭고 안전하며 지속가능한 사회를 구축하는 데 정책학이 기여해야 할 것이다.

결어: 정책학의 새로운 패러다임을 향하여

지금은 분명 과거와 다른 포스트-노멀post-normal 시대이며, 격변turbulence의 시대이다. 따라서 정책학도들은 그 어느 때보다도 우리 사회가 직면한 근본적 문제를 찾고 최선의 해결책을 제시해야 하는 임무를 가지고 있다. 급격한 시대와 세계 행정환경의 변화는 우리에게 분명 새로운 정책학 패러다임을 요구하고 있는 것이다. 이는 정책학자로서 피할 수 없는 그리고 피해서도 안 되는 주제들이다.

앞으로 정책학 연구자들의 많은 창조적 담론들과 효과적 대안 제시가 더욱 풍성해질 수 있기를 기대하며, 이러한 정책학자들의 노력이 작금 우리나라가 직면하고 있는 근본적 난제들을 해결하는 데 도움이 될 수 있기를 기대한다.

결론 및 함의

이제 본서에서 제기한 정책학의 성찰성에 대한 생각을 종합적으로 정리해 보자.

정책학의 성찰성 구현: 사유와 방향성

정책학은 정책현상을 과학적으로 탐구하는 학문이지만, 그 철학적 지향점은 인간의 존엄성 완성에 있었다. 다만, 본서에서 제기한 첫 번째 논점은 라스웰H. Lasswell, 1951이 생각했던 정책학의 완성은 서구적, 법률적 의미에서의 민주주의 정책학이었다는 것이다. 그것은 다분히 1951년 당시 서구의 상황에서의 법과 제도적 민주주의에 기초한 인간의 존엄성이었으며, 지덕智德을 강조하고 열린 공동선共同善을 추구하는 동양적, 성찰적 정신관은 아니었다.

하지만 정책학에서 의미하는 인간의 존엄성이 법률과 제도에만 갇혀있는 것인가?

정책학에서 의미하는 인간의 존엄성은 휴머니즘이라는 정신적 가치를 내포하는 보다 성찰적이고 동태적인 개념이 되어야 한다. 그것은 법과 제도보다는 더 높은 가치의 정책이념理念이 되어야 하며, 새로운 휴머니즘에 기초한 인류애와 사랑에 기초해야 한다. 그리고 이러한 문제 제기는 정책학의 '인식의 지평'을 확장하라는 주문이며, 이는 '정책학의 성찰성' 논의로 이어진다.

정책학의 성찰성 구현: 전략 및 제언

그렇다면 성찰성을 정책학에 어떻게 접목시키고 실현할 수 있을까? 자아의 깊숙한 내면을 들여다볼 수 있는 깊은 마음의 성찰성과 국정전반에 걸친 통치의 과학을 어떻게 연결해야만 진정한 의미의 인간의 존엄성 실현이 가능하게 될 것인가?

이러한 질문에 답하기 위해 이 책에서 제시했던 전략과 제언은 다음과 같다.

첫째, 국정리더의 역할이 결정적이다. 특히 현대 사회에서 다양한 역량 가운데 가장 필요한 것이 바로 성찰성이다. 지도자는 국정을 다스리기 전에 자신을 깊숙이 성찰하고 국가가 지향해야 할 방향을 숙고해야 한다. 시간성, 공간성, 사회과정이라는 총체적 맥락 속에서 그 방향을 찾되, 국민들과의 깊은 소통과 공감 속에서 그 목표를 실현시킬 수 있어야 한다. 이것은 창조심리학자 하워드 가드너가 말한 도덕적 정서지능이며 종합적 실존지능이기도 하다.

국정리더는 평정심平靜心을 통해 다양한 이해관계자들의 마음을 살피고, 다양한 사회문제의 본질을 정확하게 꿰뚫어 볼 수 있어야 한다. 리더의 성찰성省察性을 함양하기 위해서는 스스로 마음을 수양하는 개인적인 방법도 있겠지만, 리더는 늘 국민과 소통하면서 전체의 뜻을 파악하는 국민 전체에 대한 봉사자임을 잊지 말아야 한다. 국가와 민족 앞에서 그리고 또 역사 앞에서 국민이 요구하고 시대가 요구하는 사명이 무엇인지를 늘 성찰해야 한다. 이를 다양한 정치 지도자들과 소통하면서 국정에 관한 제도설계로 구현해 나가야 한다.

둘째, 우리의 정책학을 스스로 돌아보는 성찰의 시간이 필요하다.

국제질서와 과학기술의 급격한 변화에 직면한 지금 새로운 정책과 제도를 무조건적으로 수용하는 것이 과연 옳은 것일까? 서구사회의 정책과 제도를 벤치마킹하되, 단순 모방이 아니라 한국인의 정서와 문화에 걸맞는 문화유전자를 고민해야 한다. 그리고 거기에 부응하는 전략을 구현해야 한다.

동양학문은 예로부터 서양과 달리 단순한 법과 제도적 행태를 넘어서 지덕知德이라는 사유가 생활 속에 스며들어 있다. 화중생련花中生蓮이라는 말이 있다. 이것은 활활 타는 불길 속에서 청초하고 아름다운 꽃을 피워내는, 동적으로 살아있는 "실사구시의 연꽃정신"을 의미한다. 혼란스러운 상황 속에서도 우리의 발자취를 되새기면서 앞으로 나아갈 길을 개척하는 회고와 성찰의 과정이 필요하며, 이는 정책학에 있어서도 성찰성의 내재화를 요구하고 있다.

셋째, 정책 전반의 과정에서 성찰성의 내재화가 필요하다. 현대 사회에 등장하는 정책문제는 복잡하고 다양한 인과관계 구조를 가지고 있기에 먼저 문제의 근본을 파악하는 내면적 성찰이 필요하다. 또한 정책을 결정하고 집행하는 과정 속에서 다양한 이해관계가 얽히면서 갈등이 심화되고 정책의 편향偏向이 발생하고 있다. 한쪽에 치우친 정책결정은 만족스럽지 못한 정책결과를 가져온다. 그 갈등을 형성한 자가 인간이고, 그 인간들이 모여 또 다른 갈등을 낳기에 정책과정에 참여하는 다양한 행위자들 간의 요구와 관점을 수요자, 공급자, 상호작용이라는 측면에서 성찰적으로 분석할 필요가 있다.

마지막으로, 정책 전반의 과정에서 성찰적 거버넌스가 필요하다. 정책 거버넌스 구현 시 성찰성을 증진시키기 위해서는, 1) 투명한 정보공개를 통해 시민들의 효과적 참여를 유도하고, 2) 스마트 전자정부에서 제공되는 트위터Twitter, 페이스북Facebook, 유튜브Youtube 등의 소셜네트워크SNS를 충분히 활용하는 한편, 3) 정부와 민간부문의 협력적 거버넌스를 활성화시키고, 4) 제도설계, 제도 간 상호 연계 및 조정을 통해 성찰적 거버넌스가 제도적으로 작동될 수 있도록 관리해야 하며, 5) 마지막으로, 이러한 성찰적 거버넌스에 참여하는 행위자들의 신뢰성, 진정성, 책임성을 확보할 수 있도록 성찰적 정책분석이 이루어져야 한다. 정책 행위자 상호간에 i) 배려, ii) 소통, iii) 수용조건 및 수용가능성에 대한 사전 분석과 함께, i) 수요needs 분석, ii) 공급motives 분석, iii) 상호작용적 네트워크network 분석을 시행하는 것이다. 이를 통해 투명하고 책임 있는 제도적 장치의 성찰적 역량을 증진시킬 수 있다.

앞에서도 논의했듯이, 우리는 현재 '보이지 않는 자본'으로서의 성찰성에 대한 진지한 고민이 부족하다. 이는 정책이념의 관점에서 인간의 존엄성을 실현하는 데 있어 철학의 빈곤을 초래하기도 하지만, 국가 전반의 창조성을 고양시키는 데에도 걸림돌로 작용한다.

따라서 정책학이 지향하는 인간의 존엄성이라는 가치에 부합하는 정책이념을 근본적으로 고찰해 보아야 한다. 또한, 현대 사회의 복잡한 문제의 본질을 보다 깊이 있게 꿰뚫어 볼 수 있고, 외부환경에 흔들리지 않는 성찰성에 대한 담론이 필요하다. 더 나아가, '보이지 않는 가치'에 대한 보다 깊은 철학적 탐구가 필요하고, 이를 정책과정에 내재화 하는 학술적 노력이 필요하다. 이러한 총체적 노력을 통해 우리는 성찰적 정책학의 실현에 한 걸음 더 다가설 수 있을 것이다.

본서를 마무리하면서, 셰익스피어의 '보이지 않는 가치'에 대해 한번 음미해 보기로 하자. 보이지 않는 가치에 담긴 영혼의 소중함과 인생의 진실함에 대해서 한번 숙고해 보면서, 셰익스피어의 화려한 언어 구사가 좋아서가 아니라, 눈에 보이지 않는 가치에 대한 그의 영감이 놀라울 따름이다. 본질에 대한 직관과 통찰은 우리의 본성에 대한 깨달음統覺으로 이어질 테니, 역사歷史는 사실 이러한 사라지지 않는 가치價値로 인해 온전히 이어지는 것일 게다.

우리의 화양연화는 끝났다...
내가 예언했듯 이게 배우의 길이다.

우리는 모두 영혼이고
공기 속으로 녹아들어
엷은 공기로 흩어진다.

눈에 보이는 바탕 없는
천 조각처럼

구름에 덮인 탑들
멋진 궁전들
엄숙한 사원들

위대한 세상 그 자체로
이 모든 게 이어지고

녹아 없어지며
사라지고 마는 공허한 야외극처럼
흔적조차 남기지 말라
우리는
모두 꿈을 꾸는 존재이고
우리의 삶은
잠에 둘러싸여 있으니...

윌리엄 셰익스피어 ≪템페스트≫ 중에서

에필로그

문명의 패러다임이 바뀌고 있다. 원자에서 빛과 광자로, 입자에서 파동으로 변화하고 있다. 이러한 담론의 변화는 역사를 바라보는 시각 역시 전환할 것을 요청하고 있는데, 인류 역사는 단순한 '기술'과 '산업'의 역사가 아니라, 보다 근원적 의미의 인간의 '생각'과 '정신'의 역사라는 것이다.

이제 인류는 변동성, 불확실성, 복잡성, 모호성으로 대변되는 4차 산업혁명이라는 '거대한 물결' 앞에 서있다. 급변하는 사회변동과 더불어 날로 발전하는 첨단기술의 문명 속에서 4차 산업혁명의 시대는 정신문화와 물질문명의 불균형뿐만 아니라 철학의 빈곤을 초래하고 있다.

인류 역사의 본질이 '생각'과 '정신' 진보의 역사라면, 우리는 이러한 물질문명의 '거대한 물결'과 '철학의 빈곤' 앞에서 어떤 '생각'과 '정신'으로 새로운 역사에 임해야 할 것인가? 현대 정부의 원리를 연구하는 행정학이라는 학문이 초라한 철학적 궁핍에 빠지지 않기 위해서는 어떠한 철학적 혹은 인문학적 기반으로 무장해야 할 것인가?

그동안 행정학의 발전을 지탱시키는 두 축은 효율성과 민주성이었다. 하지만 본서에서는 현대행정을 동태적 개방체제로 이해한다면 성찰성이 중요하게 등장한다는 점을 강조하였다. 특히 4차 산업혁명은 정부의 새로운 리더십과 함께 새로운 행정모형을 요청하고 있는데, 이러한 제4세대 행정모형에서 필요한 행정이념은 성찰성이다. 그리고 그것이 기존 모형과의 차별되는 지점은 바로 융합과 속도와 윤리성이다.

현대행정에서는 효율성, 민주성만으로는 해결하기 힘든 복잡하고 사악한 문제complex & wicked problem들이 속속 등장하고 있는데, 이들은 효율성, 시장논리, 관계 네트워크만으로는 풀기 어려운 비선형적 문제들이다. 따라서 새로운 정부모형은 속도와 융합이라는 관점에서 보다 더 신속한 문제해결을 요구하며, 보다 더 높은 윤리의식에 기초한 책임지고 소통하는 리더십을 요구하고 있는 것이다.

본서는 이러한 정신을 기저에 두고 휴머니즘과 인간, 인간의 존엄과 성찰성에 대해 논의하였다. 성찰성의 개념, 어원, 이념, 성찰적 정책모형 등과 함께 현대행정학과 정책학에서 추구해야 하는 성찰적 구조에 대해서 살펴보았다.

이러한 논의가 현대행정학과 미래정책학의 발전에 작은 디딤돌이라도 되었으면 하는 바람이다.

참고문헌

국내문헌

[단행본]

공병호. (2016). 『3년 후, 한국은 없다』. 21세기북스.

공병호. (2016). 『미래 인재의 조건』. 21세기북스.

괴테. (2016). 『곁에 두고 읽는 괴테』. 이정은 역. 홍익출판사.

권기헌. (2006). 『미래예측학: 미래예측과 정책연구에 관한 방법론 서설』. 법문사.

권기헌. (2007). 『정책학의 논리』. 박영사.

권기헌. (2010). 『정책분석론』. 박영사.

권기헌. (2012). 『정의로운 국가란 무엇인가』. 박영사.

권기헌. (2013). 『행정학 콘서트』. 박영사.

권기헌. (2014). 『정책학 강의』. 박영사.

권기헌. (2017). 『정부혁명 4.0 따뜻한 공동체, 스마트한 국가』. 행복한 에너지.

권기헌. (2018). 『정책학 콘서트』. 박영사.

권기헌. (2018). 『정책학의 향연』. 박영사.

권기헌. (2019). 『정책학의 지혜』. 박영사.

권석만. (2014). 『이상 심리학의 기초: 이상 행동과 정신 장애의 이해』. 학지사.

김현구. (2013). 『한국 행정학의 한국화론』. 서울: 법문사.

리처드 탈러, 캐스 선스타인. (2019, 초판 2009). 『넛지: 똑똑한 선택을 이끄는 힘』. 안진환 옮김. 리더스북.

리처드 탈러. (2016). 『행동경제학과 넛지를 이해하는 가장 효과적인 방법에 대해』. 안진환 옮김. 리더스북.

맨리 P. 홀. (2017). 『별자리 심리학』. 윤민+이강혜 옮김. Yoon&Lee,
박찬국. (2017). 『초인수업: 나를 넘어 나를 만나다』. 21세기북스.
신상규. (2014). 『호모 사피엔스의 미래』. 아카넷.
신창호. (2015). 『율곡 이이의 교육론』. 경인문화사.
이소윤·이진주. (2015). 『9번째 지능: 같은 재능, 전혀 다른 삶의 차이』. 청림출판.
이한구. (2018). 『칼 포퍼의 『열린사회와 그 적들』 읽기』 세창미디어.
전제남. (2018). 『참 나: True Self』. 제세.
정순목. (2011). 『퇴계평전』. 지식산업사.
조앤 치티스터. (2013). 『무엇을 위해 아침에 일어나는가: 인생 오랜 질문들에 세상의 모든 지혜가 답하다』. 한정은 옮김. 판미동.
칼 포퍼. (2008). 『끝없는 탐구: 내 삶의 지적 연대기』 박중서 옮김. 갈라파고스.
한나 아렌트. (2006). 『전체주의의 기원』 이진우, 박미애 옮김, 한길사.
한형조·이창일·이숙인·이동희·최진덕. (2012). 『근사록 덕성에 기반한 공동체 그 유교적 구상』. 한국학중앙연구원출판부.

[논문]
권기헌. (2015). “정책논단: 인간의 존엄성 증진을 위한 정책학의 연구방향에 관한 소고: 정책학과 긍정심리학의 접점 모색을 중심으로”. The KAPS, 40, 8-17.
권기헌. (2016). “창조경제의 지속가능한 패러다임 탐색: ‘인간’ 과 ‘창조성’에 대한 이해를 중심으로”. 한국행정포럼, (152), 26-31.
권기헌. (2018). “새로운 행정학의 개념탐색을 위한 전제: 좋은 거버넌스와 제4세대 정부모형의 구현 조건,” 「국정관리연구」. 13(1): 1-27.
권기헌. (2017). “정책논단: 사회변화와 정책학의 새로운 패러다임”. The KAPS, 48, 20-29.
김명희·김영천. (1998). “다중지능이론: 그 기본 전제와 시사점”, 한국

교육과정학회, 「교육과정연구」 16권(1): 299-330.
김성배. (2005). 참여정부의 국가균형발전정책과 그 한계: 경제성장과 공간구조간의 관계를 중심으로. 「지역연구」. 21(3): 115-141.
문상호·권기헌. (2009). “한국 정책학의 이상과 도전-한국적 맥락의 정책수용성 연구를 위한 성찰적 정책모형의 유용성에 관한 고찰”. 「한국정책학회보」 18(1): 1-28.
심준섭. (2006). 정책과정에 대한 판단분석 (Judgment Analysis) 기법의 적용에 관한 연구. 「한국정책과학학회보」. 10(4): 345-376.
윤견수. (2005). 한국 행정학의 질적 연구방법에 대한 반성과 제안. 「한국행정학보」. 39(2): 1-22.
윤기영. (2017). 정책의제설정 단계에서의 예측적 거버넌스. 미래연구, 2, 49-78.
이명석. (2006). 거버넌스 이론의 모색: 민주행정이론의 재조명. 「국정관리연구」. 1(1): 36-63.
이종범. (2003). 행정이론의 토착화의 재음미:〈국민과 정부관료제〉 에 대한 비판적 성찰. 「한국사회와 행정연구」. 14(2): 1-22.
이해영. (2018). “정책사상에서 정책의 선 (善) 의 개념에 관한 논의”. 「국정관리연구」. 13(2): 1-24.
허범. (1992). “정책윤리분석의 구조와 기준”. 「중앙공무원교육원 연구논집」. 12: 165-187.
허범. (2002). “정책학의 이상과 도전”. 「한국정책학회보」. 11(1): 293-311.

[보고서 및 기타]

Story4u, “영성: 기술발전을 통한 인간진화의 꿈”에서 인용.
권기헌 외. (2015a). 「정부 3.0을 통한 공공가치 실현방안 연구」. 행정자치부 정책연구보고서.
권기헌 외. (2015a). 「정부 3.0을 통한 공공가치 실현방안 연구」. 행정자치부 정책연구보고서.

김은성. (2010). 국어교육학연구 37.
더굿북. “포스트 휴먼이 현생 인류를 대체한다.” 2017. 8. 17.
방석순, 「슈워츠먼이 가르치는 ‘돈 잘 쓰는 법’」, 『자유칼럼그룹』, 2019. 7. 3
윤기영, “미래학의 학술적 계보” 성균관대학교 국정전문대학원(2019), Memeo.
이정모, “행동 경제학의 공부법,” http://cogpsy.skku.ac.kr/study/study.html.
이희영, 서현주, 홍석원, 김아림, & 양민희. (2013). 마취 관리 정책의 국제비교연구. 한국보건의료연구원 연구보고서, 1-154.
한국경제신문, “주류경제학 한계 넘은 행동경제학의 노벨상 개가(凱歌)” 한국경제신문, 사설, 2017. 10. 10

국외문헌

Alderfer, C. P. (1969). An empirical test of a new theory of human needs. Organizational behavior and human performance, 4(2), 142-175.
Arendt, H. (1951). The burden of our time. Secker & Warburg.
Arendt, H. (1958). What is authority? Between past and future, 91, 92.
Arendt, H. (1968). Men in dark times. Houghton Mifflin Harcourt.
Arlow, J. A. (1989). Psychoanalysis.
Ascher, W. (1987). Policy sciences and the economic approach in a ‘post-positivist’ era. Policy Sciences, 20(1), 3-9.
Bell, Wendell. (1997). 「Foundations of Futures Studies: Volume 1: History, Purposes, and Knowledge」. Transaction Publishers.
Birkland, T. A. (2006). Lessons of disaster: Policy change after

catastrophic events. Georgetown University Press.

Carver, C. S., & Scheier, M. F. (1988). A control-process perspective on anxiety. Anxiety Research, 1(1), 17-22.

Courtis, K. (2008). Integral Futures Methodologies. Futures, 40: 103 -108.

Dator, Jim. (2002). Advancing Futures: Futures Studies in Higher Education. Westport, Connecticut: Praeger.

Davies, E. R. (2004). Machine vision: theory, algorithms, practicalities. Elsevier.

Dewey, J. (1916). Education and democracy.

Fisher, C. M. (1998). Lacunes: small, deep cerebral infarcts. Neurology, 50(4), 841-841.

Fuerth, Leon S. (2009). Foresight And Anticipatory Governance. Foresight, Vol. 11 No. 4 , pp. 14-32.

Gray, F. M. (1997). Polymer electrolytes. Royal Society of Chemistry.

Hajer, M. (2003). Policy without polity? Policy analysis and the institutional void. Policy sciences, 36(2), 175-195.

Herweg, N., Huß, C., & Zohlnhöfer, R. (2015). Straightening the three streams: Theorising extensions of the multiple streams framework. European Journal of Political Research, 54(3), 435-449.

Howlett, M., McConnell, A., & Perl, A. (2015). Streams and stages: R econciling K ingdon and policy process theory. European Journal of Political Research, 54(3), 419-434.

Inayatullah, Sohail. (1996). Causal Layered Analysis: Poststructuralism As Method. Futures, 30(8), 815-829

Kingdon, J. W., & Agendas, W. (1995). Alternatives, and public policies. Haper Collines: College Publishers, 21-27.

Kingdon, J. W., & Thurber, J. A. (1984). Agendas, alternatives, and public policies (Vol. 45, pp. 165-169). Boston: Little, Brown.

Lasswell, H. D. (1958). Communications as an emerging discipline. Educational Technology Research and Development, 6(1), 245-254.

Lasswell, H. D. (1970). The emerging conception of the policy sciences. Policy sciences, 1(1), 3-14.

Lasswell, H. D. (1971). A pre-view of policy sciences. New York: American Elsevier Publishing Company.

Maslow Abraham, H. (1954). Motivation and personality. New York: Harper & Row.

Miller, Riel(ed). (2018). 「Transforming the Future」. Routledge

Mucciaroni, G. (1992). The garbage can model & the study of policy making: A critique. Polity, 24(3), 459-482.

Ostrom, E. (2010). Beyond markets and states: polycentric governance of complex economic systems. American economic review, 100(3), 641-72.

Ostrom, E. (2010). Polycentric systems for coping with collective action and global environmental change. Global environmental change, 20(4), 550-557.

Pierre, J., & Peters, B. (2005). Governing complex societies: Trajectories and scenarios. Springer.

Scheier, M. F., & Carver, C. S. (1988). A model of behavioral self-regulation: Translating intention into action. In Advances in experimental social psychology (Vol. 21, pp. 303-346). Academic Press.

Schultz, Wendy. (2012). The History of Futures. APF: 3-7.

Schwandt, T. A. (1997). Qualitative inquiry: A dictionary of terms. Sage Publications, Inc.

Seligman, M. E. (2002). Positive psychology, positive prevention, and positive therapy. Handbook of positive psychology, 2(2002), 3-12.

Seligman, M. E., Rashid, T., & Parks, A. C. (2006). Positive psychotherapy. American psychologist, 61(8), 774.

Seligman, M., & Happiness, P. A. (2002). Using the new positive psychology to realize your potential for lasting fulfillment.

Slaughter, Richard. (1989). Probing Beneath The Surface. Futures, 21(5): 447-65.

Solesbury, W. (2001). Evidence based policy: Whence it came and where it's going.

van Asselt, Marjolein & Faas, Nina & van der Molen, Franke & Veenman, Sietske. (2010). Exploring Futures for Policymaking. WRR, Scientific Council for Government Policy. The Hague.

Voros, Joseph (2008). Integral Futues: An Approach to Futures Inquiry. Futues 40: 190-201

Woodhouse, D. (1996). Quality assurance: international trends, preoccupations and features. Assessment & Evaluation in Higher Education, 21(4), 347-356.

Zahariadis, N. (2003). Ambiguity and choice in public policy: Political decision making in modern democracies. Georgetown university press.

Zahariadis, N. (2007). The multiple streams framework: Structure, limitations, prospects. Theories of the policy process, 2, 65-92.

Zohlnhöfer, R., Herweg, N., & Rüb, F. (2015). Theoretically refining the multiple streams framework: An introduction. European Journal of Political Research, 54(3), 412-418.

찾아보기

미주

프롤로그

1 전제남. (2018). 『참 나: True Self』. 제세. p.6.

2 전제남, 전게서, p.6.

3 "육신의 굴레를 벗고 순수한 존재가 되는 길"에는 점진적인 방법(漸敎)과 급진적인 방법(頓敎)이 있다. 점진적인 방법은 시간을 두고 자신의 내면과 인격을 닦아나가는 수행법이고, 급진적인 방법은 천지의 기운이 주객(主客)과 시공(時空)을 벗어나 있지만 늘 여여(如如)하게 작용하고 있음을 몰록 깨달아 아는 것이다. 내 마음의 참 자아도 이와 같아 모양과 색깔을 벗어나 있지만 늘 주관(주체)과 객관(대상) 이전에 작용하고 있는 그 무엇임을 안다. 이 둘은 하나로서 아트만이 브라만이요, 진여자성(眞如自性)이 진여불성(眞如佛性)과 일치한다. 이를 신인합일(神人合一) 혹은 우아일체(宇我一體)라고 한다. 전제남, 전게서, p.6.

4 순수 의식은 참 자아이다. 에고와 참 자아는 대칭되는데 에고가 강할수록 참 자아와는 멀어진다. 에고가 옅을수록 참 자아에 가까워지며 순수의식으로 회귀한다. 이처럼 의식과 성품은 전체이며, 고차원까지 확장되어 존재한다. 자신의 진동과 주파수가 하위 차원에 머무르면 물질적 자아가 강하게 나타나지만, 상위 차원으로 갈수록 사랑, 평화, 기쁨을 만난다. 신성으로서의 성품과 순수의식을 만나는 것이다. 이러한 배움을 영적 성장의 과정이라고 한다. 이러한 영적 성장의 기본 개념은 다음과 같다. 사람은 영과 육으로 이루어져 있으며, 영이 본질이다. 영은 순수의식이며 우주에 다차원적으로 편재하고 있다. 고차원까지 확장되어 뻗어 있기에 다차원적으로 편재한다고 표현하는 것이다. 사람은 우주라는 학교에서 배움을 통해 하위 차원의 의식으로부터 중간 차원, 상위 차원으로 한 단계씩 의식을 완성시켜 나갈 수 있다. 상위 차원의 의식이란 사랑, 평화, 기쁨, 지혜, 헌신, 초월성 등을 의미하며, 순수의식으로서의 참 자아를 의미한다.

5 제임스 밴 프래그. 병호. (2016). 『고스트, 그들은 왜 우리 곁에 머무는가』. 박병오 옮김. 라의눈. p.266.

PART I

1 이 절의 내용은 졸저, 『정책학의 지혜』(박영사, 2019)를 토대로 수정 보완하였다.

2 졸저, 『정책분석론』(박영사, 2010), 43쪽의 그림을 확대 수정하였음.

3 논자에 따라서는 개인의 의식이나 국가의 발전 단계의 선형적 진화를 비판하는 견해가 있다. 이들은 인간의식의 복잡성을 근거로 들며, 인간의 의식이 선형 단계적으로 진전되지 않는다고 주장한다. 또한 국가 공동체 역시 중첩된 형태로 나타나며 선형적인 단계를 보이지 않는다고 한다. 일리가 있는 주장이다. 하지만, 꼭 비판만 할 일도 아니라고 본다. 성인의 의식은 복잡한 양상을 띠기도 하지만, 태아에서 성장하면서 생리, 안전, 사회, 자기존중의 단계를 거친다는 것도 임상실험을 통해 엄연히 나타난 사실이다. 어린 시절 건강한 생리적 욕구가 충족되지 못한 사람은 성인이 되어서도 무의식 속에서 내면아이(inner child)와 같은 형태로 욕구불만을 안고 살아가게 된다. 국가 공동체의 역사 발전 역시도 생존, 관계, 성장이 중첩된 모습을 보이는 게 사실이다. 하지만 우리가 이론을 구성할 때 현실이 이론의 이데아를 따라 주기를 바란다. 상아탑의 철학과 이론이 이데아를 제시해 주지 못한다면 현실은 얼마나 갈등으로 가득 차며 또한 지리멸렬할 것인가. 또한 거시적으로 사유해 본다면 인류 역사의 진전 단계가 생존의 단계를 거쳐 점차 관계와 성장 단계로 진화해 가고 있는 것도 사실이다. 원시 시대와 고대를 거치면서 인류는 얼마나 많은 생존 투쟁과 전쟁을 거쳤던가? 비록 느리긴 하지만 인류 의식은 점차 개화되고 문명의 의식 수준이 상승하면서 협력과 성장의 단계로 진화하고 있다. 그리고 무엇보다 중요한 것은 지식과 이론은 그러한 방향으로 인류 의식의 진화를 이끌어야 한다.

4 한국행정연구원(2020), "개방형 정부혁신을 위한 정책랩(Policy Lab) 활성화 방안" 한국행정연구원 연구보고서, 2020: 117-144.

5 한국행정연구원(2020), "개방형 정부혁신을 위한 정책랩(Policy Lab) 활성화 방안" 한국행정연구원 연구보고서, 2020: 152-153.

6 조 디스펜자. (2019). 『당신도 초자연적이 될 수 있다』. 추미란 옮김. 샨티.

7 아니타 무르자니. (2012). 『그리고 모든 것이 변했다』. 황근하 옮김. 샨티.

8 조 디스펜자, 전게서; 그렉 브레이든. (2008). 『디바인 매트릭스』. 김시현 옮김. 굿모닝미디어. 참조바람.

9 이러한 참나 의식 상태에서는 뇌파도 알파파나 세타파로 바뀌며, 파동도 안정된 리듬으로서 매우 일관성과 동조성을 띠게 된다. 깊은 현존과 신성을 느끼며, 평화로운 존재 상태에서 인식은 깨어있음으로 존재한다. 세로토닌과 옥시토신이 분비되며, 마치 고향에 안착한 것과 같은 깊은 평화로움과 지복감(至福感)을 느낀다. 의식은 알아차림(자각과 각성)의 형태로 깨어있으며, 이때 의식의 중심은 마음의 근원에 있다.

10 물질적인 입자나 개체가 아닌 의식으로 이루어진 양자의 파동들은 물리세계의 법칙과는 다른 방식으로 작동된다. 이들은 시공을 초월한 사랑의 원리, 인과의 법칙 하에 양자얽힘(quantum entanglement), 양자중첩(quantum superposition), 양자결맞음(quantum coherence) 등의 원리에 의해 운영된다.

11 조 디스펜자, 전게서, 286쪽.

12 육체라는 물질에너지와 의식이라는 비물질에너지가 병존하고 있는 상태인 것이다. 조 디스펜자, 전게서, 96-99, 107-108, 251쪽.

13 조 디스펜자, 전게서, 97-99쪽.

14 로고스는 신성, 말씀으로도 표현하며, 기독교에서는 하나님과 일체이다. 비인격적 말씀이 사람으로 오신 이를 주 예수 그리스도라고 말한다. 이는 우주 모든 존재의 근본 원인이기에 존재의 제1원인이라고 말한다. '부동의 동자(unmoved mover)', 즉 만물을 존재하게 하는 최초의 힘(원인)이면서 그는 정작 부동이다. 제1의 원인이기에 그 이전의 원인은 존재하지 않는다. 그리하여 그를 "스스로 존재하는 이(I AM THAT I AM)"이라고 부른다. 이러한 신성이 진리인데 이 진리는 우리의 내면에 신령한 자아로 존재하고 계신다. 이러한 신성한 근원과 합일되기 위해 우리는 공부하는 것이다. 신성한 근원은 "텅 비어 있으며 고요하되 신령스럽게 알아차림"으로 존재한다. 이 절의 내용은 졸저, "정책학의 새로운 이념으로서의 성찰성에 대한 고찰"(국정관리연구)의 내용을 토대로 수정하였음.

15 신성의 법칙은 근본원리, 혹은 보편법칙으로 불린다. 서양에서는 태초에 말씀과 빛으로 존재하는 로고스로 표현하며 사랑으로 나타난다. 동양에서는 천리이니 곧 무극이다. 무극의 하느님이 원리를 지니고 있으니 곧 인의예지로 나타난다. 인의예지에다가 신(信)을 붙여 5가지 원리로 표현하기도 하고, 신(信)을 신의, 성실로 나누어 6가지 원리로 표현하기도 한다. 의(義)를 수용, 공정으로 나누어 8가지 도리로 표현할 수 있다.

16 이와 유사한 논리로 세상의 연구대상을 사물, 인간, 신으로 나눌 수 있다. 사물과 물질을 연구하는 것을 자연과학이라고 한다면, 인간을 연구하는 것을 사회과학과 인문과학이라고 할 수 있다. 인간을 초월한 세계가 있는데, 말하자면 신, 천사와 같은 예지계가 여기에 해당된다. 이러한 초월계를 연구하는 것을 철학 혹은 신학이라고 할 수 있다.

17 이러한 논리에서 지식의 체계를 자연과학, 사회과학, 인문과학, 철학, 신학의 순서로 나눌 수 있다. 자연과학은 현상계의 물질과 자연법칙을 탐구하고, 사회과학은 현상계의 인간과 정치와 법질서를 탐구한다. 인문과학은 역사와 문학 속에서 인간이 역사와 문명 속에서 살아온 삶의 질서를 탐구한다면, 철학은 이러한 모든 고찰 속에서 형이상학과 형이하학의 연결고리와 그 법칙을 탐구한다. 마지막으로 신학은 이러한 모든 현상계의 물질적 법칙을 가능하게 만든 보이지 않는 세계의 초월적 질서에 대해서 탐구한다. 따라서 지식 체계는 신학, 철학, 인문과학, 사회과학, 자연과학의 질서를 가진다.

18 정신의 순수성을 내면에 담고 있는 무의식의 저장소를 불교에서는 제8식, 아뢰야식이라고 부른다. 불성을 찾을 수 있는 곳이라고 하여 여래장(如來藏)이라고도 부른다. 여기에는 선천의 업식 종자와 청정한 원리 등이 모두 담겨있는 장식(藏識)이기에 혹자는 청정한 마음을 따로 분리하여 제9식, 암마라식(청정심)이라고 부르기도 한다. 다시 청정심을 오롯이 관하면서 만물을 주재하는 자리가 있으니 제10식, 순수청정심(순수초월의식)이라고 부른다.

나의 청정한 본성은 어디에 있는가?

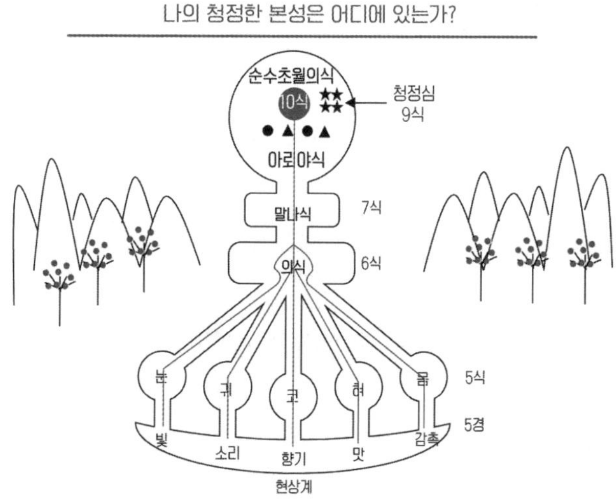

* 유튜브 "윤홍식의 유식학 강의-만법유식(萬法唯識)에서 수정인용

위 그림에서 보면 아뢰야식 이상의 세계는 형이상학이며 이는 개체성을 띠기보다 시공을 초월한 보편성의 자리이다. 이러한 보편성의 자리에서 한번 전변(轉變)하여 개체성을 띤 이기적인 자아가 탄생하니 제7식, 말나식이라고 부른다. 말하자면 보편적인 영(靈, SPIRIT)의 자리에서 개체적인 혼(soul)이 탄생하는 것이다. 이 개체적인 혼은 다시 세 가지의 체를 지니니, 바로 거친 육체, 심령체(心靈體), 이지체(理智體)이다. 심령이지체는 거친 육체보다 더 순수하고 정묘한 파동의 에너지 몸인데, 심령체는 가슴에 있는 감정에 상응하고, 이지체는 머리에 있는 생각에 상응한다. 물질계에서 한 생을 다 살고 마쳐서 육체적 죽음에 이른 후에도 심령이지체는 에너지체로서 죽지 않고 차원계로 옮겨가게 되며, 그곳 세계에서의 법칙에 따라 다음 생을 기약하게 된다.

19 종교경전에서는 인간이 신적 지성에 이를 때까지 윤회하는 원리를 설명하고 있다. 인간은 거친 육체 이외에서 두 가지 더 정묘한 체를 지니고 있는 바, 이름 하여 심령체(心靈體)와 이지체(理智體)이다. 물질계에서 육체가 생명을 다하여 죽음에 이른 후에도 심령이지체는 죽지 않는다. 이들은 에너지체이며, 생을 사는 동안 지은 선업과 악업에 상응하는 정보와 파동을 함유하여 옮겨갈 뿐이다("carry over"). 그리고 그에 상응하는 차원계로 가서 또 다른 형태의 삶을 영위하게 된다. 그러므로 죽음은 의식에 영향을 미치지 못한다고 말한다. 달리 표현하면, 죽음이란 근본적 의미에서 보면 없는 것이다. 죽은 후에도 사람은 심령이지체라는 몸을 가지고 있다. 따라서 단순한 거친 육체의 죽음으로 인해 한 사람의 인격, 즉 성격이나 지각능력이 바뀌지 않는다. 키리아코스 C. 마르키데스(2008). 『지중해의 성자 다스칼로스 3』. 김효선 옮김. 정신세계사. p.63-64.

20 이 절의 내용은 졸저, 『정책학의 지혜』(박영사, 2019)를 토대로 수정 보완하였다.

21 맨리 P. 홀. (2017). 『별자리 심리학』. 윤민+이강혜 옮김. Yoon&Lee, p.49, 113-114.

22 이해영, "정책사상에서 정책의 선(善)의 개념에 관한 논의" 『국정관리연구』. p.8-9.

23 이 절의 내용은 졸저, 『정책학의 지혜』(박영사, 2019)를 토대로 수정 보완하였다.

24 이 절의 내용은 졸저, 『정책학의 지혜』(박영사, 2019)를 토대로 수정 보완하였다.

25 말초신경은 체성신경과 자율신경으로 나누어진다. 체성신경은 대뇌의 지배를 받으며, 운동 기관의 근육에 분포하는 신경이며, 자율신경은 대뇌의 지배를 받지 않으며, 내장 기관에 분포하여 생명 유지 관련 기능을 한다. 자율신경에는 교감신경과 부교감신경이 있는데, 그 중 부교감신경을 미주(迷走)신경이라 부른다. 미주신경은 심장, 폐, 부신, 위장 및 소화관 등 우리 내장의 중요 부위에 걸쳐 뻗어 있다. 뇌의 명령에 의해서가 아니라 마음, 감정, 기분 등에 의해 자율적인 형태로 작동되기에 자율신경이라 부른다.

PART II

1 이 절의 내용은 졸저, 『정의로운 국가란 무엇인가』(박영사, 2012) 토대로 수정된 것이다. 또한 성찰성에 대한 개념 및 종합고찰은 졸저, 『정의로운 국가란 무엇인가』, 『행정학 강의』, 『정책학 강의』를 토대로 수정된 것이다.

2 현대의 소립자 물리학은 6종류의 쿼크와 6종류의 렙톤의 조합으로 모든 물질이 구성된다는 점을 밝히고 있다. 쿼크는 양성자나 중성자를 만드는 소립자이고, 렙톤은 전자나 중성미자 등을 말한다. 그리고 쿼크와 렙톤을 동일한 입자로 가능하게 만드는 것이 바로 신의 입자, 힉스라는 점을 밝혔다. 좀 더 구체적으로 들어가면 쿼크는 핵을 구성하는 6가지의 물질인데, “Up, Down, Top, Bottom, Charm, Strange” 등이다. 렙톤은 쿼크보다 더 가벼운 경입자로서 “전자, 광자, 중성미자, 뮤 입자, 타우 입자, 양 전자” 등 강한 상호작용을 하지 않는 스핀 2분의 1인 소립자(素粒子)를 말한다. 렙톤은 핵을 구성하는 데 관여하지 않기 때문에 강한 상호작용은 없으며 전자처럼 혼자 존재하는 극미의 가벼운 소립자이다. 하지만 이때 쿼크나 렙톤들과 상호작용을 하면서 이들에게 질량을 부여해 주는 역할을 하는 제3의 X입자가 필요한데 이를 힉스(Higgs)라고 한다. “우주 만물은 쿼크와 렙톤으로 이루어져 있지만 힉스장이 없다면 모든 물질은 빛처럼 덧없는 존재로 남았을 것이고, 우주에는 아무것도 존재하지 않았을 것이다.” 짐 배것. (2016). 『힉스, 신의 입자 속으로: 무엇으로 세상은 이루어져 있는가』. 박병철 옮김. 김영사, p.255.

3 화엄의 도리로서 마음(心)을 우주의 본질로 해석한다면, 이때의 마음(心)이란 마음에너지의 장으로서의 불(佛)을 의미하며, 그 안에는 창조의 본질인 미립에

너지의 끊임없는 상호작용이 확인된다. 이때의 극미립에너지는 신적 창조의 질료로서 신성(神性) 혹은 불성(佛性)이다. 이는 이른바 "불에 넣어도 타지 않고 물에 넣어도 젖지 않으며 칼로 베어도 베어지지 않으며" "원자폭탄과 수소폭탄 그 어떤 핵 재앙도 이를 해칠 수 없으니" "태어나지도 않았고, 태어나지 않았으니 죽음을 모르며" "늘어나지도 줄어들지도" "깨끗하지도 더럽지도 않고 그것을 초월한" 실체 아닌 실체(諸法無我)를 의미한다. 제법무아(諸法無我)이며 제행무상(諸行無常)의 도리이다. 또한 반야심경에서 말하는 불생불멸(不生不滅), 불구부정(不垢不淨), 부증부감(不增不減)의 도리이다. 우리의 영혼이 렙톤에너지로 이루어졌다고 할 때, 렙톤에너지는 이처럼 "태어나지도 않았고 죽지도 않는다." 육체의 죽음에 직면하여 렙톤에너지의 심체는 곧바로 육체를 빠져나가 자신의 실체(entity)를 형성한다. 또한 우리가 진공묘유(眞空妙有)라고 할 때 진공이 묘유이고 묘유가 진공인데, 진공은 참된 공성으로서의 프루샤(Prusa)를 의미하며, 묘유는 나타난 최초의 질료로서의 프라크리티(Prakriti)를 의미한다. 공성에서 묘유가 나타나고, 묘유는 다시 공성을 바탕으로 돌아가니, 진공 없이는 묘유가 없고 묘유가 없이는 진공도 없다. 이것이 우주 창조의 도리이다.

4 제임스 밴 프래그. 병호. (2016). 『고스트, 그들은 왜 우리 곁에 머무는가』. 박병오 옮김. 라의눈. p.271.

5 이 절의 내용은 졸저, 『정의로운 국가란 무엇인가』(박영사, 2012) 토대로 수정 보완하였다.

6 자아실현(self-actualization)이란 개인의 다양한 기회와 소양이 자유롭게 펼쳐져서 자아가 결실을 맺는 것을 의미하지만, 자아완성(self-fulfillment)은 한 차원 더 높은 개념이다. 이는 자신의 꿈을 이루는 것에서 한 걸음 더 나아가 배움과 영적 성장을 통해 자아를 완성시키는 것을 의미한다. 자신의 내면을 가꾸고 남에게 도움이 되는 자리이타(自利利他)의 삶, 그리고 타인과 세상을 향해 사랑을 실천함으로써 빛나는 삶을 완성하는 것을 의미한다.

7 이 절의 내용은 졸저, 『정의로운 국가란 무엇인가』(박영사, 2012) 토대로 수정 보완하였다.

8 이는 비유를 하자면 불교의 중도사상과도 맥이 통하는 개념이다. 불교의 중도사상은 좌와 우의 단순한 이분법적 산술평균의 중간을 의미하는 것이 아니다. 좌와 우의 양변을 여위면서 동시에 이 둘이 융합되는, 말하자면 입체적인 개념으로서의 중도사상이다. 이는 보수와 진보의 이분법적인 양변을 초월하여(양변

에 집착하지 말고), 변증법적으로, 그리고 결론적으로 인간의 존엄성(Human Dignity) 혹은 진정한 휴머니즘(Humanism)을 실현하라는 정언(定言)으로서의 명령을 의미한다.

9 필자(2018: 1-27)는 "새로운 행정학의 개념탐색을 위한 전제: 좋은 거버넌스와 제4세대 정부모형의 구현 조건"이라는 연구에서 제4세대 행정모형과 성찰성의 긴밀한 연계성을 제시했다. 권기헌, "새로운 행정학의 개념탐색을 위한 전제: 좋은 거버넌스와 제4세대 정부모형의 구현 조건,"『국정관리연구』 제13권 제1호(2018. 3): 1-27 참조.

10 거버넌스 역량이란 국가역량(state capacity) 혹은 통치역량(governance capacity)이라고도 부를 수 있겠다. 이는 정책역량, 행정역량, 인프라역량을 포함하는 총체적 개념이다. 사실 거버넌스의 어원을 따지고 들면 서구 정치철학의 역사와 함께하는 용어라고도 볼 수 있다. 탈산업사회, 탈근대적 변화가 시작되면서 수직적 통치(Governing)에 대칭되는 수평적 협치(Governance) 개념으로서의 거버넌스가 등장하기 이전에도, 서구에서는 민주주의 철학에 기초한 통치의 개념을 거버넌스라고 불렀으며, 이런 의미에서 전통적 거버넌스는 국가의 통치철학을 의미하는 광의의 개념이다. 이러한 광범위한 개념으로서 거버넌스를 지칭한다면 거버넌스는 절차적 가치이자 문제해결 방식이라기보다는 인간의 존엄성이라고 하는 정책학의 목적구조를 모두 아우르는 큰 개념이라고도 볼 수 있다. 최근의 뉴거버넌스는 참여와 네트워크, 조정과 연결에 기초한 신뢰와 협동 혹은 성찰을 강조하고 있다. 즉, Kooiman(1993)은 '조정'(coordination)과 '연계'(networking)를 중심으로 하는 자치 거버넌스(self governance), 혹은 Rhodes(1996)는 '자기조직적 네트워크'(self organizing network)를 중심으로 하는 네트워크 거버넌스(network governance)를 강조하고 있다.

11 이 절의 내용은 졸저, "정책학의 새로운 이념으로서의 성찰성에 대한 고찰"(국정관리연구)의 내용을 토대로 수정하였음.

12 이 장에서의 논의는 졸저, 『정의로운 국가란 무엇인가』(박영사, 2012)의 내용을 수정 보완한 것이다.

13 여기에 대해서는 문상호·권기헌, "한국 정책학의 이상과 도전: 한국적 맥락의 정책수용성 연구를 위한 성찰적 정책모형의 유용성에 관한 고찰,"「한국정책학회보」, 제18권 1호, 2009 참조바람.

또한 성찰성 이념을 정책분석 기준으로 적용하여 다양한 정책사례를 분석한 것에 대해서는 졸저, 「정책분석론」, 서울: 박영사(2010), 196-204쪽의 서울시 뉴타운정책; 374-489쪽의 4대강사업 등 13개 정책사례에 대한 분석을 참조하기 바란다. 또한, 졸저, 「정책학: 현대 정책이론의 창조적 탐색」, 서울: 박영사(2008)의 271-290쪽의 공공기관 지방이전 정책분석을 참조하기 바란다. 여기에서는 4대강사업(한반도 대운하), 기업형 슈퍼마켓, 서울시 뉴타운사업, 공기업 지방이전정책, 시화호, 부안핵방폐장, 삼성자동차, 하이닉스 반도체 빅딜, 의약분업, 한양약분쟁, 국민연금, 화물연대파업, 전교조와 NEIS, 디지털 지상파TV, 주택발코니 구조변경 등 다양한 사례에 대해 효율성, 민주성, 성찰성이라는 정책기준을 토대로 분석을 하고 있다.

14 이 장에서의 논의는 졸저, 『행정학강의』(박영사, 2018)의 내용을 수정 보완한 것이다.

15 이 절의 내용은 졸저, 『정책학의 지혜』(박영사, 2019)의 내용을 수정 보완한 것이다.

16 한형조 · 이창일 · 이숙인 · 이동희 · 최진덕. (2012). 『근사록 덕성에 기반한 공동체 그 유교적 구상』. 한국학중앙연구원출판부, p.140.

17 한형조 · 이창일 · 이숙인 · 이동희 · 최진덕, 전게서. p.141.

18 공병호. (2016). 『미래 인재의 조건』. 21세기북스. 2016; 공병호. (2016). 『3년 후, 한국은 없다』. 21세기북스.

19 이렇게 보면 정의로운 국가는 지덕체를 갖춘 공동체를 필요로 하고 있고, 성찰성 이념 혹은 기준은 이러한 의미의 성찰적 공동체를 만드는 데 필요한 이념적 준거가 됨을 알 수 있겠다. 성찰성에 대한 개념 및 기준은 졸저, 「정책학: 현대정책이론의 창조적 탐색」, 서울: 박영사(2008: 245-250)를 참조바람.

20 성찰성에 대한 개념 및 기준은 졸저, 「정책학: 현대정책이론의 창조적 탐색」, 서울: 박영사(2008: 245-250)를 참조바람.

21 H. D. Lasswell이 제시한 정책학의 논리는 적어도 광우병에 걸릴 위험에 기초한 죽음에 대한 경제적 비용과 FTA가 타결됨으로써 발생되는 국부의 증가를 경제적 효용으로 보고 양자 간을 단순 비교하는 '효율성' 분석 차원으로 정책결정의 기준이 협소해지는 것에 반대하는 것이며, 보다 적극적으로 국민의

마음과 '소통'하고 소외된 집단을 '배려'하는 '성찰성' 차원의 정책결정을 통한 인간의 존엄성 실현을 주문하는 것이다.

PART III

1 정순목. (2011). 『퇴계평전』. 지식산업사. p.163.

2 조앤 치티스터, 전게서, p.288에서 수정.

3 조앤 치티스터, 전게서, p.269에서 수정.

4 동양학으로 말하자면 인(仁), 의(義), 예(禮), 지(智)로 표현될 수 있다. 사랑, 정의, 예의, 지혜이다. 조앤 치티스터. (2013). 『무엇을 위해 아침에 일어나는가: 인생 오랜 질문들에 세상의 모든 지혜가 답하다』. 한정은 옮김. 판미동. p.273.

5 정순목. (2011). 『퇴계평전』. 지식산업사. p.176.

6 한형조·이창일·이숙인·이동희·최진덕, 전게서. p.82-83.

7 한형조·이창일·이숙인·이동희·최진덕, 전게서. p.83.

8 김용환. (2011). 『예수생애의 증언』. 동방의 빛. p.217-218.

9 우주에 내재된 근본원리를 이데아(IDEA), 그리고 그것이 밖으로 표현된 보편법칙을 로고스(Logos)라고 불렀다. 시공을 초월한 근본원리를 이데아, 그 추상적인 원리가 세상에 표현된 법칙이 로고스이다. 쉽게 말해서 동전의 양면이며, 둘 다 우주의 법칙을 말한다. 다만, 이데아는 내재된 것, 로고스는 표현된 것이다. 하지만 구분하지 않고 같은 의미로 쓰이기도 한다. 서양철학에서는 이를 진선미(眞善美), 동양철학에서는 인의예지(仁義禮智)라고 할 수 있다.

10 합리론은 우주의 진리는 실체적, 초월적으로 존재한다고 본다. 인간은 내면의 이성과 합리성을 통해 이러한 형이상학적 법칙을 발견할 수 있다고 주장한다(실체설, 초월설). 이에 반해, 경험론은 우주의 진리는 실체적, 초월적으로 존재하지 않으며, 사회 속에서 살아가는 인간들의 경험과 합의를 통해 과정적, 기능적으로 발견해 나가야 한다고 주장했다(과정설, 기능설).

11 칸트 철학의 또 다른 기여는 그리스 로마 철학에서와 달리 우주가 실체적으로 외부에 존재하는 게 아니라 각자의 마음이라는 프레임을 통해 한번 걸러진 채

감지된다는 점을 분명히 했다는 점이다. 소크라테스와 플라톤의 고전 철학에다가 불교의 유식(唯識)이론과 일체유심조(一切唯心造)이론을 접목한 것과 같은 것이다. 이러한 입장은 뒤에 쇼펜하우어에게로 이어진다.

12 칸트는 예지계(noumena, 초월)와 현상계(phenomena, 현실)로 나누고, 현상계는 경험적인 지각을 통해 알 수 있는 반면, 예지계는 사유나 정신적 직관으로만 파악할 수 있는 초감각적인 세계라고 하였다. 신, 천사와 같은 개념은 선험적, 초월적 영역으로서 예지계에 해당되며, 인간, 자연과 같은 경험적, 물질적 영역은 현상계이다.

13 여기서 한 가지 분명히 해둘 것이 있다. 형이상학 세계는 눈에 보이지 않고 경험의 대상이 아니라고 해서 없다고 단정해서는 안 된다는 점이다. 이 점이 칸트가 남긴 부정적인 유산이다. 그는 현상계는 눈에 보이고 경험할 수 있지만 절대계는 눈에 보이지 않고 경험할 수 없으니까 모르는 것이라고 주장했다. 이데아, 진리, 신성과 같은 형이상학적 세계에 대해서는 볼 수 없고 만질 수 없으니 모른다는 것이다. 그의 이러한 태도는 그 후 20세기 들어 형이상학적 사변 그 자체를 거부하는 물줄기의 원천이 된다. 칸트의 합리주의 주장에 영향을 받은 대다수 현대철학자들 역시 경험한 것 이외에는 모르는 것이라고 주장했다. 그리고 형이상학적 사변 자체를 거부했다. 이렇게 되면 인간이 지금까지 경험한 '존재'에 관한 이야기는 모두 공허한 신화로 치부되는 것이다. 말하자면, 이데아, 신성, 진리와 같은 것들은 하나의 공상이고, 신화에 불과한 것에 지나지 않는다. 이러한 생각의 연장선상에서 유물론과 같은 철학의 빈곤도 발생하게 되는 것이다.
그런데 이러한 전통에 확고하게 반기를 든 철학자가 존재했다. 바로 화이트헤드(Alfred North Whitehead, 1861~1947)이다. 원래 수학자였던 그는 수학의 세계를 깊이 탐구하다가 수학에서 진리의 원형, 즉 형이상학적 이데아를 발견했다. 그리고 플라톤 철학의 원형을 찾아 현대에 맞게 다시 복원시키는 공헌을 하였다. 그는 또한 신화를 만들어 내어 존재와 합리적으로 화해하지 못하는 문명은 쇠퇴·소멸할 것이라고 주장했다.
화이트헤드의 말처럼 형이상학적 진리의 세계 혹은 순수 근원의식을 인정하지 못하는 문명은 단순한 상상력의 빈곤을 초래할 뿐만 아니라 창조와 직관의 쇠퇴를 가져온다. 모든 정신의 근원은 신성을 함유하고 있고, 이러한 신성이 생각, 감정, 오감을 파생시키는 것이다. 플라톤은 이러한 신성을 이데아라고 불렀고, 아리스토텔레스는 이를 '부동의 동자(Unmoved mover)', 즉 신성이라고 불렀다. 이처럼 형이상학 세계를 탐구하고, 이를 인류의 예술과 문학, 그리고 철학과 신학의 세계에 접목시키는 것은 인류의 가장 고귀한 정신적 행위 중의 하나임은 두말할 나위가 없다.

14 칸트 철학의 또 다른 기여는 그리스 로마 철학에서와 달리 우주가 실체적으로 외부에 존재 하는 게 아니라 각자의 마음이라는 프레임을 통해 한번 걸러진다는 점을 분명히 했다는 점이다. 소크라테스와 플라톤의 고전 철학에다가 불교의 유식(唯識)이론을 접목한 것이다. 이러한 입장은 뒤에 쇼펜하우어에게로 이어진다.

15 쇼펜하우어의 의지나 니체의 힘은 참자아를 상징하며, 여래장(如來藏)으로서 제8식을 말한다. 여래장 안에는 선천원리와 후천종자가 모두 저장되어 있으니 선천의 순수 청정심만을 모아서 제9식이라 칭한다. 다시 제9식 너머에 이 모든 것을 깨어있는 인식으로 바라보는 순수한 알아차림이 존재하니 제10식이라 한다.

16 이런 점에서 라이프니츠의 이론은 데카르트의 기계론, 뉴턴의 원자론에서 보여주는 딱딱하고 기계적인 모델과는 차별성을 보여준다. 배선복. (2007). 『라이프니츠의 삶과 철학세계』. 철학과 현실사. p.177-181.

17 미나스 카파토스는 이를 통합적인 양극성, 회귀, 흐름이라는 세 가지 법칙으로 정리했다. 이러한 자연 법칙은 다시 자유, 흐름, 재미가 된다는 것이다. 미나스 카파토스. (2016). 『생생한 존재감의 삶』. 조원희 옮김. 미륵사. p.81-82, 84-85.

18 이는 고대 그리스 철학자, 플로티노스(Plotinos, 205~270)가 제시한 세 개의 실체, 일자(the One), 정신(the Nous), 영혼(the Soul)과도 일맥상통한다. "일자(the One)"에서 '누스(the Nous)' 즉 신적 정신이 나오고, 또다시 "영혼들(the Soul)"이 나온다. "일자"에서 나온 '누스'는 다시 "일자"에게로 돌아가서 "일자"를 바라봄으로써 존재로 충만하게 되는 것이다. 한편, 아뢰야식(阿賴耶識)은 제8식으로서 장식(藏識)이니 우리의 사유와 말과 행위에 따른 흔적을 모두 저장한다. 선천과 후천종자를 분류하여 순수 청정심만을 제9식 암마라식(阿摩羅識)이라 칭한다. 그 위에서 이 모든 것을 순수하게 관장하는 정신이 있으니, 이를 따로 분리하여 제10식 일체심식(一切心識)이라고 부른다. 순수하게 깨어있는 순수한 인식이다.

19 서양철학의 원형은 그리스 로마 철학이고, 그리스 로마 철학의 원형은 소크라테

스, 플라톤에서 발견된다. 소크라테스는 철학(philosophy)이란 지혜(sophia)를 사랑(phila)하는 것이며, 지혜란 우주의 근본법칙인 진선미(眞善美)를 추구하는 데 있다고 보았다. 우주에는 초월적인 법칙이 있으며, 그 초월적 법칙은 인간 내면에도 이성이라는 이름으로 들어와 있기에 인간은 이러한 이성을 통해 초월적인 법칙, 즉 진선미(眞善美)를 발견할 수 있다는 것이다. 동양철학도 이와 유사하다. 우주를 주관하는 법칙을 천리(天理)라고 불렀으며, 인간은 지상에서 유일하게 천리를 닮은 성품을 품수 받았기에 인간은 격물치지(格物致知)와 성의정심(誠意正心)을 통해 자신 내면에 존재하는 천리를 발견할 수 있다는 것이다. 그리고 그것을 인의예지라고 보았다. 불교 역시 마찬가지이다. 인간에게는 불성이 있기에 계정혜(戒定慧)(계율, 선정, 지혜) 혹은 육바라밀(六波羅蜜)(보시, 지계, 인욕, 정진, 선정, 지혜)을 통해 진리(解脫)에 도달할 수 있다고 보았다.

20 라마나 마하리쉬. (2011). 『나는 누구인가』. 이호준 옮김. 청하. p.92.

21 마찬가지로 물의 본성은 '적심'이고 불의 본성은 '태움'이다.

22 미나스 카파토스. (2016). 『생생한 존재감의 삶』. 조원희 옮김. 미륵사. p.52.

23 미나스 카파토스, 전게서, p.59, 61.

24 라이프니츠는 이를 완전함, 즉 '모나드Monad'라고 불렀다. 개별자가 유일하게 그 자신의 위치에서 우주를 표현하는 관점은 모나드와 모나드가 서로를 비추는 '거울'에서이다. 보이는 것과 보이지 않는 것, 가분적인 것과 불가분적인 것, 이 양자 사이는 어떤 정신적 본질이 서로를 연결시킨다. 이 정신적 본질은, 1) 물질세계에서 아주 미세한 지각(petite perceptions)을 가지며, 아울러 2) 한 지각(perception)에서 다른 지각으로 이동하면서 전체를 아우르는 통각(apperception)을 갖는다. 이 정신적 본질이 모나드(Monad)이다. 배선복. (2007). 『라이프니츠의 삶과 철학세계』. 철학과 현실사. p.215, p.298-299.

25 미나스 카파토스, 전게서, p.54-55.

26 미나스 카파토스, 전게서, p.52.

27 미나스 카파토스, 전게서, p.60-61, 51.

28 기독교 진리로 말하면, 순수의식의 필드는 하느님이다. 이 신성한 순수의식의 필드로부터 인간은 신비한 영혼을 부여받았다. 그 영원한 생명으로부터 신비한 성령을 부여받은 인간은 존엄한 것이다. "영원한 심판자이며 영원의 영이신

그분은 이 온 우주의 하나이며 보이지 않는 영혼을 포괄하고 계신다. 그분은 홀로 그 모두를 창조하시고 포함하고 생명을 공급하신다... 그분이 원하셨기에 이 세상은 생겨났다... 그는 인간 존재를 형성한 신비스런 원리이다. 인간 존재에 그분의 존재 일부분을 불어 넣으셨기 때문이다." 김용환. (2011). 『예수 생애의 증언』. 동방의 빛. p.126.

PART IV

1 권기헌. (2014). 『행정학콘서트』. 박영사. p.108.

2 권기헌. (2014). 『행정학콘서트』. 박영사. p.162.

3 권기헌. (2014). 『행정학콘서트』. 박영사. p.171.

4 권기헌. (2014). 『행정학콘서트』. 박영사. p.119.

5 권기헌. (2014). 『행정학콘서트』. 박영사. p.119.

6 킹돈(J. Kingdon)의 정책흐름모형은 영어로 PS(Policy Stream) 혹은 MSF (Multiple Stream Framework)이라고 부르나, 여기에서는 MSF(Multiple Stream Framework)로 쓰기로 한다.

7 이 절의 자하리아디스(Zahariadis)와 버크랜드(Birkland)의 수정모형에 대해서는 졸저, 『정책학강의』(박영사, 2018), p.594-600을 수정 보완하였다.

8 호우레트(Howlett) 등(2015)의 연구와 헤르웨그(Herweg) 등(2015)의 연구에 대해서는 다음 참조바람. Howlett M., Allan McConnell & Anthony Perl. (2015). Streams and Stages: Reconciling Kingdon and Policy Process Theory. European Journal of Political Research. 54(3): 419-434; Herweg, N., Christian Hub & Reimut Aohlnhofer. (2015). Straightening the Three Streams: Theorizing Extensions of the Multiple Streams Framework. European Journal of Political Research. 54(3): 435-449.

9 이 절의 자하리아디스(Zahariadis)와 버크랜드(Birkland)의 수정모형에 대해서는 졸저, 『정책학강의』. (박영사, 2018), p.594-600을 수정 보완하였다.

10 킹돈(J. Kingdon)의 정책흐름모형은 영어로 PS(Policy Stream) 혹은 MSF (Multiple Stream Framework)이라고 부르나, 여기에서는 MSF(Multiple

Stream Framework)로 쓰기로 한다.

11 부산시장(오거돈), 울산시장(송철호), 경남지사(김경수)는 모두 집권세력인 더불어민주당의 핵심인사들이다. 이들은 최근 서울로 올라와 역시 더불어민주당 출신의 국토교통부 장관(김현미)을 만나 동남권 신공항 문제에 대해 자신들의 관심사항을 전달하였다. 그 결과 국토교통부 장관은 기존 결정(김해 공항을 확장하는 안)에서 한발 물러나기로 합의하였으며, 이 문제를 국무조정실로 이관하여 결정과정을 다시 밟기로 했다. 말하자면, 동남권 신공항의 현재 진행 상황은 소위 '부울경' 3자 연합세력에서 생각하는 방향으로 진행되고 있다. 뉴시스, 2019. 6. 20 기사.

12 앞에서도 말했듯이, 집권여당인 더불어민주당 출신의 부산시장(오거돈), 울산시장(송철호), 경남지사(김경수)는 최근 역시 더불어민주당 출신의 국토교통부 장관(김현미)을 만나 동남권 신공항 문제에 대해 자신들의 관심사항을 전달하였으며, 그 결과 동남권 신공항의 현재 진행 상황은 소위 '부울경' 3자 연합세력에게 유리한 방향으로 진행되고 있다. 뉴시스, 2019. 6. 20 기사.

13 한국리서치에 의뢰해 만 19세 이상 1000명을 대상으로 실시한 '원자력발전에 대한 인식조사'에서 응답자의 71.6%가 '원전 이용에 찬성한다'라고 답했다"라고 밝혔다. 조사에 따르면 전 연령대에서 원전 찬성 응답 비율이 더 높게 나왔다. 60대 이상이 86.3%로 가장 높았고, 19~29세 젊은 층에서도 71.4%를 보였다. 이념별로도 진보(60.5%), 중도(72.9%), 보수(85.7%) 등 모든 층에서 원전 찬성 비율이 높은 것으로 조사됐다. 출처: http://biz.chosun.com/site/data/html_dir/2018/08/16/2018081601703.html)

14 이 사례의 경우에는 후쿠시마 원전폭발, 영화 판도라 등의 사건들이 초점사건으로 작용하였다.

PART V

1 한국경제신문, "주류경제학 한계 넘은 행동경제학의 노벨상 개가(凱歌)" 한국경제신문, 사설, 2017. 10. 10에서 인용.

2 한국경제신문, "주류경제학 한계 넘은 행동경제학의 노벨상 개가(凱歌)" 한국경제신문, 사설, 2017. 10. 10에서 인용.

3 한국경제신문, "주류경제학 한계 넘은 행동경제학의 노벨상 개가(凱歌)" 한국경제신문, 사설, 2017. 10. 10에서 인용.

4 네이버 지식백과, 넛지 이론.

5 네이버 지식백과, 넛지 이론.

6 행정학의 이론 계보에는 정치행정 이원론, 일원론, 새이원론, 새일원론이 있다. 새이원론은 행정행태주의로서 논리적 실증주의 관점을 채택한다. 그리고 행정학의 과학화를 위해서는 가치명제와 사실명제를 구분하고 행정학 연구는 사실명제에 집중해야 한다고 주장한다. 엄격한 가설을 세우고 이를 경험적으로 검증하여 법칙과 이론을 만들어야 한다는 것이다. 허버트 사이몬(Herbert Simon)이 대표적인 학자이다. 그는 실제로 이러한 관점을 적용하여 『행정행태론(Administrative Behavior)』을 저술하고, 정책학에서 제한된 합리성, 만족모형 등과 같은 이론을 제시했다.

7 허버트 사이몬은 또한 사회학적(조직론적) 신제도주의자로 분류된다. 신제도주의에는 합리적 선택, 사회학적, 역사적 신제도주의가 있다. 사회학적 신제도주의는 조직론과 밀접한 관련이 있는데, 관료제에서 내세우는 공식적인 규칙, 법률보다는 비공식적인 문화, 규범 등에 의한 사회적 정당성이라는 개념을 더 중요하게 본다. 표준운영절차, 프로그램 레퍼토리 등과 같이 오랫동안 조직 안에서 비공식적인 정당성을 부여받은 규범과 절차가 매우 중요하게 작동한다는 것이다. 허버트 사이몬(Herbert Simon)은 이러한 맥락에서 "조직과 시장(Organization and Market)" 회사모형, 조직모형, 비공식집단, 권위 등에 관한 많은 연구 업적을 남겼다. 이러한 학술적 공로는 그는 노벨경제학상을 수상했다.

8 한국경제신문, "주류경제학 한계 넘은 행동경제학의 노벨상 개가(凱歌)" 한국경제신문, 사설, 2017. 10. 10에서 인용.

9 한국경제신문, "주류경제학 한계 넘은 행동경제학의 노벨상 개가(凱歌)" 한국경제신문, 사설, 2017. 10. 10에서 인용.

10 리처드 탈러, 캐스 선스타인. (2019, 초판 2009). 『넛지: 똑똑한 선택을 이끄는 힘』. 안진환 옮김. 리더스북.

11 이정모, "행동 경제학의 공부법," http://cogpsy.skku.ac.kr/study/study.html.

12 이정모, “행동 경제학의 공부법,” http://cogpsy.skku.ac.kr/study/study.html.

13 이정모, “행동 경제학의 공부법,” http://cogpsy.skku.ac.kr/study/study.html.

14 리처드 탈러, 캐스 선스타인. (2019, 초판 2009). 『넛지: 똑똑한 선택을 이끄는 힘』. 안진환 옮김. 리더스북. 그 뒤 리차드 탈러Richard H. Thaler는 2017년 그의 학술적 공로로 노벨경제 학상을 수상하게 된다. 어쩌면 이러한 노력과 이유로 인해 그의 이론과 책 『넛지: 똑똑한 선택을 이끄는 힘』은 최근 행동경제학의 바이블로 불리기도 한다.

15 리차드 탈러Richard H. Thaler의 또 다른 책에 대해서는 다음을 참조바람. 리처드 탈러. (2016). 『행동경제학과 넛지를 이해하는 가장 효과적인 방법에 대해』. 안진환 옮김. 리더스북.

16 본고는 2015년 한국정책학회 소식지에 실린 “인간의 존엄성 증진을 위한 정책학의 연구방향에 관한 소고: 정책학과 긍정심리학의 접점 모색을 중심으로”를 수정 보완한 것이다.

17 본고는 2016년 한국행정학회 소식지에 실린 “창조경제의 지속가능한 패러다임 탐색: ‘인간’과 ‘창조성’에 대한 이해를 중심으로”를 수정 보완한 것이다.

18 보에티우스. (2018). 『철학의 위안』. 박문재 옮김. 현대지성. p.15-17.

19 하워드 가드너. (2018). 『각성의 순간』. 김한영 옮김. 사회평론. p.77-78.

20 하워드 가드너, 전게서, p.80.

PART VI

1 이 절에서 나오는 에리히 프롬, 자아 등에 관해서는 졸저, 『정책학의 지혜』(박영사, 2019)를 토대로 수정 보완하였다. 또한, 프로이드, 하이데거, 니체, 괴테, 한나 아렌트 등에 관해서는 졸저, 『정책학의 향연』(박영사, 2018)을 토대로 수정 보완하였다.

2 심리학자 김태형은 심리학의 역사를 에리히 프롬 이전과 이후로 구분해야 한다고 주장한다. 그는 에리히 프롬이야말로 인간의 본성에 다가간 최초의 심리학자이며, 사람을 사회적 존재로 바라본 최초의 심리학자라고 강조한다. 이 절에서 나오는 에리히 프롬에 관해서는 졸저, 『정책학의 지혜』(박영사, 2019)를

토대로 수정 보완하였다. 또한, 김태형. (2014). 『싸우는 심리학』. 서해문집; Story4u, “영성은 무엇이고 영성인은 누구인가?”를 참조바람.

3 하이데거에 관해서는 졸저, 『정책학의 향연』(박영사, 2018)을 토대로 수정 보완하였다.

4 니체에 관해서는 졸저, 『정책학의 향연』(박영사, 2018)을 토대로 수정 보완하였다.

5 박찬국. (2017). 『초인수업: 나를 넘어 나를 만나다』. 21세기북스. p.39-40.

6 박찬국. (2017). 『초인수업: 나를 넘어 나를 만나다』. 21세기북스. p.34-35.

7 자아에 관해서는 졸저, 『정책학의 지혜』(박영사, 2019)를 토대로 수정 보완하였다.

8 프로이드에 관해서는 졸저, 『정책학의 향연』(박영사, 2018)을 토대로 수정 보완하였다.

9 초자아는 도덕률에 따라 세 가지 기능을 수행한다. 첫째, 초자아는 사회적으로 비난받을 수 있는 원초아의 충동을 금지시키고자 한다. 둘째, 자아가 이성적인 고려가 아니라 도덕적인 고려에서 행동하도록 강제한다. 셋째, 개인이 사고, 말, 행위에서 절대적 완벽성을 갖도록 지도한다(김동배 외, 2006; 이희영 외, 2013).

10 괴테에 관해서는 졸저, 『정책학의 향연』(박영사, 2018)을 토대로 수정 보완하였다.

11 보에티우스(Boethius, 470-524)는 로마 철학의 최후를 장식한 사상가이다. 신플라톤주의의 마지막 대표자이면서 중세 철학에 적지 않은 영향을 주었다. 그는 아테네에서 그리스 철학을 접했다. 집정관 등 요직을 맡으며 정치가로 활동하다가 반역과 신성모독 혐의로 감옥에 갇혔고, 524년에 잔인하게 처형당했다. 주요 저서인 『철학의 위안』은 당시 감옥에 갇혀 있을 때 집필했다.
그는 특히 보편자 문제를 둘러싼 문제 제기는 중세 철학의 중요 논쟁으로 자리 잡으면서 풍부한 문제의식을 제공했다. 보편자 문제는 보편 개념이 타당한지, 보편 개념의 실재성이 인정될 수 있는지를 둘러싸고 전개되었다. 첫째로 보편은 실재인가, 아니면 사고로만 존재하는가의 문제다. 둘째로 실재한다면 물질인가, 아니면 비(非)물질인가의 문제다. 셋째로 감각적 대상에서 분리되어 존재하는가, 아니면 감각적 대상 자체 안에 존재하는가의 문제다. 보편은 실재하는지 아니면 단순한 음성(陰性)인지를 놓고 보에티우스는 "보편자는 감각적 사물과 연결된 상태로 존재하지만, 우리는 육신으로부터 구분되는 보편자들을 안다."라고 한다. 서로 모순되는 두 내용이 한 문장 안에 같이 있다. 먼저 기본적으로 보편자가 개별 사물과 결합된 개념이라는 점을 언급한다. 그런데 바로 이어서 물질로부터 구분되는 보편자를 인정한다.

어떻게 이러한 결합이 가능할까? 여기에는 위대한 교부철학자 아우구스티누스의 영향이 컸다. 아우구스티누스는 사물 세계와 정신 세계, 신적 세계를 구분한 후, 사물 세계에는 아리스토텔레스로 대표되는 일반인의 상식을 도입함으로써 신학에 합리성을 부여했다. 하지만 정신 세계와 신적 세계는 사물 원리와 감각이 작용할 수 없는 영역으로 분리시킴으로써 신비주의 사고가 작동할 수 있는 공간을 마련했다.

보에티우스는 이를 받아들여 존재를 자연적 존재, 지적 존재, 예지적 존재로 구분한다. 자연적 존재는 일상에서 접하는 개별 사물을 말하며, 이를 연구하는 학문으로는 수학·천문학·기하학이 있다. 예지적 존재는 천사나 신과 같이 어떠한 질료도 없이 비물질적으로 존재한다. 예지적 존재에 대응하는 학문은 신학이다. 지적 존재는 인간 영혼과 같이 타락하여 육신과 결합이 된 예지적 존재다. 인간의 영혼을 담당하는 철학이 이에 대응한다.

12 단테(Dante Alighieri, 1265-1321)는 명실상부한 이탈리아 최고의 시인(il sommo poeta)이자 14세기 르네상스의 문화사적 지평을 연 인물이다. 필생의 역작 『신곡』으로 중세의 암흑을 단숨에 걷어냈던 천재였지만, 초라한 추방자의 모습으로 고난의 길을 묵묵히 걸어갔던 피렌체의 망명자였다. 그의 삶은 거친 유랑으로 점철되었다. 하지만, 천재 시인의 뼈저린 시련과 한에 사무쳤던 유랑은 위대한 문학과 정신을 낳았으니, 그 책이 바로 『신곡』이다.

13 미켈란젤로(Michelangelo, 1475-1564)는 평생 신의 도구로서 자신에게 주어진 소명 '예술'을 따르는 묵묵한 구도자의 삶을 살았다. 하지만 88세에 이르기까지 수행했던 그의 구도자적 삶이 결코 순탄했던 것만은 아니었다. 아름다운 이상향으로서 신의 세계에 다가가고자 했던 신플라톤주의자였지만, 시대의 열정에 휩싸여 고향 피렌체 혁명(1527-1528)에 뛰어들면서 정치적 박해와 시련을 받기도 했다. 그에게 예술은 자신의 생명에너지를 소진시키는 대상이자 권력자들의 이해관계에 봉사해야 하는 환멸의 대상이기도 했다. 지상의 최고 권력자였던 교황들은 저마다 각각의 세속적 욕망이 있었고, 미켈란젤로는 본인이 좋든 싫든 교황들의 변덕과 요구에 응해야 했던 천재의 숙명에서 자유로울 수 없었다. 평생 독신으로 외롭고도 긴 삶을 견뎌야 했던 그에게 역설적

으로 예술은 오롯이 자신의 존재이유를 증명해 주는 세계이기도 했다. 로맹 롤랑. (2007). 『미켈란젤로의 생애』. 이정림 옮김. 범우사.

14 조선 초기 태조 이성계를 도와 제도 개혁을 통해 조선 개국의 핵심 주역이었던 천재 정도전은 태종 이방원에게 처형당했고, 조선 중기 사림(士林)과 도덕의 부활을 통해 개혁정치를 바로 세우려던 정암 조광조는 반대파에 의해 제거당했으며, 조선 후기 수원성을 축조하고 실학파의 대가였던 다산 정약용은 18년 귀양생활을 보낸다. 이들은 조선의 3대 천재였다.

15 퇴계는 기묘사화를 통해 조선을 왕도정치와 개혁으로 바로 세우려던 정암 조광조가 처형당하는 것을 목격하였고, 을사사화에서 형이 탄핵을 당하면서 그도 연좌된다. 겨우 목숨을 부지한 그는 이후 모든 관직을 사퇴하고 고향인 안동의 도산으로 물러나 후진 양성에 전념하게 된다.

16 괴테(Johann Wolfgang von Goethe. 괴테). (2016). 『곁에 두고 읽는 괴테』. 이정은 역. 홍익출판사. p.9-12, 17-18

17 한나 아렌트에 관해서는 졸저, 『정책학의 향연』(박영사, 2018)을 토대로 수정 보완하였다.

18 한나 아렌트. (2006). 『전체주의의 기원』 이진우, 박미애 옮김, 한길사.

19 한나 아렌트. (2006). 『전체주의의 기원』 이진우, 박미애 옮김, 한길사.

20 Arendt, H. (1968). 『Men in dark times』 Houghton Mifflin Harcourt.

21 윤기영, "미래학의 학술적 계보" 성균관대학교 국정전문대학원(2019), Memeo.

22 권기헌. (2006). 『미래예측학: 미래예측과 정책연구에 관한 방법론 서설』. 법문사. 13쪽.

23 윤기영, "미래학의 학술적 계보" 성균관대학교 국정전문대학원(2019), Memeo.

24 휴머니즘에 관해서는 졸저, 『정책학의 지혜』(박영사, 2019)를 토대로 수정 보완하였다.

25 신상규. (2014). 『호모 사피엔스의 미래』. 아카넷.

26 더굿북. "포스트 휴먼이 현생 인류를 대체한다." 2017. 8. 17.

27 신상규. (2014). 『호모 사피엔스의 미래』. 아카넷.

28 Story4u, "영성: 기술발전을 통한 인간진화의 꿈"에서 인용.

PART Ⅶ

1 이 장에서 논의되는 변혁적 리더십, 세상을 바꾸는 리더들의 공통점, 새로운 정부모형 등에 관한 내용은 졸저, 『정부혁명4.0』 (행복에너지, 2017), 『정책학콘서트』, 『정책학의 향연』, 『정책학강의』 (박영사, 2018)를 참조·수정하였음.

2 김용환. (2011). 『예수생애의 증언』. 동방의 빛. p.238-239.

3 이소윤·이진주. (2015). 『9번째 지능: 같은 재능, 전혀 다른 삶의 차이』. 청림출판. p.52.

4 신창호. (2015). 『율곡 이이의 교육론』. 경인문화사.

5 김용환. (2011). 『예수생애의 증언』. 동방의 빛. p.196-197.

6 권기헌. (2012). 『정의로운 국가란 무엇인가』. 박영사. p.169-172.

7 이 장에서 논의되는 내용은 졸저, 『정부혁명4.0』 (행복에너지, 2017), 『정책학콘서트』, 『정책학의 향연』, 『정책학강의』 (박영사, 2018)를 참조·수정하였음.

8 문상호, 권기헌. (2009). "한국정책학의 이상과 도전: 한국적 맥락의 정책수용성 연구를 위한 성찰적 정책모형의 유용성에 관한 고찰" 『한국정책학회보』, 제18권. p.8-9.

9 러셀 커크. 전게서, p.80-83.

10 칼 포퍼. (2008). 『끝없는 탐구: 내 삶의 지적 연대기』 박중서 옮김. 갈라파고스, p.62.

11 이한구. (2018). 『칼 포퍼의 『열린사회와 그 적들』 읽기』 세창미디어, p.200.

12 칼 포퍼. (2008). 『끝없는 탐구: 내 삶의 지적 연대기』 박중서 옮김. 갈라파고스, p.217.

13 이 장에서 논의되는 내용은 졸저, 『정책학콘서트』, 『정책학의 향연』, 『정책학 강의』 (박영사, 2018)(박영사, 2018), 『정부혁명4.0』 (행복에너지, 2018)을 참조·수정하였음. 또한, 권기헌, "새로운 행정학의 개념탐색을 위한 전제: 좋은 거버넌스와 제4세대 정부모형의 구현 조건" 『국정관리연구』(제13권 제1호)(2018, 3)를 수정하였음.

PART Ⅷ

1 본고는 『한국 행정학의 한국화론: 보편성과 특수성의 조화』(법문사, 2013: 1-568)에 실린 졸고, 제26장 "한국 정책학 연구의 비판적 성찰과 실천의 한국화" 내용을 토대로 수정 보완된 것이다.

2 토착화와 한국화에 대한 명확한 개념정의 혹은 그러한 논의가 필요한지에 대해서는 학자들 간 견해가 다를 수 있다. 그럼에도 불구하고 초기의 토착화 단계에서 한국화로 이어지는 이론적 순서는 논리적으로 큰 문제가 없는 것으로 판단된다. 이러한 관점에서 본고에서는 토착화와 한국화의 개념구분에 몰두하기보다는 한국 정책학의 천착이라는 관점에서 한국화를 논의하고자 한다.

PART Ⅸ

1 본고는 2017년 한국정책학회 소식지에 실린 "사회변화와 정책학의 새로운 패러다임"을 수정 보완한 것이다.

저자약력

권기헌

한국외국어대 행정학과 졸업(행정학 학사)
서울대 행정대학원 졸업(행정학 석사)
미국 하버드대 졸업(정책학 석사, 정책학 박사)
제26회 행정고시 합격
상공부 미주통상과 근무
미국 시라큐스 맥스웰 대학원 초빙교수
행정고시 및 외무고시 출제위원 역임
성균관대학교 국정관리대학원장 역임
제23대 한국정책학회 회장 역임
국무총리 정부업무평가위원 역임
성균관대학교 국정전문대학원장 역임
現 성균관대학교 행정학과 교수
성균관대학교 국제정보정책전자정부연구소장

수 상

국무총리상 수상(제26회 행정고시 연수원 수석)
미국정책학회(APPAM)선정 박사학위 최우수논문 선정
한국행정학회 학술상 수상
미국 국무성 풀브라이트 학자(Fulbright Scholarship) 선정
대한민국 학술원 우수학술도서 선정(정보체계론, 나남)
대한민국 학술원 우수학술도서 선정(정책학의 논리, 박영사)
문화체육관광부 우수학술도서 선정(정책학, 박영사)

주요저서

≪정책학의 향연≫ ≪정책학의 콘서트≫ ≪행정학 콘서트≫
≪정책학 강의≫ ≪행정학 강의≫ ≪정책학의 지혜≫
≪정의로운 국가란 무엇인가≫ ≪대한민국 비정상의 정상화≫
≪정부혁명 4.0≫ ≪정의로운 공공기관 혁신≫
≪포기하지마! 넌 최고가 될거야≫ ≪E-Government & E-Strategy≫
≪정책분석론≫ ≪정책학의 논리≫ ≪미래예측학: 미래예측과 정책연구≫
≪전자정부론: 전자정부와 국정관리≫
≪정보체계론: 정보사회와 국가혁신≫ ≪정보사회의 논리≫
≪전자정부와 행정개혁≫ ≪과학기술과 정책분석≫ ≪정보정책론≫
≪창조적 지식국가론≫ ≪정보의 신화, 개혁의 논리≫ ≪디지털 관료 키우기≫
≪POLICY SCIENCE: Effective Policy Making under the Turbulence of the 4th Industrial Revolution≫

저자소개

저자는 한국외국어대학교 행정학과와 서울대학교 행정대학원을 졸업하고 미국 하버드 대학 John F. Kennedy 대학원에서 정책학 석사와 정책학 박사 학위를 취득하였다. 대학재학 중 1982년 제26회 행정고시에 합격하였으며, 행정고시 연수원을 수석으로 졸업, 국무총리상을 수상하였다. 상공부(현 산업통상자원부) 미주통상과 등 통상진흥국에서 근무하였으며, 2015년 제23대 한국정책학회 회장과 국무총리 정부업무평가위원 등을 역임하였다. 현재 성균관대학교 행정학과 교수와 국제정보정책전자정부연구소장으로 재직하고 있다.

저자는 정책학이론, 정책분석론, 국가혁신론, 미래예측론에 관심을 갖고 연구를 진행 중이며, 주요 저서로는 ≪정책학 강의≫ ≪행정학 강의≫ ≪행정학 강의≫ ≪정책학의 지혜≫ ≪정책학의 향연≫ ≪정책학의 콘서트≫ ≪행정학 콘서트≫ ≪정의로운 국가란 무엇인가≫ ≪대한민국 비정상의 정상화≫ ≪정부혁명 4.0≫ ≪정의로운 공공기관 혁신≫ ≪포기하지마! 넌 최고가 될거야≫ ≪E-Government & E-Strategy≫ ≪정책분석론≫ ≪정책학의 논리≫ ≪미래예측학: 미래예측과 정책연구≫ ≪전자정부론: 전자정부와 국정관리≫ ≪정보체계론: 정보사회와 국가혁신≫ ≪정보사회의 논리≫ ≪전자정부와 행정개혁≫ ≪과학기술과 정책분석≫ ≪정보정책론≫ ≪창조적 지식국가론≫ ≪정보의 신화, 개혁의 논리≫ ≪디지털 관료 키우기≫ ≪POLICY SCIENCE: Effective Policy Making under the Turbulence of the 4th Industrial Revolution≫ 등이 있다.

수상경력으로는 국무총리상 수상(제26회 행정고시 연수원 수석), 한국행정학회 학술상(최우수논문상) 수상, 대한민국 학술원 우수도서 선정(2회), 미국정책학회(APPAM) 박사학위 최우수 논문 선정, 미국 국무성 풀브라이트 학자(Fulbright Scholarship) 선정, 문화체육관광부 우수도서 선정 등이 있다.

정책학의 성찰

초판발행 2021년 1월 4일

지은이 권기헌
펴낸이 안종만 · 안상준

편 집 배근하
기획/마케팅 정연환
표지디자인 박현정
제 작 고철민 · 조영환

펴낸곳 (주) 박영사
서울특별시 금천구 가산디지털2로 53, 210호(가산동, 한라시그마밸리)
등록 1959. 3. 11. 제300-1959-1호(倫)
전 화 02)733-6771
f a x 02)736-4818
e-mail pys@pybook.co.kr
homepage www.pybook.co.kr
ISBN 979-11-303-1104-3 93350

정 가 18,000원